HISTORIA DE LA GRAMÁTICA ESPAÑOLA
(1847-1920)

BIBLIOTECA ROMÁNICA HISPÁNICA

DIRIGIDA POR DÁMASO ALONSO

II. ESTUDIOS Y ENSAYOS, 345

MARÍA LUISA CALERO VAQUERA

HISTORIA DE LA GRAMÁTICA ESPAÑOLA
(1847-1920)

DE A. BELLO A R. LENZ

PRÓLOGO DE
JOSÉ A. DE MOLINA REDONDO

BIBLIOTECA ROMÁNICA HISPÁNICA
EDITORIAL GREDOS
MADRID

465
C149h

EDITORIAL GREDOS, S. A.

Sánchez Pacheco, 81, Madrid. España.

88-1073

Depósito Legal: M. 18767-1986.

ISBN 84-249-1040-0. Rústica.
ISBN 84-249-1041-9. Guaflex.

Impreso en España. Printed in Spain.
Gráficas Cóndor, S. A., Sánchez Pacheco, 81, Madrid, 1986. — 5883.

PRÓLOGO

Constituye un lugar común afirmar que la lingüística es, como ciencia, reciente. Ello encierra sin duda su gran parte de verdad. Pero conviene hacer algunas matizaciones. Por un lado, la observación, no siempre tenida en cuenta, de que la ciencia no es, salvo quizás como aspiración, algo intemporal, ajeno a las circunstancias de las personas que la hacen: cada época ha tenido su propia idea de lo que es la ciencia y de lo que son los científicos, y tampoco en esto parece que pueda esgrimirse *la razón;* habrá, eso sí, más o menos *razones.* Por otro, la necesidad de conocer mejor el pasado, en nuestro caso, eso que suele llamarse vagamente gramática o lingüística tradicional.

En esta segunda línea se enmarca el presente trabajo, que pretende arrojar luz sobre lo que fue la gramática española desde 1847 hasta 1920, precisamente una época que se encuentra a caballo entre lo «tradicional» y lo «moderno». Las dos fechas se emparejan con dos estudiosos señeros, curiosamente —y no se vea en esto malicia alguna— ninguno español: Andrés Bello y Rodolfo Lenz. Las razones de la elección están dadas en el propio libro. El ambicioso proyecto inicial hubo de acortarse por razones fácilmente imaginables. Con una excepción, se trata sólo de obras publicadas en España. Y, por supuesto, no han sido consideradas todas las que en nuestro suelo vieron la luz en esos casi tres cuartos de siglo; sin embargo, la muestra es, creo que puede decirse sin petulancia, suficientemente representativa.

Con el rigor, la seriedad y la inteligencia que la lectura del libro pone de manifiesto, la autora ha hecho una labor de recolección, de ordenación y de crítica que debemos agradecer todos los estudiosos de la gramática española. Después de leer este libro comprendemos mejor lo que fue la gramática de ese tiempo y, especialmente, nos confirmamos en la idea de que no todo era simple repetición y rutina —y ya no sólo en casos como los de A. Bello, E. Benot, etc.—. El grueso del trabajo está dedicado —era inevitable— a la problemática de las llamadas «partes de la oración»; pero, como bien muestra la autora, no hay en las obras estudiadas sólo consideraciones morfológicas y nocionales, sino que abundan también las funcionales; como muestra, véase especialmente la parte dedicada a la sintaxis.

En el haber de los autores tenidos en cuenta habrá que anotar el interés por su propia lengua, el continuo interrogarse sobre cuestiones debatidas durante cientos de años, el no conformarse en todos los casos con las explicaciones recibidas, el chisporroteo de algunas intuiciones, el logro de alguna obra maestra. En el debe, el temor casi reverencial —como ocurre entre nosotros con frecuencia— a rechazar ideas recibidas —y no hay aquí contradicción con lo escrito un par de líneas antes— y la falta de una labor conjunta que hubiera permitido aprovechar mejor todo el trabajo encerrado en estas obras.

En el libro que el lector tiene entre sus manos el haber supera con creces a los detalles que quizás alguien pudiera cargar en el debe. La autora, M.ª Luisa Calero, que además de la labor de historiadora de la lingüística española que aquí ejerce con maestría, se interesa por otros asuntos, como la sintaxis del español actual y cuestiones de crítica literaria, ha iniciado de modo inmejorable su carrera de investigadora, que a no dudar nos proporcionará excelentes frutos.

Por mi parte, sólo quiero expresar mi satisfacción por haber podido seguir muy de cerca la elaboración del trabajo y agradecer el inmerecido honor de que se me hayan pedido estas palabras de presentación.

José Andrés de Molina Redondo

Universidad de Granada
Verano, 1984.

NOTA PRELIMINAR

Los estudios lingüísticos actuales se hallan inevitablemente cimentados en las doctrinas de la tradición, ratificando y desarrollando unas veces sus presupuestos teóricos, otras —lo que acontece con mayor frecuencia— tomando como punto de referencia tales teorías con el fin de rebatirlas y, prescindiendo de ellas, establecer nuevos principios de mayor solidez científica. Pero la pregunta que de inmediato se nos ocurre puede plantearse en los siguientes términos: ¿es real y suficientemente conocido este bagaje tradicional en que se fundamentan —consciente o inconscientemente— nuestras modernas ideas gramaticales? Si efectuamos un breve repaso de nuestra historiografía lingüística advertiremos que los estudios sobre tratadistas y obras de siglos precedentes en materia lingüística no son tan abundantes como sería de desear; si concretamos este repaso a los autores y textos de gramática, el panorama no puede ser más desconsolador —salvando, claro está, alguna seria monografía publicada recientemente [1].

La necesidad de rastrear y sacar a la luz nuestros antiguos tratados de gramática es, pues, una tarea impostergable por más tiempo; ésta fue la razón primera que nos movió a elaborar la obra que ahora presentamos y que no es sino la refundición de nuestra tesis doctoral. La extensión cronológica de nuestro estudio viene delimitada por dos

---

[1] Nos referimos fundamentalmente a la tesis doctoral de J. J. Gómez Asencio, *Gramática y categorías verbales en la tradición española (1771-1847)*, Acta Salmanticensia, Studia Philologica Salmanticensia, Anejos, Estudios 5, Salamanca, 1981; asimismo, a la no menos valiosa obra de F. Lázaro Carreter, *Las ideas lingüísticas en España durante el siglo XVIII*, anejo XLVIII de la *RFE*, Madrid, C. S. I. C., 1949.

fechas no tan arbitrarias como a primera vista podría parecer: 1847 (año en que se publica la *Gramática de la lengua castellana* de Andrés Bello, obra de gran vigencia todavía en la actualidad) y 1920 (fecha algo menos decisiva en nuestra historia gramatical, aunque también digna de ser demarcadora de este estudio, por la aparición de la documentada obra de Rodolfo Lenz, *La oración y sus partes).* Entre una y otra fecha se publica en España un número considerable de gramáticas, compendios y epítomes gramaticales, cuya calidad varía de unos autores a otros; en las páginas que siguen examinaremos un buen número de fales obras —aproximadamente unas setenta—, que constituyen, a nuestro juicio, una muestra sobradamente representativa de todas las que se publicaron en el período. Las gramáticas que hemos consultado han sido, pues, seleccionadas de entre las que se editaron en España entre 1847 y 1920, a excepción de la de Bello, que por razones fácilmente justificables incluimos en nuestro estudio.

Por otra parte, hemos dejado deliberadamente al margen aquellas gramáticas castellanas o españolas que, durante este período, fueron publicadas por vez primera en países extranjeros [2]. Y hemos prescindido de ellas no porque las consideremos cualitativamente inferiores a las publicadas en suelo español, sino porque el simple hecho de procurarnos y consultar tales gramáticas habría alargado en exceso la extensión y duración razonables del trabajo. La misma necesidad de no alargar en demasía la obra nos ha llevado a no ocuparnos de la Ortografía y la Prosodia, si bien ambas disciplinas son consideradas por un alto porcentaje de los autores examinados como partes integrantes de la gramática.

Sirvan unas palabras de agradecimiento como final de estas líneas preliminares. A don Sebastián Mariner y don Julio Calonge, que tan desinteresadamente han prestado atención a esta obra; muy especialmente a don José Andrés de Molina Redondo, quien me sugirió investigar sobre el tema y siguió, siempre solícito y atento, el desarrollo

---

[2]　Como la *Gramática filosófica de la lengua española* (París, 1853) de José Segundo Flórez, o la *Gramática elemental teórico-práctica de la lengua castellana* (México, 1882) de Antonio Careaga. Vid. algunos ejemplos más en Conde de la Viñaza, *Biblioteca histórica de la filología castellana,* t. I, Madrid, Impr. de Manuel Tello, págs. 343-385 (citamos por la ed. facsimilar publicada por Eds. Atlas, Madrid, 1978, 3 vols.).

del trabajo. Nuestro reconocimiento también a todos aquellos compañeros que, en mayor o menor medida, han hecho posible la elaboración y posterior publicación del libro.

INTRODUCCIÓN

BREVE HISTORIA DE LA GRAMÁTICA ESPAÑOLA DESDE A. DE NEBRIJA (1492) HASTA A. BELLO (1847) [1]

Como ocurre en otros lugares de Europa, también en España durante la época renacentista el problema de la lengua va estrechamente unido al de las nacionalidades. Después de la unificación de España por los Reyes Católicos, se siente la necesidad de tener una lengua propia, unificada también y, sobre todo, dignificada, una lengua que no fuera esclava del idioma latino. Corría el año de 1492 cuando se produce la toma de Granada y se publica, coincidiendo con este suceso, la primera gramática de una lengua vulgar escrita en Europa: la *Gramática castellana* de Elio Antonio de Nebrija, aparecida en Salamanca [2]. El castellano se había impuesto finalmente a los restantes dialectos hablados en el territorio español y se había convertido en aquella lengua propia y unificada que cada vez se consideraba más necesaria.

La *Gramática* de Nebrija, punto de partida inevitable en una historia de la gramática española [3], está formada por cinco *libros* (1. Partes

---

[1] En estas páginas introductorias no pretendemos ofrecer una historia completa o detallada de la gramática española (para ello remitimos al lector a las obras de historiografía gramatical que se citan en las notas). Estas líneas, más bien, nos servirán para recordar algunas —las más relevantes— de las gramáticas publicadas entre 1492 y 1847; es un repaso que consideramos conveniente y que posibilitará hacer posteriores referencias a algunas de las gramáticas recogidas en esta síntesis, sobre las que no pocos autores del período escogido (1847-1920) vuelven una y otra vez.

[2] Citaremos por la ed. de A. Quilis (Madrid, Editora Nacional, 1980).

[3] El repertorio más importante de textos gramaticales sigue siendo la ingente obra ya citada del Conde de la Viñaza, *Biblioteca histórica...* Concretamente, para una más

de la gramática y Ortografía; 2. Prosodia y Sílaba; 3. Etimología
—o Partes de la oración—; 4. Sintaxis y Estilística, y 5. Instrucciones
para los extranjeros que quieran aprender castellano), cuyo contenido
no nos es dado resumir aquí, precedidos de un Prólogo que resulta
clave para la comprensión de lo que perseguía el autor andaluz con
su obra; recordaremos, brevemente, tres ideas de Nebrija: 1) la lengua
ha sido y es «compañera del imperio»; 2) para que pueda perdurar
una lengua es preciso regularla mediante la gramática; y 3) una gramática como la suya servirá para que otros pueblos conozcan y, a la
vez, aprendan la lengua castellana.

A lo largo del s. xvi vieron la luz algunas gramáticas de nuestra
lengua, las primeras en la que será una larga tradición de obras que
imitan y siguen a Nebrija, por más que algún autor nos hable de su
oposición a —y de su superación de— las ideas del gramático de Sevilla. Entre ellas podemos recordar la anónima *Útil y breve institución
para aprender los principios y fundamentos de la lengua española* (Lovaina, 1555)[4]; o, del licenciado Villalón, la *Gramática castellana. Arte
breve y compendiosa para saber hablar y escribir en la lengua castellana congrua y decentemente* (Amberes, 1558)[5], basada en la norma,
entendida ésta como la autoridad de los sabios; por último, citaremos
la anónima *Gramática de la lengua vulgar de España* (Lovaina, 1559)[6],
importante por las noticias que en ella se encuentran sobre pronunciación y por los comentarios acerca del nombre de nuestra lengua.

---

detallada información sobre las gramáticas publicadas en el Siglo de Oro, es imprescindible la consulta del libro de A. Alonso, *De la pronunciación medieval a la moderna en
español,* t. I, Madrid, Gredos, 2.ª ed., 1967; t. II, 1969; del mismo autor, «Gramáticos
españoles y franceses de los siglos xvi, xvii y xviii», en la *Nueva Revista de Filología
Hispánica,* V, Méjico, 1951, págs. 1-37. Consúltense, asimismo, W. Bahner, *La lingüística española del Siglo de Oro,* Madrid, Ciencia Nueva, 1966; L. Kukenheim, *Contributions à l'histoire de la grammaire italienne, espagnole et française à l'époque de la Renaissance,* H&S Publishers, Utrecht, 1974; R. Sarmiento González, «Inventario de documentos gramaticales de los siglos xviii y xix», en el *BRAE,* t. LVII, cuad. CCX, Madrid,
enero-abril, 1977, págs. 129-142.

[4] Hay ed. facsimilar con Estudio e Índice de A. Roldán (Madrid, C. S. I. C., 1977).

[5] De esta obra, C. García ha publicado una ed. facsimilar —precedida de un interesante estudio— en *Clásicos Hispánicos,* Madrid, C. S. I. C., 1971.

[6] La ed. facsimilar y el estudio de esta obra han corrido a cargo de R. de Balbín
y A. Roldán, en *Clásicos Hispánicos,* Madrid, C. S. I. C., 1966.

Después de la gramática de Nebrija habrá que esperar casi un siglo hasta ver publicado otro trabajo de importancia: el de Francisco Sánchez de las Brozas, titulado *Minerva, seu de causis linguae Latinae* (Salamanca, 1587) [7], que tuvo mayor influencia en el extranjero que en su propio país, debido a la «oficialidad» de que gozaban los textos de Nebrija en las universidades españolas. El Brocense elaboró una gramática fundamentada en la razón; el uso y la autoridad, si no están de acuerdo con la razón, deben ser rechazados. Éste será el lema de las gramáticas generales —denominadas también «filosóficas» o «lógicas» o «razonadas»—. En esta obra, pues, se establecen por primera vez esquemas fundamentales que permiten constituir una gramática general.

La *Minerva* está dividida en cuatro *libros:* el I analiza las *partes de la oración* (distingue tres: nombre, verbo y partículas, según algunos autores por influjo de la gramática árabe) [8]; los libros II y III están dedicados a la *constructio* (sintaxis); el libro IV, a la teoría de la elipsis fundamentalmente, así como a problemas de tipo semántico. El intento de los generativistas, encabezados por el propio N. Chomsky, de encontrar antecedentes de sus teorías en la llamada lingüística «racionalista» del pasado, ha llevado a considerar desde nuevos puntos de vista algunas de las ideas del Brocense [9].

Todas las obras gramaticales que vieron la luz en el s. XVII fueron seguidoras de la de Nebrija y conservan la estructura tradicional, sin aportaciones originales, con apartados dedicados a la métrica o a las figuras retóricas. Es el caso de las *Instituciones de la Gramática espa-*

---

[7] Existe traducción española de F. Rivera Cárdenas (Madrid, Cátedra, 1976).

[8] B. Delbrück fue el primero en señalar la posible influencia de la gramática árabe en el Brocense. C. García intenta demostrar que la división tripartita de la oración, más que a una influencia de la gramática árabe, es debida a la lógica de Aristóteles: «Si la oración es la expresión de un juicio y éste consta fundamentalmente de sujeto y predicado, que [el Brocense] identifica con nombre y verbo, y añadimos a ellos, en vez de las palabras de enlace aristotélicas, las partículas, tenemos la coincidencia del Brocense con el Estagirita» (*Contribución a la historia de los conceptos gramaticales (La aportación del Brocense),* anejo LXXI de la *RFE,* Madrid, C. S. I. C., 1960, pág. 82).

[9] Se trata de una cuestión que rebasa los límites de lo que nos proponemos en esta breve historia gramatical; como muestra, vid. C.-P. Otero, *Introducción a la lingüística transformacional,* México, Siglo XXI, 2.ª ed., 1973, págs. 32-39.

ñola (1614), del maestro Bartolomé Jiménez Patón [10], incorporadas después a su *Mercurius trimegistus* (Baeza, 1621). Este autor pertenecía a una escuela de gramáticos manchego-jiennenses, de gran relevancia en su tiempo, con cátedras de distintas disciplinas humanísticas repartidas por Úbeda, Baeza, etc. Las *Instituciones* no forman una gramática completa, sino que son sólo la exposición de una parte de ella: la Etimología o estudio de las partes de la oración, que reduce a cinco (número que dice tomar de Platón): categorías básicas (nombre y verbo) y categorías secundarias (adverbio, preposición y conjunción).

Del extremeño Gonzalo Correas es el *Arte de la lengua española castellana* (1625) [11]. Su importancia reside sobre todo en sus revolucionarias ideas fonetistas; consecuentemente, más que al argumento de autoridad, concede cierta importancia al uso; como el Brocense, considera que la sintaxis es el fin primordial de la gramática, y divide las partes de la oración en tres, quizá por influencia de la gramática hebrea (no olvidemos que Correas era catedrático de esta lengua). Asimismo, cierto eco del Brocense se advierte en el *Arte de la Lengua Española* (Valencia, 1651), del P. Juan Villar.

Aunque hasta aquí nos hemos referido sólo a obras gramaticales españolas, no podemos dejar de mencionar una obra francesa, fundamental en el campo que nos ocupa, del s. XVII: la *Grammaire générale et raisonnée* (París, 1660) [12], labor conjunta del gramático Claude Lancelot y el lógico Antoine Arnauld. Nos interesa sobre todo por cuanto que inaugura la corriente logicista que ha sido uno de los veneros teóricos de la gramática posterior. Intenta buscar un método fundado en la razón que se pueda aplicar al análisis de los procedimientos lingüísticos, método de carácter general, porque si el pensamiento puede

---

[10]   El estudio y la edición de esta obra, juntamente con el *Epítome de la Ortografía latina y castellana* del mismo autor, han sido realizados por A. Quilis y J. M. Rozas, en *Clásicos Hispánicos,* Madrid, C. S. I. C., 1965.

[11]   Editada y prologada modernamente por E. Alarcos García (anejo LVI de la *RFE,* Madrid, C. S. I. C., 1954).

[12]   Estudiada por R. Donzé en *La gramática general y razonada de Port-Royal (Contribución a la historia de las ideas gramaticales en Francia),* Buenos Aires, Eudeba, 1970; y recientemente traducida al español por R. Morillo-Velarde Pérez: «*Gramática general y razonada» de Port-Royal. Seguida de la segunda parte de la «Lógica»,* Madrid, SGEL, 1980.

ser analizado por la lógica, considerada única y universal, será posible crear una gramática que tenga igualmente una validez universal. Es decir, la gramática general —e insistimos en la idea que más arriba expusimos al referirnos al Brocense— sostiene que las distintas lenguas son variedades de un tipo único y universal, construido —en realidad, «reconstruido»— sobre una base lógica. Esta gramática francesa tuvo una influencia considerable en el panorama gramatical español. Considerable pero, también es cierto, muy tardía, como vamos a ver en seguida.

Durante la primera mitad del s. XVIII [13] apenas existen contribuciones a la historia de la gramática española; sólo hay que destacar la *Gramática de la lengua castellana reducida a breves reglas y fácil método para instrucción de la juventud* (Madrid, 1743), de Benito Martínez Gayoso. De esta obra dijo elogiosamente Salvá: «Su autor da ya muestras de conocer, que no basta explicar aisladamente todas las partes de que se compone una lengua, si no se señalan sus modismos más usuales [...]» [14]. De todas formas, no deja de ser una obra seguidora de los esquemas tradicionales latinos, ya que está concebida como una gramática puente para facilitar el acceso al latín.

Ya en la segunda mitad del siglo se publica el *Arte del Romance castellano, dispuesta según sus principios generales y el uso de los mejores autores* (Valencia, 1769), del P. Benito de San Pedro. Esta obra es el primer caso en que se encuentra cierto eco de las teorías de Port-Royal en los estudios gramaticales en España (en ella se habla, p. ej., del «artículo indefinido»).

Algo más de medio siglo después de su fundación en 1713, publicó la Real Academia Española la *Gramática de la Lengua Castellana* (Madrid, 1771), que fue impuesta como texto oficial por Carlos III en 1780. La gramática académica —en adelante GRAE— aparece excesivamente sujeta a la tradición representada por las obras latinas tardías [15].

---

[13]   La obra monográfica fundamental para estudiar este siglo desde el punto de vista lingüístico sigue siendo la ya citada de F. Lázaro Carreter, *Las ideas lingüísticas...*
[14]   V. Salvá, *Gramática de la Lengua castellana según ahora se habla,* Valencia, Libr. de los SS. Mallen y sobrinos, 5.ª ed., 1840, págs. IX-X.
[15]   La fecha de publicación de la primera gramática académica sirve al profesor J. J. Gómez Asencio de punto de partida para el excelente estudio ya citado *Gramática y categorías verbales en la tradición española (1771-1847).*

Ya a finales de siglo se encuentran intentos de incorporar en España las ideas de las gramáticas filosóficas procedentes de Francia. Entre ellos, la obra de Gaspar M. de Jovellanos, *Rudimentos de Gramática General* (1795), y dos de Juan Antonio González Valdés: *Gramática de la lengua latina y castellana* (1791) y *Gramática completa grecolatina y castellana* (1798).

Es en el s. XIX [16] cuando comienzan a proliferar las gramáticas filosóficas o generales por el influjo tardío —al que ya nos hemos referido— de las gramáticas francesas que bajo este signo se habían publicado después de la de Port-Royal. El paralelismo lógico-idiomático propio de la gramática racionalista va a ser una característica de todas las gramáticas (salvo raras excepciones) que aparecen publicadas en el XIX. A través de la lógica se formularán una serie de leyes que estarán presentes en todas las lenguas, o al menos esa será la pretensión de los gramáticos filósofos.

Inicia en este siglo la preocupación por la gramática general José Miguel Alea, con el artículo «De la necesidad de estudiar los principios del lenguaje, expuestos en una gramática general, y aplicados a la lengua materna», en *Variedades de Ciencias, Literatura y Artes* (Oficina de Don Benito García y C.ía, Madrid, 1803, t. I, n.º 11, páginas 101-117). La obra de Juan Manuel Calleja, *Elementos de gramática castellana* (Bilbao, 1818), en principio pretende seguir a los racionalistas franceses, pero no consigue alejarse demasiado de la gramática académica. Calleja sigue a Destutt de Tracy en la polémica teoría del verbo único, según la cual todo verbo se resuelve en el verbo sustantivo *ser* —que sería el único verbo— más un adjetivo *(yo amo = yo soy amante)*. Esta teoría —seguida por un considerable número de los gramáticos de que nos ocuparemos luego— fue rebatida, entre otros, por A. Bello y R. Lenz [17].

---

[16] El único trabajo de conjunto que poseemos sobre la lingüística española en este siglo es el de M. Mourelle-Lema, *La teoría lingüística en la España del siglo XIX*, Madrid, Prensa Española, 1968. De entre los estudios parciales de esta época sólo citaremos el artículo de J. M.ª Roca Franquesa, «Las corrientes gramaticales en la primera mitad del siglo XIX. Vicente Salvá y su influencia en Andrés Bello», en *Archivum*, mayo-agosto, 1953, págs. 181-213.

[17] De la importancia de Calleja en la historia de la gramática española son buen testimonio las palabras de Gómez Asencio: «[...] Calleja inicia en nuestro país la trayectoria que llevará hasta Bello (y por qué no hasta Jespersen) y que se caracteriza por la

José de Jesús Muñoz Capilla escribe, en diálogo, una *Gramática filosófica de la Lengua española* (Madrid, 1831), obra en que sigue fielmente a Esteban Bonnot de Condillac (1715-1757), creador del sensualismo y materialismo franceses. Francisco Lacueva, en esta misma línea, publica unos *Elementos de Gramática General con relación a las lenguas orales, o sea, exposición de los principios que deben servir de base al estudio de las lenguas* (Madrid, 1832) [18].

Pero la obra más interesante de este período es la de José Gómez Hermosilla, *Principios de Gramática General,* publicada en Madrid en 1835 (aunque se venía ya utilizando como libro de texto desde 1825 en las clases del Colegio de San Mateo de esta ciudad). De gran originalidad, dentro de la concepción lógica del lenguaje, es una obra que nos sirve de puente entre las teorías de la gramática general y la construcción de la nueva gramática española a cargo de Salvá y Bello [19]. Entre los seguidores de la teoría gramatical de Hermosilla destaca A. M. Noboa con su *Nueva gramática de la lengua castellana según los principios de la filosofía gramatical, con un apéndice sobre el arreglo de la ortografía* (Madrid, 1839), obra que intenta coordinar los *Principios* de Hermosilla con la gramática tradicional. Luis de Mata y Araujo publica unos *Elementos de Gramática general* (Madrid, 1842), de escaso interés: su doctrina consiste en rebatir a Gómez Hermosilla y a Destutt de Tracy, sin aportaciones positivas. En la misma línea encontramos tratadistas como Juan José Arbolí con su *Gramática General,* incluida en el *Compendio de las lecciones de Filosofía que se enseñan en el Colegio de Humanidades de San Felipe Nery de Cádiz* (Cádiz, 1844); y Tomás García Luna, autor de una *Gramática general o Filosofía del lenguaje* (1845).

---

toma de conciencia de que el medio más apropiado de llegar a descubrir las clases de palabras es precisamente el análisis de sus funciones en la oración» (*Gramática...*, pág. 109).

[18] Según Gómez Asencio, Lacueva «es el gran difusor de las ideas gramaticales de Destutt de Tracy en nuestro país y uno de los que mejor entendió y remodeló las doctrinas de la gramática filosófica en su vertiente ideologista» (*Gramática...*, pág. 120).

[19] Para Gómez Asencio, «Hermosilla, un hombre con una independencia de criterio digna del mayor elogio, aun conociendo en profundidad y con extensión la gramática filosófica francesa, supo ser original y al colocarse contracorriente consiguió formular una de las, en mi parecer, mayores aportaciones que la gramática española del siglo XIX ofreció al estudio de la gramática general» (*Gramática...*, pág. 204).

Algunos autores señalan como fecha de ruptura con el logicismo gramatical el año de 1831, en que el valenciano Vicente Salvá y Pérez publica en París su *Gramática de la lengua castellana según ahora se habla* [20]. Con esta obra, única en su tiempo por la metodología que su autor sigue, Salvá pretende construir un edificio gramatical sólidamente basado en la observación y descripción del *uso* lingüístico de las «personas doctas». Que a lo largo de la obra va a guiarse por el *uso* no es una mera declaración de principios por parte del autor, como es el caso de tantos gramáticos contemporáneos suyos. La única norma que el valenciano se impone es: presentar la gramática *como es,* no *como debe ser.* Esta gramática está formada por un repertorio de material idiomático, del cual no se deduce regla alguna; es simplemente una gramática descriptiva, fuera de toda especulación: la primera gran obra dedicada a la descripción sincrónica de la lengua española. No en vano Salvá, en el Prólogo de su obra, se muestra receloso ante las corrientes de moda procedentes de las gramáticas francesas racionalistas.

Sin embargo, Salvá no prescindió del todo de la gramática filosófica: a partir de la 2.ª edición (aparecida en 1835), y debido quizá a sugerencias del mismo Gómez Hermosilla, se deja sentir en esta obra cierto eco de la gramática general, sobre todo en la teoría del verbo; así, se remonta a la doctrina de Condillac para la diferenciación y explicación de las formas *canté* y *he cantado.* Por otra parte, no debemos dejar de señalar que Salvá es, que sepamos, el primer gramático de nuestra lengua que incluye la forma *cantaría* (y su compuesta) en el modo indicativo (hasta entonces se insertaba en el subjuntivo), aunque algunos autores actuales hayan afirmado que fue Bello el primer gramático que aclaró a qué modo correspondía este polémico tiempo del verbo [21]. Haremos notar, asimismo, que Salvá divide en tres las partes de la oración, y la novedad del amplio inventario que dedica a la construcción de verbos con preposición, influido tal vez por la abundancia y operatividad de estas construcciones en la sintaxis del idioma inglés (recordemos que Salvá fue uno de los intelectuales emi-

---

[20] En la portada de la 1.ª edición figura, no obstante, la fecha de 1830.

[21] Por ejemplo, E. Alarcos Llorach, en su estudio «'Cantaría': modo, tiempo y aspecto», en *Estudios de gramática funcional del español,* Madrid, Gredos, 2.ª ed., 1978, págs. 95-108.

grados a Londres durante el período absolutista de Fernando VII; allí residió desde 1823 hasta 1830, en que se traslada a París) [22].

La difusión del libro de Salvá fue grande, tanto en España como en Hispanoamérica, y sirvió de modelo para otras gramáticas escritas posteriormente (es bien sabida, y no nos detendremos en ello, la deuda que la *Gramática* de Bello tiene contraída con la de Salvá). Tan amplia fue la aceptación de la gramática del valenciano que se publicaron numerosas gramáticas, posteriormente, tituladas por metonimia *El Nuevo Salvá, Salvá reformado,* etc. [23]. Con todo, hubo autores a los que no agradó el éxito alcanzado por Salvá, entre ellos Pedro Martínez López, autor de unos *Principios de la Lengua castellana o prueba contra todos los que asienta D. Vicente Salvá en su Gramática* (2.ª ed., Madrid, 1841), donde se detiene más en atacar a Salvá que en exponer su propia doctrina.

Éste era el panorama que presentaba la gramática española cuando se publica la *Gramática de la lengua castellana destinada al uso de los americanos* (Santiago de Chile, 1847), de Andrés Bello. Los adjetivos que nos servirán para calificar esta obra los reservamos para después del estudio que de ella haremos seguidamente. Sólo nos resta puntualizar, para finalizar este apartado, que en él hemos prescindido deliberadamente de hacer referencias directas a corrientes lingüísticas o problemas de carácter lingüístico surgidos a lo largo de la época estudiada (como las discusiones acerca del origen del lenguaje, el origen del castellano y su historia, la creación de una lengua universal, etc.), cuestiones que no son ajenas pero que sí sobrepasan el marco estricto de una breve historia de la gramática española.

---

[22]   Para la cuestión de los emigrados españoles durante el reinado de Fernando VII véanse G. Marañón, *Españoles fuera de España,* Madrid, Espasa-Calpe, 5.ª ed., [1961]; y V. Lloréns, *Liberales y románticos. Una emigración española en Inglaterra (1823-1834),* Madrid, Castalia, 3.ª ed., 1979.

[23]   Vid. para ello la *Biblioteca histórica...,* del Conde de la Viñaza, t. I, passim.

CONCEPCIÓN DEL LENGUAJE Y DE LA GRAMÁTICA

PRIMERA PARTE

CONSIDERACIONES DE
CARÁCTER GENERAL

I

CONCEPCIÓN DEL LENGUAJE

No todos los gramáticos de los que nos ocupamos recogen en sus respectivas obras la concepción que cada uno de ellos tiene del lenguaje. De entre las definiciones recopiladas, observamos que algunas son más tradicionales y, quizá por ello, menos precisas que otras; de entre las más apegadas a la línea tradicional seleccionamos las siguientes:

> Balmes: «[Lenguaje] es la expresión del pensamiento por medio de palabras» (pág. 241) [1].

> Núñez de Arenas: «[...] es la combinación de ciertos sonidos con una significación exacta» (págs. 15-16).

> Herráinz: «[...] todo medio empleado para expresar nuestros pensamientos a los demás» (pág. 9).

Notemos que Balmes y Núñez de Arenas aluden, respectivamente, a «palabras» y a «sonidos», mientras que en la definición de Herráinz se habla imprecisamente de «todo medio» empleado para manifestar nuestros pensamientos. Esta última definición del lenguaje es, pues, más amplia que la expuesta por los otros dos autores. Para Balmes y Núñez de Arenas el único lenguaje existente, al parecer, es el lengua-

---

[1]   En adelante, y por lo que respecta a las gramáticas que son objeto de estudio, nos limitaremos a señalar el autor y la(s) página(s) o epígrafe(s) en que se encuentra la cita correspondiente —la referencia completa puede hallarse en la bibliografía final (I). En tales citas hemos preferido adaptar la grafía de la época a la actual.

je oral humano: cualquier otra forma de manifestar el pensamiento o los fenómenos psíquicos parece quedar excluida de sus respectivas concepciones del lenguaje.

Benot introduce algunas matizaciones que permiten atinar más en la caracterización del lenguaje. Distingue, por ejemplo, entre el lenguaje en general —«todo sistema de comunicación de unos seres con otros» (pág. 37)— y el lenguaje hablado —«todo sistema de comunicación entre los seres humanos por medio de palabras» (ibid.). Similar distinción es la establecida por Tamayo: lenguaje, en sentido amplio, «designa la propiedad que tienen los seres animados de expresar los estados de su espíritu» (pág. 5); y en sentido estricto (Tamayo prefiere hablar entonces de «lengua») es «el conjunto ordenado de voces y signos orales que empleamos para la expresión de toda nuestra vida espiritual» (págs. 6-7).

Otras definiciones, que, por otra parte, nos parecen más acertadas, identifican el lenguaje como un «sistema» o un «conjunto de signos»; entre ellas, y por orden cronológico, las de:

Salleras: «[Lenguaje] es el sistema general de signos materiales empleados para la representación y trasmisión de los fenómenos psicológicos» (pág. 27).

Suárez: «[...] un conjunto de signos para expresar una serie de ideas» (pág. 1).

Sánchez Doblas: «[...] conjunto de signos sensibles y exteriores con que los seres manifiestan los estados de su interior» (pág. 1).

Dentro de esta línea de definiciones del lenguaje se inserta la que nos dejó Giró: «Un sistema de signos que sirven para expresar las ideas que tenemos de los objetos, los juicios que de ellos formamos y los sentimientos del alma» (pág. 3). En esta descripción aparecen tres términos claves: «ideas», «juicios» y «sentimientos»; con tales vocablos, tomados de la terminología filosófica, se quiere hacer alusión a los signos o conjuntos de signos que el ser humano es capaz de emitir por medio del lenguaje; traduciéndolos a términos gramaticales: las palabras, las oraciones y las interjecciones —más adelante veremos que Giró no considera estas últimas como partes de la oración, sino como «signos del lenguaje natural» (pág. 8, n. 1).

En cuanto a los distintos tipos de lenguaje señalados por nuestros tratadistas, algunos de ellos se limitan a dividirlo en *lenguaje de acción* y *lenguaje de palabras* (Núñez de Arenas), o en sus equivalentes *lenguaje natural* y *lenguaje artificial* (Fernández Monje), sin más distinciones. Otros van más allá en la división del lenguaje:

1. Giró

    {
    lenguaje natural

    lenguaje artificial { hablado / escrito
    }

2. Herráinz {
    lenguaje oral
    lenguaje mímico
    lenguaje gráfico
    }

3. Salleras

    {
    lenguaje natural { mímico / fónico-oral inarticulado

    lenguaje artificial { fónico-oral articulado / gráfico
    }

4. Blanco {
    lenguaje mímico
    lenguaje acústico
    lenguaje gráfico
    }

5. Sánchez
    Doblas

    {
    lenguaje mudo

    lenguaje vocal { fonético u oral / figurativo o gráfico / mímico o de acción
    }

6. Tamayo {
    lenguaje mímico

    lenguaje fónico { articulado / inarticulado
    }

Como puede verse, aunque no se da un acuerdo absoluto entre los distintos autores, existe cierta homogeneidad a la hora de dividir el lenguaje en tipos diferentes.

Mayores problemas se presentan en la cuestión, tan debatida en el s. XVIII y primera mitad del XIX, del origen del lenguaje: ¿fue creado *directamente* por Dios junto con el primer hombre o, por el contrario, es una facultad que el ser humano ha ido desarrollando con el tiempo sin una intervención directa de la divinidad? [2]. Una exposición sumaria de las varias opiniones existentes en el s. xix acerca de este problema es la siguiente: la posición *teísta* defendía que el hombre fue creado por Dios con el conocimiento del lenguaje y con el uso del habla; la posición *ateísta* se encontraba en el lado opuesto: en el origen del lenguaje no existe ningún Ser superior como causa del mismo; y la posición *deísta,* conciliadora de una y otra, que no negaba la existencia de la divinidad: sólo se oponía a la intervención directa de Dios en el origen del lenguaje; es decir, Dios dotó al hombre de la *capacidad* de hablar y éste «inventó» el lenguaje mucho tiempo después, según las necesidades se lo iban exigiendo. En Francia, el vizconde de Bonald encabezaba el movimiento teísta en esta cuestión; Condillac y otros sensualistas militaban en la posición contraria [3].

Pocos autores del período que examinamos tocan la cuestión del origen del lenguaje, lo cual puede ser índice válido de que los acalorados debates de otros tiempos relativos al problema iban cediendo. De cualquier forma, predominan claramente las opiniones ortodoxas a este respecto, como las de Balmes, Fernández Monje y Blanco, partidarios del origen divino del lenguaje por vía directa; el primero de ellos afirma:

> En el origen la palabra ha sido comunicada por Dios al hombre [...]; después, las necesidades, el estado de instrucción, los climas y otras circunstancias han modificado el lenguaje (pág. 245).

Sólo Salleras defiende la posición deísta; su parecer queda suficientemente explícito en esta cita:

> El lenguaje es obra de los hombres, es producto de la necesidad: fue sencillo e imperfecto en su principio, y recorrió, como todas las cosas humanas, la escala gradual de perfección [...]. Dios solamente obra como causa primera (págs. 7-8).

Ningún autor de los que estudiamos propugna una solución ateísta; en este aspecto parece evidente que el sensualismo francés no arraigó en suelo español, al menos durante el período que nos ocupa.

---

[2] Para esta cuestión consúltese E. Renan, *De l'origine du langage,* París, Michel Lévy, 2.ª ed., 1858; y, más modernamente, E. Buyssens, «L'origine du langage articulé», en *Revue de l'Institut de Sociologie,* 1949, págs. 377-406.

[3] Cf. M. Mourelle-Lema, *La teoría lingüística...,* págs. 63-64, n. 49.

II

CONCEPCIÓN DE LA GRAMÁTICA

1. DEFINICIÓN DE LA GRAMÁTICA

La mayor parte de los autores que publican sus tratados entre 1847 y 1920 define la gramática conforme a la tradición, es decir, tal como la había caracterizado Diomedes:

> [...] Tota autem grammatica consistit praecipue intellectu poetarum et scriptorum et historiarum prompta expositione et *in recte loquendi scribendique* ratione [1].

De nuestros autores, y siguiendo el orden cronológico, Boned, Giró, Eguílaz, Orío, Ruiz Morote, López y Anguta, Díaz-Rubio, Suárez, Parral y Lemus definen la gramática en estos términos:

> Arte de hablar y escribir bien un idioma o lengua (López y Anguta, pág. 3).

Es la formulación que se corresponde con la que acabamos de citar del gramático Diomedes. Dentro de esta línea tradicional encontramos variantes mínimas en la definición, donde se sustituye el término *bien* por otras palabras o grupos de palabras de similar contenido, por ejemplo, *con propiedad, con corrección* (o *correctamente), con perfección,* etc. Valga como muestra la definición de:

---

[1] *Artis Grammaticae,* II, recogido por H. Keil, *Grammatici Latini,* vol. I, Hildesheim, Georg Olms, 1961, pág. 426. El subrayado es nuestro.

Gómez de Salazar: «[La gramática es el] arte de hablar con propiedad y escribir correctamente el idioma» (pág. 15).

Quizá el predominio de esta modalidad definitoria sobre otras en la época sea debido a que fue la adoptada por la GRAE: «Arte de hablar y escribir correctamente» (ed. de 1870, pág. 1; 1920, pág. 7). Rosanes, a pesar de encontrarse inmerso en la línea tradicional, reflexiona sobre esta manida definición y crea la suya propia:

> [La gramática] como arte, es la exposición metódica de la estructura peculiar que presentan las palabras y sus autorizadas combinaciones en un idioma, para hablarlo y escribirlo con *cierta* propiedad y corrección (pág. 3).

Es el mismo autor quien subraya el término *cierta,* y lo justifica así:

> Es extraño que en la mayor parte de los tratados de Gramática castellana se defina este arte, diciendo que da reglas para hablar con *propiedad* y *corrección.* Las reglas de una Gramática no son bastantes para alcanzar toda la propiedad y corrección de que es capaz un idioma (página 3, n. 2).

El mismo escepticismo (o, si se quiere, la misma precaución) ante los méritos que un tratado de gramática pueda tener en la perfecta formación lingüística de un hablante, muestra Hermosilla Rodríguez, que define la gramática prescindiendo de los adverbios «bien», «correctamente», etc. (adverbios que, por otra parte, no sabemos exactamente a qué se refieren): «Arte de hablar y escribir un idioma» (pág. 5). Observemos, de otro lado, que la presencia en el texto de dichos adverbios está haciendo alusión directa a un determinado tipo de gramática: la gramática normativa y prescriptiva, cuyo dominio en el período que nos ocupa es manifiesto, frente a la gramática descriptiva [2].

Un avance nada despreciable hacia la correcta definición de gramática está representado por aquellos tratadistas que intentan hacer explícito el contenido de «bien» o «correctamente», etc. Es el caso de Bello, que la define como

---

[2] Vid. la distinción gramática descriptiva/normativa en J. Roca Pons, *Introducción a la gramática,* Barcelona, Teide, 4.ª ed., 1976, págs. 25-26. Asimismo, E. Coseriu, «Sistema, norma y habla», en *Teoría del lenguaje y lingüística general. Cinco estudios,* Madrid, Gredos, 2.ª ed., 1969, págs. 11-113; y L. Hjelmslev, *Principios de gramática general,* Madrid, Gredos, 1976, en especial págs. 243-254.

el arte de hablar correctamente, esto es, conforme al buen uso, que es el de la gente educada (§ 1).

En la segunda parte de la definición encontramos lo que de menos tradicional tiene: el arte de hablar correctamente debe conformarse «al buen uso, que es el de la gente educada»; en esta fórmula podría rastrearse la influencia de Salvá, que había caracterizado la gramática como el «conjunto ordenado de las reglas de lenguaje que vemos observadas en los escritos o conversación de las personas doctas que hablan el castellano o español» [3]. Esta referencia al «uso», que hemos visto en Bello, aparece en otros autores, aunque con distintas determinaciones; así, en Terradillos, para quien el «uso» ha de ser el de los «buenos hablistas»:

> [La gramática es el] arte que nos enseña a hablar y escribir fundadamente nuestra lengua, exponiendo con orden las doctrinas, reglas y usos autorizados por los buenos hablistas (pág. 3);

o en Commelerán, para quien el «uso» normativo ha de ser el de los «doctos escritores»:

> [La gramática es el] conjunto de reglas que, fundadas en la lógica y deducidas del uso de doctos escritores, tienen por objeto hablar y escribir con propiedad y corrección la lengua (pág. 7).

En esta última definición damos con una nueva manera de encabezar la fórmula que nos ocupa: la gramática es un «conjunto de reglas» (o de «leyes» o de «principios», según Fernández Monje, Salleras, Galí, M. Fernández-A. Retortillo y Lemus). Parece un nuevo paso hacia la delimitación del concepto «gramática», y un progresivo despegue de la tradición; haremos notar, no obstante, que algunos de nuestros autores utilizan este «conjunto de reglas» como sinónimo de «arte» (eso, al menos, es lo que parece indicar la disyuntiva); por ejemplo, Úbeda:

> [La gramática es el] arte o conjunto de reglas para hablar y escribir con perfección el idioma (pág. 5).

---

[3] V. Salvá, *Gramática...*, pág. 1.

En la definición antes citada de Commelerán se establece que las reglas han de estar «fundadas en la lógica»: hablar y escribir bien tienen, pues, como punto de referencia la adecuación entre el pensamiento y el lenguaje. En esta línea encontramos gramáticos tales como Núñez de Arenas, Valcárcel, D. de Miguel, Pahissa y Salleras. Del último es la definición que citamos:

> [Gramática es el] conjunto de principios y reglas que nos enseñan a expresar nuestros pensamientos y afecciones con propiedad y perfecta corrección (página 3).

Alemany define la gramática atendiendo a las partes de que consta: es el «arte de conocer, unir, pronunciar, y escribir las palabras» (página 3); parte, pues, de la división de la gramática para intentar caracterizarla [4].

Analicemos, por último, el concepto de gramática que otros autores más innovadores tienen; y son más innovadores porque intentan reflexionar sobre esta definición que se ha venido repitiendo durante siglos sin apenas modificaciones. Pérez Barreiro y Vigas definen la gramática como la «ciencia del lenguaje»; el primero de ellos tacha de «incompleta» y «redundante» la fórmula de la tradición («arte de hablar y escribir bien»):

> Hoy sólo se concibe que se llame *arte* a la gramática, por el mezquino absolutismo creador de las Academias, para que, de real orden, mandaran hablar a todos, conforme a determinado modelo: cosa que, naturalmente, está reñida con la ciencia (págs. 15-16).

Definiciones más generales y algo ambiguas son las de Pogonoski y Tamayo (esencialmente etimológica), quienes intentan alejarse de la definición tradicional:

> Pogonoski: «[Gramática es el] conjunto de verdades metódicamente expuestas y que hacen referencia a un idioma estudiado aisladamente» (pág. 1).

---

[4] Es posible que esta definición esté tomada de L. de Mata y Araujo, *Epítome de Gramática castellana* (1805). Nosotros hemos manejado su *Nuevo epítome de gramática castellana,* Madrid, Impr. de Norberto Llorenci, 1848; en la pág. 7 define la gramática como el «arte que enseña a conocer, unir, pronunciar, i escribir correctamente y con propiedad las palabras».

Tamayo: «La palabra Gramática vale tanto como decir *lo concerniente o referente a letras*» (pág. 11).

Para Cejador,

la *Gramática* de un idioma enseña a hablar y escribir con propiedad, descubriendo la razón científica de sus expresiones. Es, por consiguiente, arte que sistematiza en leyes los fenómenos del habla, y ciencia que da la razón por principios de esos fenómenos (pág. 13).

En la definición de Cejador encontramos tres partes bien diferenciadas:

1) una parte que responde a la tradición («enseña a hablar y escribir con propiedad»), donde se puede apreciar un aspecto práctico y normativo de la gramática;

2) una segunda parte («arte que sistematiza en leyes los fenómenos del habla») a medio camino entre las formulaciones más apegadas a la tradición —que definen la gramática como un *arte*— y aquellas más innovadoras que ya se refieren a la gramática como un conjunto o sistema de leyes;

3) una tercera y última parte («descubriendo la razón científica de sus expresiones»; «ciencia que da la razón por principios de esos fenómenos») en la que se hace referencia a un aspecto teórico y puramente descriptivo, fuera de toda norma: ese «descubrir la razón científica de sus expresiones» parece hacer alusión a la misión de la gramática general, ciencia puramente descriptiva para los autores de esta época y de épocas anteriores.

2. GRAMÁTICA GENERAL Y GRAMÁTICA PARTICULAR

Es lugar común de buena parte de los gramáticos que escriben en este período distinguir entre dos tipos de gramáticas: una denominada «general» y otra «particular». Los antecedentes de esta distinción hay que buscarlos en la gramática francesa, a partir de Port-Royal, y sobre todo en Condillac, Destutt de Tracy y Beauzée. Comencemos por delimitar el objeto de estudio de cada uno de estos tipos de gramáticas.

Núñez de Arenas habla de unos «principios comunes» a todas las lenguas, y de una forma muy vaga e imprecisa concluye que se reducen a los siguientes:

> 1.º La reproducción exacta, viva, y completa del pensamiento y el afecto. 2.º La exposición clara y ordenada de las ideas. 3.º El conocimiento del valor especial de las palabras de cada idioma y de sus relaciones entre sí y con el pensamiento tal que están destinadas a pintar (pág. 28).

Asimismo, como «conjunto de principios» conciben la gramática general Fernández Monje y Parral. Otros gramáticos hablan de «reglas» (Valcárcel) o «leyes» (Giró) o «preceptos» (Herráinz), que son comunes a todas las lenguas. Según Sánchez Doblas, la gramática general investiga en las lenguas «lo que hay de permanente e inmutable» (página 10).

Por otra parte, todos estos autores (Sánchez Doblas parece la excepción: no hace mención explícita de este término) consideran la gramática general como *ciencia*:

> [La gramática general] da preceptos y definiciones aplicables a todos los idiomas y que no varían jamás, o sea, *la ciencia* del lenguaje oral (Herráinz, páginas 13-14).

Es sabido que Bello, por su parte, no siguió la corriente de la gramática general que arrastraba en su época a los autores gramaticales. Su antilogicismo en cuestiones de gramática ha sido afirmado y probado una y otra vez por lingüistas contemporáneos a nosotros [5]. Citaremos *in extenso* un párrafo donde se da cuenta de la opinión que a Bello le merecía la gramática general:

---

[5] Vid. A. Alonso, «Introducción a los estudios gramaticales de Andrés Bello», Prólogo a la ed. de la *Gramática de la lengua castellana* de A. Bello y R. J. Cuervo, Caracas, Eds. del Ministerio de Educación, 1972, págs. XXIII-XXXVIII. Una breve referencia sobre esta cuestión se encuentra en la ed. crítica realizada por R. Trujillo de la *Gramática* de Bello, Cabildo Insular de Tenerife, Instituto Universitario de Lingüística «Andrés Bello», 1981, pág. 55.

> Obedecen, sin duda, los signos del pensamiento a ciertas leyes generales, que derivadas de aquellas a que está sujeto el pensamiento mismo, dominan a todas las lenguas y constituyen una gramática universal. Pero si se exceptúa la resolución del razonamiento en proposiciones, y de la proposición en sujeto y atributo; la existencia del sustantivo para expresar directamente los objetos, la del verbo para indicar los atributos y la de otras palabras que modifiquen y determinen a los sustantivos y verbos [...]; si exceptuamos esta armazón fundamental de las lenguas, no veo nada que estemos obligados a reconocer como ley universal de que a ninguna sea dado eximirse (págs. 20-21).

Con graves limitaciones acepta, pues, Bello la existencia de la gramática general.

2.2. GRAMÁTICA PARTICULAR

Lo más frecuente es que sea caracterizada y definida como un «conjunto de reglas» (o «preceptos») y un «arte»:

> Giró: «[La gramática particular] tiene por objeto enseñar las reglas peculiares de algún idioma» (pág. 5).

> Herráinz: «[...] establece reglas aplicables solamente a un idioma dado, o sea, *el arte* en el lenguaje oral» (pág. 14).

Algo distinta es la fórmula utilizada por Sánchez Doblas:

> Analiza la variedad de sus accidentes exteriores [de las lenguas], sujetos al influjo de los tiempos y de los lugares (pág. 10),

donde se prescinde de señalar que es un «arte» o un «conjunto de reglas» (como antes se abstuvo de llamar «ciencia» a la gramática general).

En resumen: la gramática general es definida en todos los casos (con la única excepción antes indicada) como *ciencia* y, a un mismo tiempo, como *conjunto de principios* (o *reglas,* o *leyes,* o *preceptos*); nunca es definida como *arte.* Por el contrario, la gramática particular es definida como *arte* y como *conjunto de principios* (o *reglas,* o *leyes,* o *preceptos);* nunca, en cambio, es definida como *ciencia* [6].

---

[6] A la misma conclusión llega J. J. Gómez Asencio en la época que él estudia (1771-1847). Cf. *Gramática...,* pág. 30.

3. DIVISIÓN DE LA GRAMÁTICA

Frente a la opinión tantas veces vertida que califica de homogénea, repetitiva y monótona a la gramática tradicional, nosotros nos hemos sentido en la obligación de rectificar y cambiar de parecer conforme estudiábamos las divisiones de la gramática establecidas por nuestros autores. La tradición no pesa tanto en este punto como en el que acabamos de ver. Casi podría decirse que sólo coinciden en una cuestión: todos los gramáticos del período (excepto Bello) reconocen, explícita o implícitamente, la repartición de la gramática en secciones. Exponemos seguidamente las distintas divisiones que de la gramática se han propuesto entre 1847 y 1920:

3.1. LA GRAMÁTICA NO ADMITE DIVISIONES

Bello es consciente de los problemas que plantea una tajante división de la gramática en «partes», precisamente porque es consciente también de que esa repartición no se da de hecho en el decurso hablado o escrito [7]: cualquier intento de división (aunque obedeciera a necesidades de método exclusivamente) desvirtuaría la realidad del hecho lingüístico.

Está claro que Bello en su gramática prescinde de la Ortografía; pero las restantes partes de la estructuración tradicional (es decir, la Analogía, la Sintaxis y la Prosodia) se reconocen inmediatamente en estas palabras del venezolano:

> El bien hablar comprende la *estructura material* de las palabras [= Prosodia], su *derivación* y *composición* [= Analogía], la *concordancia* o armonía que entre varias clases de ellas ha establecido el uso, y su *régimen* o dependencia mutua [= Sintaxis] (§ 6).

---

[7] Dice Bello: «He omitido la división de la Gramática en *Analogía* y *Sintaxis*, porque la separación es imposible. ¿Quién no ve, por ejemplo, que si ha de darse idea de lo que significa la palabra *declinación*, es preciso dar a conocer lo que es complemento directo y lo que es *dativo?*» (§ 34, n. I). Consúltese A. Llorente, «Morfología y Sintaxis. El problema de la división de la gramática» (1955), en *Teoría de la lengua e historia de la lingüística,* Madrid, Alcalá, 1967, págs. 215-370.

3.2. LA GRAMÁTICA SE DIVIDE EN DOS PARTES

a) *Análisis y Sintaxis.* — Es la división que propone Balmes [8], por influjo de la gramática francesa, según Mourelle-Lema:

> Conocía [Balmes] muy bien la teoría de Condillac y le sigue en la división de su *Gramática general* —en «Análisis» y «Sintaxis» [9].

El término Análisis fue utilizado originariamente por Jacobo Saqueniza (1828), refiriéndose con esta palabra a lo que había venido denominándose *Etimología* o *Analogía* [10].

b) *Analogía y Sintaxis.* — Núñez Meriel y la GRAE (1854) dividen en dos grandes partes la gramática: Analogía y Sintaxis. La Analogía en esta época estudia generalmente (en caso contrario lo indicaremos) las palabras de una manera aislada y desde el punto de vista sincrónico: se definen, se catalogan y se señalan las características de cada una de las clases de palabras, así como su flexión y su formación o composición, sin atender a otros criterios (diacrónicos, por ejemplo). El vocablo Analogía fue introducido en la terminología española por Fray Benito de San Pedro, en 1769, e incorporado en la GRAE a partir de su 4.ª ed. (1796) [11].

En la estructuración propuesta por Núñez Meriel la Analogía abarca otras subdivisiones; en esquema:

$$\text{Analogía} \begin{cases} \text{Fonología} \begin{cases} \text{Prosodia} \\ \text{Ortografía} \end{cases} \\ \\ \text{Morfología} \end{cases}$$

---

[8] A estas dos secciones, que Balmes reconoce explícitamente como partes de la gramática, se podría añadir una tercera: la Fonética, que es tratada con amplitud y con un enfoque enteramente moderno por el autor catalán.

[9] M. Mourelle-Lema, *La teoría lingüística...,* pág. 338.

[10] Cf. J. J. Gómez Asencio, *Gramática...,* pág. 39, n. 58.

[11] Cf. F. Lázaro Carreter, *Diccionario de términos filológicos,* Madrid, Gredos, 3.ª ed., 1971, s. v. *Analogía,* pág. 43.

Podemos ver que, además del estudio sincrónico de la palabra aislada (que para Núñez Meriel sería el objeto de la Morfología), la Analogía comprende el estudio de la Fonología, y ésta, a su vez, el de la Prosodia y la Ortografía. No es el único caso en que se consideran estas dos disciplinas como partes integrantes de la Fonología. Tendremos oportunidad de comprobarlo más adelante.

c) *Lexiología* y *Sintaxis.* — Esta repartición es la propuesta por Lemus. Lexiología no parece equivalente de Analogía, a juzgar por la disparidad en el objeto de estudio de una y otra; en este sistema se abusa del campo de estudio asignado a la Lexiología, la cual abarca, además del tratamiento de las categorías verbales, la Prosodia, la Ortografía e, inexplicablemente, la oración gramatical, cuyo estudio debe competer a la Sintaxis (y en esto se muestran unánimemente de acuerdo los restantes gramáticos del período).

d) *Lexigrafía* y *Sintaxis.* — Ovalle propugna este tipo de división para la gramática. Hasta ahora hemos visto que ni la GRAE (1854) ni Núñez Meriel ni Lemus consideran la Ortografía y la Prosodia partes constituyentes de la gramática con los mismos derechos que la Analogía (o el Análisis o la Lexiología) y la Sintaxis; sin embargo, hemos visto también que, a pesar de esta tímida innovación, no se atreven a prescindir rotundamente de ellas, bien tratándolas en un capítulo aparte (como Balmes), bien insertándolas en la Analogía (Núñez Meriel) o en la Lexiología (Lemus). Más decidido, por el contrario, se muestra Ovalle (quien reconoce explícitamente haber seguido a Martínez López y a Bello en este punto), considerando «artes distintas de la gramática» la Prosodia y la Ortografía:

> He prescindido de la prosodia y ortografía, porque las reglas de la primera se refieren exclusivamente a la versificación, que es una forma particular de la lengua peculiar a los poetas [...]. La prosodia y la ortografía son [...] artes distintas de la gramática (pág. 143).

La estructuración bimembre de la gramática tiene su origen en la obra gramatical de Petrus Ramus (1559) [12]; en España la GRAE (1771)

---

[12] Vid. I. Michael, *English grammatical categories and the tradition to 1800,* Cambridge, Cambridge University Press, 1970, págs. 37 y 187; L. Kukenheim, *Contributions...,* págs. 154-155; A. Llorente, *Teoría de la lengua...,* págs. 246-248.

sigue esta división, aunque en ediciones posteriores incorporará el estudio de la Ortografía y la Prosodia, según veremos luego.

3.3. LA GRAMÁTICA SE DIVIDE EN TRES PARTES

a) *Analogía, Sintaxis y Ortografía.* — Ruiz Morote es el autor de este tipo de división tripartita de la gramática. Únicamente anotaremos que estudia la Analogía como tradicionalmente se venía haciendo, y que considera la Prosodia incluida en la Ortografía.

b) *Fonética, Analogía y Sintaxis.* — El único autor que propugna esta división es Rosanes, quien incluye en la Fonética la Ortografía y la Prosodia. Nos ha parecido encontrar en este punto similitudes entre Rosanes y Balmes —vid. § 3.2. (a)—: si considera la Fonética como una parte más de la gramática lo hace llevado por el influjo de la tradición más que por una convicción profunda, como puede deducirse de sus propias palabras:

> La Prosodia y la Ortografía que vienen considerándose como partes de la Gramática, no lo son en realidad [...]. El estudio de las palabras en su relación fónica-gráfica [...] no reviste carácter esencialmente gramatical (página 5).

c) *Fonética, Morfología y Sintaxis.* — Otra original tripartición de la gramática es la ofrecida por Tamayo. En la Fonética incluye la Fonogenia u «origen de los sonidos» (= cómo se producen), la Prosodia o pronunciación de los mismos y la Ortografía. En la Morfología se insertan la Tematología u «origen de las palabras» y la Analogía o estudio de las formas y categorías verbales. La Morfología abarca, pues, para Tamayo un doble aspecto: sincrónico y diacrónico.

d) *Lexiología, Sintaxis y Síntesis.* — Sánchez Doblas subdivide la Lexiología en dos partes, Fonética y Morfología, división que obedece a la constitución de las palabras en dos elementos: uno «sensible» o «material» (los sonidos) y otro «espiritual» (la raíz y los afijos). La Fonética, a su vez, comprende el estudio de la Ortología (que se encarga de clasificar por sus sonidos las letras, las sílabas y las palabras), la Prosodia y la Ortografía. En el caso de Sánchez Doblas, la Morfología tiene una acepción distinta de la utilizada por Tamayo: éste contemplaba la sincronía y la diacronía de las palabras; aquél, sólo la sincronía.

En la Síntesis estudia la oración gramatical y el período, sin aducir razones por las que pudiera justificar esta separación de la Sintaxis. Por otra parte, parece que el término *síntesis* exige, como contrapartida, la presencia de otro término: *análisis,* oposición terminológica que sí aparece, más coherentemente, en la división de la gramática establecida por Fernández Monje —vid. § 3.7. (a)—. En esquema, quedaría así la división que establece Sánchez Doblas:

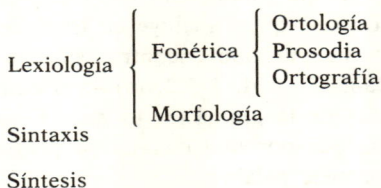

$$
\text{Lexiología}
\begin{cases}
\text{Fonética}
\begin{cases}
\text{Ortología} \\
\text{Prosodia} \\
\text{Ortografía}
\end{cases} \\
\text{Morfología}
\end{cases}
$$

Sintaxis

Síntesis

3.4. LA GRAMÁTICA SE DIVIDE EN CUATRO PARTES

a) *Analogía, Sintaxis, Prosodia* y *Ortografía.* — La GRAE a partir de su 4.ª ed. (1796) establece estas cuatro partes para la gramática (aunque no trataba de la Ortografía ni de la Prosodia). Es la misma división que mantiene en las eds. de 1870 (pág. 1) y 1920 (pág. 8). Como en el caso de la definición de la gramática, el simple hecho de que esta división cuatripartita de la misma esté propugnada por las autoridades académicas determina que la mayor parte de los gramáticos de que nos ocupamos observen esta misma repartición y con los mismos términos. Hemos podido contabilizar hasta un total de veintiocho seguidores de esta división; entre ellos, Herranz, Valcárcel, Boned, Orío, Gómez de Salazar, Avendaño, Commelerán, Galí, Blanco, Navarro y Hermosilla Rodríguez. En esta relación se puede incluir a Muñiz, el cual habla de Lexicología en lugar de Analogía, considerando ambos términos sinónimos.

b) *Terminología, Sintaxis, Prosodia* y *Ortografía*. — S. Vicente sustituye el vocablo Analogía por el de Terminología, estudiando en esta parte las palabras bajo un triple aspecto: 1.°) por su clasificación (nombres, adjetivos, verbos...); 2.°) por su forma (variables e invariables), y 3.°) por su etimología. En este tercer aspecto se diferencia, pues, de la concepción tradicional de la Analogía. S. Vicente es, que sepamos, el único gramático del período que emplea la voz «Terminología» por la más usual: «Analogía».

c) *Etimología, Sintaxis, Prosodia* y *Ortografía*. — Como sinónimo de Analogía emplea Terradillos el término Etimología [13]: el aspecto diacrónico de la palabra sugerido por el vocablo Etimología (tal como lo entiende hoy la ciencia lingüística) no es tratado por este autor. Esta división en cuatro partes aparece por vez primera en la Edad Media [14].

d) *Lexiología, Sintaxis, Prosodia* y *Ortografía*. — De nuevo el término Lexiología es utilizado por uno de nuestros autores: Suárez. Esta vez el contenido de la Lexiología es muy reducido, si lo cotejamos con el que otros dos gramáticos ya mencionados le asignaban; recordémoslo con un esquema:

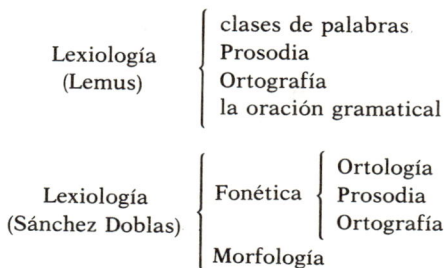

Lexiología (Lemus)	clases de palabras Prosodia Ortografía la oración gramatical	
Lexiología (Sánchez Doblas)	Fonética	Ortología Prosodia Ortografía
	Morfología	

---

[13] Explica F. Lázaro Carreter: «[Con la voz Etimología] se denominó hasta el siglo XIX una parte de la Gramática, cuyos límites coinciden, rudimentariamente, con los de la moderna Morfología. El término alternó con el de *Analogía» (Diccionario..., s. v. Etimología..., pág. 175).*

[14] Vid. I. Michael, *English grammatical...,* pág. 185.

Entre estos dos autores podría admitirse cierta conformidad en lo que respecta al contenido de la Lexiología (el más grave desajuste entre ambas divisiones parece residir en ese estudio de la oración gramatical que Lemus incluye); en el sistema de Suárez existe, en cambio, una total sinonimia entre la Lexiología y la Analogía tradicional; ambas disciplinas estudian y clasifican las palabras desde el punto de vista exclusivamente sincrónico.

e)   *Lingüística, Ortología, Prosodia y Etimología.* — Flórez incluye entre las secciones de la gramática un nuevo concepto: la Lingüística, «en sentido estricto», que se ocupa —según Flórez— del origen de las lenguas, sus clases, etc. Un breve comentario merece el concepto que de la Etimología (en sentido amplio) tiene este autor; la divide en varias partes, de acuerdo con la perspectiva que se adopte en el estudio de la palabra:

1)   Lexipeya: «Valoración de los elementos silábicos y síntesis o formación de las voces» (pág. 218).

2)   Etimología («en sentido estricto»): intenta descubrir el significado original de las palabras.

3)   Lexigrafía: trata de las cualidades que deben tener las palabras (claridad, concisión, etc.). En esta parte se encuadra la Lexicografía o estudio de los diccionarios.

4)   En un cuarto apartado se ocupa de las *figuras* y *vicios* que alteran el sentido recto de las expresiones.

Parece evidente que el contenido de la parte denominada Etimología (en sentido amplio) se ha ensanchado en la estructuración que Flórez propone para la gramática.

3.5.   LA GRAMÁTICA SE DIVIDE EN CINCO PARTES

a)   *Analogía, Análisis lógico, Sintaxis, Prosodia y Ortografía.*— Giró añade a las ya tradicionales cuatro partes (Analogía, Sintaxis, Prosodia y Ortografía) una quinta, extraída del contenido de la Sintaxis: el Análisis lógico, cuyo objeto de estudio es la oración y sus miembros constituyentes. Giró agrupa la Analogía, el Análisis lógico y la Sintaxis en la que denomina «gramática del idealismo de las palabras» (utilizado aquí el término *idealismo* como sinónimo de *significado* o *contenido*), frente a la «gramática del materialismo de las palabras», que comprende la Prosodia y la Ortografía.

b) *Prosodia, Grafía, Analogía, Ortografía y Sintaxis.* — En esta forma de dividir la gramática, propugnada por Pogonoski, se agrega a las cuatro partes de la Academia la Grafía, que el mismo autor se encarga de definir:

> [...] parte de la Gramática que se ocupa de reproducir mediante la escritura los elementos orales (pág. 6).

Por regla general, los autores de que nos venimos ocupando no distinguen entre Grafía y Ortografía; Pogonoski, en cambio, apela para esta distinción a la etimología del término *ortografía:*

> Cuando dicha reproducción [de los elementos orales] es *correcta* estamos ya en otro aspecto de la Gramática: en la Ortografía (ibid.).

Es decir, cuando se hace referencia a una norma de escritura hay que hablar de Ortografía.

3.6. LA GRAMÁTICA SE DIVIDE EN SIETE PARTES

Ortología, Analogía, Etimología, Sintaxis, Prosodia, Ortografía y Diccionario. — Sólo un autor de los consultados, Herráinz, defiende que la gramática se reparte en siete secciones. Conviene acudir a sus propias palabras para tratar de distinguir entre la Ortología y la Prosodia:

> [La Ortología] enseña el modo de pronunciar los sonidos de un idioma, sus combinaciones, que producen las sílabas y las palabras, y las licencias que nos autorizan para alterar la pronunciación regular (pág 5).

> [La Prosodia es la] parte de la Gramática que determina el tiempo empleado en la pronunciación de cada sílaba o palabra, las pausas propias de cada parte del discurso y el tono peculiar que el significado ha de imprimir a la voz (pág. 15).

Parece, pues, que un matiz estético-normativo diferencia la Ortología de la Prosodia; no en vano se habla en aquélla de «modismos» como el ceceo, el seseo y el yeísmo, considerados por otros gramáticos como «vicios de dicción»; la Prosodia parece ser, más bien, una parte descriptiva de la gramática.

La parte que Herráinz denomina Diccionario «nos manifiesta los significados propios de cada palabra» (pág. 80). Hemos creído adivinar en esta parte un esbozo de lo que luego se llamará Semántica, por su objeto de estudio en parte coincidente; Herráinz trata en este apartado de los sinónimos, homónimos y del valor recto y traslaticio de los vocablos.

3.7. LA GRAMÁTICA SE DIVIDE EN OCHO PARTES

a) *Lexilogía, Lexigrafía, Prosodia, Ortología* (ANÁLISIS), *Sintaxis, Ortografía, Retórica* y *Poética* (SÍNTESIS). — Una clara influencia de Destutt de Tracy se puede apreciar en esta distribución de la gramática en Análisis y Síntesis (cada una de ellas con las cuatro partes arriba indicadas) realizada por Fernández Monje:

> Podemos, y acaso debemos, estudiar nuestra gramática analizando y sintetizando (pág. 51).

Destutt de Tracy seguía en su obra gramatical un método analítico que le permitiera descomponer el discurso hasta llegar a las unidades mínimas (las palabras), para, seguidamente, reconstruirlo mediante un método sintético [15]. El mismo procedimiento de análisis y síntesis es el que sigue Fernández Monje.

La parte denominada Lexilogía tiene como finalidad el inventario de las categorías de palabras; se corresponde, por consiguiente, con la Lexiología de Suárez (no así con la de Sánchez Doblas, que incluía en ella la Fonética). El objeto de estudio de la Lexigrafía es idéntico al de la parte gramatical que Herráinz tituló Diccionario. El tratamiento de la Retórica y de la Poética parece estar al margen de las gramáti-

---

[15] Vid. J. J. Gómez Asencio, *Gramática...*, pág. 37.

cas actuales; en la primera de ellas Fernández Monje ofrece un detallado análisis de las figuras retóricas, de las metáforas, metonimias, etc. Define la Poética:

> [...] el arte que nos enseña a conseguir [...] el 'número' y la 'cadencia', que los poetas llaman respectivamente *metro* y *rima* (pág. 383).

No hemos hallado en el período ningún otro autor que considere la Retórica y la Poética partes constitutivas de la gramática.

b) *Gráfica, Fónica, Glotología, Sintaxis* (GRAMÁTICA TEÓRICA), *Gráfica, Fónica, Glotología y Sintaxis* (GRAMÁTICA PRÁCTICA). — Algo confusa resulta esta clasificación establecida por Pérez Barreiro: en la sección titulada Gramática Práctica trata algunas cuestiones que podían muy bien haberse insertado en la Gramática Teórica. Esta estructuración nos ha parecido una copia (no conseguida con éxito, por otra parte) del método analítico y sintético que veíamos en Fernández Monje. La confusión radica, pues, en esa imprecisa distinción entre Gramática Teórica y Gramática Práctica. Más acertadas nos parecen, en cambio, las denominaciones de Gráfica —que «trata de los signos escritos» (pág. 21) y se corresponde, por tanto, con la tradicional Ortografía—; Fónica —donde estudia y clasifica los sonidos— y Glotología —cuyo objeto de estudio es coincidente con el de la Analogía.

c) *Analogía, Sintaxis, Prosodia, Ortografía* (PARTES PRINCIPALES), *Oriología, Etimología, Lexicografía, Análisis lógico* (PARTES AUXILIARES). — Ordenación propuesta por Vigas; las llamadas «partes principales» coinciden con las establecidas por la Academia; de las «auxiliares» observamos que la Lexicografía se identifica con la parte que veíamos en Flórez —§ 3.4.(e)—, también así denominada; la Lexicografía de Vigas trata «del *uso* y *acepciones* de las palabras, cuyo estudio debe hacerse en el Diccionario» (pág. 86). El Análisis lógico se ocupa de la proposición; en este sentido podríamos hacer la misma crítica que esgrimíamos al considerar en la división propugnada por Flórez que estaba de más el separar la Síntesis (estudio de la oración gramatical) de la Sintaxis.

3.8. LA GRAMÁTICA SE DIVIDE EN NUEVE PARTES

Ortología, Ortografía, Prosodia, Etimología, Lexicografía, Analogía, Sintaxis, Práctica del Análisis y *Composición.* — Sólo Salleras, de entre los gramáticos examinados, divide en nueve secciones la gramática. El Análisis y la Composición constituyen, como el propio Salleras indica, partes eminentemente prácticas y no se corresponden ni en método ni en contenido con el Análisis y la Síntesis que expusimos en Fernández Monje —vid. § 3.7. (a)—.

3.9. RECAPITULACIÓN

Con el fin de poner algo de orden en este intrincado campo de la terminología resumimos el concepto que de los términos más discutidos tienen los gramáticos españoles que dan a la luz sus obras entre 1847 y 1920 [16]:

1.º *Analogía.* — a) Estudia estrictamente las formas de las palabras, su definición, su clasificación en categorías distintas, los accidentes gramaticales (género, número, etc.) de cada clase de palabra y todas sus variaciones posibles. Se correspondería con la disciplina que actualmente denominamos Morfología, si bien la Analogía tal como es concebida por los gramáticos analizados atiende sobre todo al aspecto puramente formal de las palabras, descuidando el aspecto morfofuncional de las mismas.

En esta concepción de la Analogía se inscriben la *Gramática* académica (1854, 1870 y 1920) y sus numerosos seguidores. Otros autores prefieren denominar la Analogía de manera distinta: Análisis (Balmes), Lexigrafía (Ovalle), Etimología (Terradillos), Lexiología (Suárez), Clotología (Pérez Barreiro), Analogía o Lexicología (Muñiz) y Morfología (Sánchez Doblas).

---

[16] Del término *Sintaxis* y de lo que por él entienden nuestros gramáticos nos ocuparemos en la Tercera Parte del libro (cap. I).

b) La Analogía, además de estudiar las palabras en su aspecto sincrónico, como señalábamos más arriba, se ocupa de indagar el origen de los vocablos, su etimología. Sólo S. Vicente concibe de esta forma la Analogía, aunque le asigna otro nombre: Terminología.

2.º *Etimología.* — Acabamos de ver que sólo Terradillos concede a la Etimología el estudio sincrónico de las palabras; por lo demás, todos los autores que hacen alusión a este término lo entienden como disciplina que tiene por objeto analizar la palabra desde una perspectiva diacrónica. Es el caso de Flórez (la Etimología «en sentido estricto»), Herráinz, Salleras, Vigas y Tamayo (quien prefiere llamarla Tematología).

3.º *Lexicografía.* — Trata del uso, acepciones y significación de las palabras, de las homonimias y sinonimias, de los arcaísmos y neologismos, y de los diccionarios (Flórez, Salleras y Vigas). Fernández Monje prefiere denominar esta parte de la gramática Lexigrafía y Herráinz con un término más específico: Diccionario.

4.º *Lexigrafía.* — Sólo tres autores del período tratan de la Lexigrafía, y cada uno de ellos le asigna un objeto de estudio diferente; así, acabamos de ver que Fernández Monje identifica la Lexigrafía con la Lexicografía; por otra parte, en el apartado 1.º (a) hemos comprobado que para Ovalle Lexigrafía y Analogía (sincrónica) son totalmente idénticas: ambas estudian las clases de palabras; y, por último, Flórez concibe la Lexigrafía como disciplina integrante de la Etimología (en sentido amplio) y se ocupa de las cualidades (claridad, concisión, etcétera.) que han de poseer las palabras.

5.º *Lexiología.* — Para Suárez la Lexiología es idéntica en sus contenidos a la Analogía (sincrónica), según indicábamos en el apartado 1.º (a); esto es, estudia exclusivamente las clases de palabras, su definición, etc., sincrónicamente. Fernández Monje sustituye el término Lexiología por el casi homónimo Lexilogía.

Lemus y Sánchez Doblas tienen un concepto más amplio de la Lexiología: el primero de ellos inserta en esta parte de la gramática el tratamiento de las clases de palabras y de la oración gramatical, además de la Prosodia y la Ortografía. Una estructuración similar es la que nos ofrece Sánchez Doblas, quien entiende la Lexiología como disciplina abarcadora de la Fonética (subdividida, a su vez, en Ortología, Prosodia y Ortografía) y la Morfología.

SEGUNDA PARTE

LAS CLASES DE PALABRAS O «PARTES DE LA ORACIÓN»

CRITERIOS Y SISTEMAS DE CLASIFICACIÓN DE LAS PALABRAS

1. CRITERIOS DE CLASIFICACIÓN DE LAS PALABRAS

La gramática tradicional a lo largo de su historia se ha preocupado de ordenar y clasificar las palabras, agrupándolas según rasgos y características comunes y estableciendo con ellas clases más o menos homogéneas con el fin de facilitar metodológicamente el estudio de la gramática. Estas agrupaciones de palabras se han venido denominando indistintamente con los nombres de *clases de palabras, partes de la oración* o *partes del discurso* [1].

Las clases de palabras en la época que estudiamos son establecidas recurriendo a tres tipos diferentes de criterios lingüísticos:

---

[1] La bibliografía existente sobre esta cuestión es abundante; vid., especialmente, V. Bröndal, *Les parties du discours: Partes orationis. Études sur les catégories linguistiques* (trad. fr. par P. Naert), Copenhague, Einar Munksgaard, 1948; E. Coseriu, «Sobre las categorías verbales ('partes de la oración')», en *Gramática, semántica, universales,* Madrid, Gredos, 1978, págs. 50-79; L. J. Piccardo, «El concepto de 'Partes de la oración'», en *Rev. de la Fac. de Humanidades y Ciencias,* t. IX, Montevideo, 1952, págs. 183-197; R. H. Robins, *Breve historia de la lingüística,* Madrid, Paraninfo, 1974; J. Lyons, *Introducción en la lingüística teórica,* Barcelona, Teide, 4.ª ed., 1977; G. L. Bursill-Hall, «The Middle Ages», en Th. A. Sebeok (ed.), *Current Trends in Linguistics,* vol. 13, The Hague, Mouton, 1975, págs. 179-230; J. P. Rona, «Las 'partes del discurso' como nivel jerárquico del lenguaje», en *Litterae Hispanae et Lusitanae,* Universidad de Hamburgo, 1968, págs. 433-453.

1) *Criterio formal:* la forma y la estructura material de la palabra son tenidas en cuenta cuando se sigue este criterio. Dos ejemplos de este punto de vista a la hora de definir el participio y el adjetivo pueden ser los siguientes:

> [El participio es una] palabra variable que participa de nombre y de verbo (Pahissa, pág. 8).
>
> [El adjetivo] es una parte de la oración que por medio de terminaciones genéricas, modificadas por el accidente llamado número, significa las cualidades, propiedades o accidentes de los seres, personas o cosas (Commelerán, página 8).

En la primera definición citada se habla de «palabra variable»; en la segunda, de «terminaciones genéricas» y de «accidente»: todo ello hace alusión a la forma material de las palabras.

Adelantaremos ya que al criterio formal recurren en gran medida los gramáticos del período, pero nunca como único criterio seguido en la definición: los criterios semánticos y sintácticos (vid. infra) ayudan al formal en las descripciones de las clases de palabras.

2) *Criterio semántico o lógico-objetivo:* quizá sea el más utilizado (y creemos que el menos válido desde la perspectiva de la ciencia actual) a lo largo de la trayectoria de la gramática tradicional. Con él se atiende a la significación de las palabras, a la realidad por ellas designada; conlleva, pues, una evidente confusión entre el «concepto» y la «cosa». Veamos un solo ejemplo en el que se ha adoptado el criterio semántico para definir el verbo:

> Significa la existencia, esencia, acción, estado, designio o pasión de las cosas (Gómez de Salazar, pág. 6).

La utilización exclusiva —y abusiva— de este criterio por parte de nuestros gramáticos de la tradición ha sido criticada, no con falta de razón, desde todos los sectores por los lingüistas más modernos; entre ellos, E. Coseriu se pregunta «si las palabras *acción* y *verbo* (que ciertamente significan 'acción' y 'verbo') deben considerarse como verbos, y por qué las palabras *cualidad* y *adjetivo* (que más que ninguna otra significan 'cualidad' y 'adjetivo') no son adjetivos» [2].

---

[2] E. Coseriu, «Sobre las categorías...», pág. 63.

3) *Criterio sintáctico:* presenta una doble modalidad:
a) *Criterio sintáctico colocacional o combinatorio,* en definiciones que se refieren a la colocación de las palabras y a su combinación con otras palabras en el discurso:

> [El artículo] precede al sustantivo [...] (Fandiño, pág. 7).

> [Preposición es] una parte invariable de la oración que se antepone a algunas de las otras nueve para indicar la relación de unas palabras con otras [...] (López y Anguta, pág. 52).

b) *Criterio sintáctico funcional,* que alude a la función u oficio de las palabras en la oración:

> [La conjunción] une o relaciona dos proposiciones u oraciones (Fandiño, página 19).

> El sustantivo ejerce generalmente el oficio de *sujeto* o *complemento,* algunas veces el de *predicado* y otras está en *vocativo* (Sanmartí, pág. 50) [3].

El criterio sintáctico, en cualquiera de las dos modalidades indicadas, es el menos empleado por los gramáticos que nos ocupan, a pesar de que Bello (que inicia cronológicamente la relación de los autores que estudiamos) ya lo había adoptado como el único válido en la consideración y clasificación de las distintas categorías verbales:

> La Gramática tiene por objeto enseñar el recto uso de las palabras. A este uso, pues, han de referirse y acomodarse las diferentes clases de palabras, de manera que toda clase se distinga de las otras por las funciones peculiares que desempeña en el razonamiento. Esto es lo que yo he procurado en mi clasificación, y lo que no siempre me ha parecido encontrar en las otras gramáticas (§ 34, n. 1).

Debemos señalar dos cuestiones en relación con los criterios seguidos para la agrupación de las palabras en categorías:

---

[3] Tanto el criterio semántico como el sintáctico funcional pueden aparecer encabezados por la construcción de finalidad «parte de la oración que *sirve para...»;* p. ej.: «[El nombre] sirve para expresar la idea que tenemos de los seres materiales y abstractos» (Giró, pág. 8), o «[la preposición] sirve para unir los complementos del verbo y del nombre» (Arañó, pág. 22).

1.°) No es raro encontrar en una misma gramática —diríamos
que es lo más habitual— el empleo de más de uno de los criterios
antes señalados; en la misma obra se definen, por ejemplo, el sustantivo y el verbo atendiendo a descripciones exclusivamente semánticas,
mientras que las categorías del adverbio o del adjetivo se establecen
sobre bases funcionales o sintácticas (coadyuvadas, a veces, por el criterio formal en cualquiera de los dos casos).

2.°) En una misma gramática una determinada clase de palabras
se encuentra definida por más de un criterio, es decir, se confunden
y entremezclan criterios de tipo morfológico, sintáctico y semántico.
El resultado es, pues, una definición arbitraria e híbrida, establecida
como está sobre bases heterogéneas. Esta aplicación simultánea de varios criterios nos hace dudar de la calidad y validez de los sistemas
clasificatorios de los gramáticos que así obran.

2. SISTEMAS DE CLASIFICACIÓN DE LAS PALABRAS

En este apartado vuelve a sorprendernos la variedad de sistemas
encontrados en los distintos tratados de gramática publicados entre 1847
y 1920: el esfuerzo llevado a cabo por parte de nuestros autores con
el propósito de alejarse de la tradición heredada queda patente en las
líneas que a continuación exponemos. Hemos podido hallar hasta un
total de catorce sistemas diferentes entre aquellos gramáticos que admiten la posibilidad de clasificar los vocablos; al final del capítulo
comentamos brevemente las opiniones de otros tratadistas que niegan
dicha posibilidad.

2.1. SISTEMA DE DIEZ CLASES DE PALABRAS

Sistema número 1

1. Nombre (o sustantivo)
2. Adjetivo (o calificación)
3. Artículo
4. Pronombre
5. Verbo
6. Participio
7. Adverbio
8. Preposición
9. Conjunción
10. Interjección.

En un orden cronológico, este sistema es posterior al de nueve clases de palabras que veremos inmediatamente; la categoría nombre del sistema n.º 2 se ha dividido en dos nuevas categorías: nombre (o sustantivo) y adjetivo (o calificación). Éste es el sistema que propone la GRAE en su ed. de 1870; por ello no tiene nada de extraño que un apreciable número de gramáticos lo adopte como la clasificación más conveniente [4]; entre ellos: Eguílaz, Gómez de Salazar, Herranz (1875), Ruiz Morote, Commelerán, Nonell, Úbeda, Sánchez Doblas, Rosanes, Vigas, Yeves (1917)... Y así hasta un total de veintiún gramáticos.

Parral distingue asimismo estas diez clases de palabras, pero las reúne en cuatro grupos, según contengan «ideas de sustancia» (el sustantivo y el pronombre), «ideas de relación» (el artículo, la preposición y la conjunción), «ideas de modo» (el adjetivo y el adverbio) o ideas compuestas de sustancia, relación o modo (el verbo atributivo, la interjección y el participio). Su sistema, por consiguiente, se acerca al establecido por Salleras (cf. con el sistema n.º 11).

A veces el peso de la tradición puede más que los meritorios esfuerzos por apartarse de ella. Tal es el caso de Pogonoski, quien se resiste a clasificar las palabras en grupos:

> Las palabras no son seres a los que se puede clasificar fijamente [...], porque tienen aptitud para desempeñar oficios diferentes (pág. 32).

A pesar de esta acertada reflexión, sigue fielmente el sistema de clases de palabras que propone la GRAE (1870).

Por último señalaremos que la gran mayoría de los autores que estudiamos divide estas clases de palabras formalmente: algunas son *variables* o *declinables* (nombre, adjetivo, artículo, pronombre, verbo [5], participio); otras son *invariables* o *indeclinables* (adverbio, preposición, conjunción, interjección).

---

[4] Michael registra en la tradición gramatical inglesa un elevado índice de autores que defienden este mismo sistema. Vid. *English grammatical...*, págs. 225 y 522.

[5] El verbo para algunos gramáticos de la época no es palabra *variable* o *declinable,* sino *conjugable.*

2.2. SISTEMAS DE NUEVE CLASES DE PALABRAS

Sistema número 2

1. Nombre	6. Adverbio
2. Artículo	7. Preposición
3. Pronombre	8. Conjunción
4. Verbo	9. Interjección.
5. Participio	

Es el de mayor tradición en la historia de nuestras gramáticas, heredado, a su vez, de la tradición latina: es la clasificación propuesta por Prisciano [6], a la que se ha añadido la categoría artículo, que no existía en latín. Es, asimismo, un sistema muy arraigado en las tradiciones gramaticales inglesa y francesa (los autores de Port-Royal, por ejemplo, lo defienden) [7]. Este tipo de clasificación de las palabras aparece documentado por vez primera en la gramática española en 1769, en Benito de San Pedro [8], y en la época que nosotros analizamos lo adoptan Herranz (1849), Alemany, GRAE (1854), Yeves (1862), Pahissa, Orío, Avendaño (quien prefiere incluir el artículo en una categoría más amplia: la de los *determinativos)* y Arañó.

Advirtamos que bajo la categoría del nombre se agrupan dos subcategorías: el sustantivo y el adjetivo, las cuales adquirirán con el tiempo el rango de categorías diferenciadas.

Sistema número 3

1. Nombre (o nombre sustantivo)	6. Adverbio
2. Adjetivo (o nombre adjetivo)	7. Preposición
3. Artículo	8. Conjunción
4. Pronombre	9. Interjección.
5. Verbo	

---

[6] Vid. C. García, «Estudio introductorio» (ya citado) a la *Gramática* de Villalón, págs. XXXII-XXXIII.

[7] Vid. «*Gramática general...*» (trad. de R. Morillo-Velarde), pág. 54.

[8] Según J. J. Gómez Asencio, *Gramática...,* pág. 97.

Es un sistema más moderno que los anteriores. El participio ha dejado de ser considerado como una categoría independiente y ha pasado a ser una forma más del verbo, al mismo nivel que el infinitivo y el gerundio. En la gramática española inaugura esta clasificación Jovellanos [9], a finales del XVIII; de nuestros autores, la siguen Suárez, Galí, Blanco, Núñez Meriel, Hermosilla Rodríguez, Lemus, GRAE (1920) y Tamayo.

2.3. SISTEMAS DE OCHO CLASES DE PALABRAS

Sistema número 4

1. Nombre
2. Artículo
3. Pronombre
4. Verbo
5. Adverbio
6. Preposición
7. Conjunción
8. Interjección.

El adjetivo y el sustantivo siguen considerándose subclases del nombre, pero, frente a esta concesión a la tradición, se elimina el participio de la nómina de las categorías verbales. Balmes y Núñez de Arenas son los únicos gramáticos de la época elegida que defienden este sistema. Un breve comentario merece la clasificación de Núñez de Arenas: agrupa el nombre y el pronombre bajo la denominación de palabras *sustantivas;* el verbo y el adverbio entre las *atributivas;* el artículo y la preposición forman las llamadas *definitivas;* y, finalmente, la conjunción e interjección se encuadran en las *connectivas* [10]. Nos parece que este esquema presenta ciertas irregularidades y contradicciones respecto de su desarrollo teórico posterior: en primer lugar, al tratar de las palabras atributivas más adelante, incluye entre ellas el adjetivo, del que aquí se ha prescindido; en segundo lugar, atendiendo a la defi-

[9] Cf. «Rudimentos de Gramática castellana», en *Obras de Don Gaspar Melchor de Jovellanos,* t. II, Madrid, Establecimiento tipogr. de D. F. de Mellado, editor, nueva ed., 1845, págs. 300-332.
[10] Este sistema, que está recogido —según advierte su mismo autor— de la *Poética* de Aristóteles, podría incluirse entre los que sólo distinguen cuatro clases de palabras (cf. los sistemas núms. 11 y 12).

nición dada para las palabras *connectivas* [11], parece que en este grupo
deberían integrarse las preposiciones —como, en efecto, más adelante
hace—; por último, no está claro que la interjección deba formar parte
de las *connectivas,* puesto que ninguna función de enlace desempeña
entre las palabras.

La clasificación de Núñez de Arenas no parece sino copia de la
recogida por Michael en la tradición gramatical inglesa, documentada
originariamente en Harris (1751) y posteriormente recogida en la *Ency-
clopedia Britannica* (1771); compárese si no:

SUBSTANTIVE (incl. pronoun)
ATTRIBUTIVE (compr. verb; adjective; participle; adverb., incl. interjection)
DEFINITIVE (compr. article, etc.)
CONJUNCTIVE (compr. conjunction and preposition) [12].

Las variantes existentes entre el sistema de Núñez de Arenas y el
que recoge Michael en la tradición inglesa se pueden reducir a la preposición y a la conjunción. En el sistema inglés, la preposición se incluye entre las palabras *conjunctives,* mientras Núñez duda en su clasificación como palabra perteneciente a la categoría de las *definitivas*
o de las *connectivas.* Respecto de la interjección, el sistema inglés la
considera palabra *attributive;* Núñez, según hemos visto, la incluye entre las *connectivas.*

Sistema número 5

1. Nombre (o sustantivo)
2. Adjetivo
3. Artículo
4. Pronombre
5. Verbo
6. Adverbio
7. Preposición
8. Conjunción.

La gran novedad de este inventario reside en que la interjección
no aparece entre las clases de palabras, bien porque se la considere
una oración completa y no una parte de ella (así opinan Boned y Terradillos), bien porque se afirme (como Giró) que la interjección es

---

[11] «[Palabras que] se juntan a varias a un tiempo [...] para enlazarlas entre sí» (página 31).
[12] Apud I. Michael, *English grammatical...,* págs. 264 y 527.

«signo del lenguaje natural» y no del «lenguaje artificial», donde tendrían cabida las restantes clases de palabras.

Sistema número 6

1. Nombre
2. Adjetivo
3. Pronombre
4. Verbo
5. Adverbio
6. Preposición
7. Conjunción
8. Interjección.

La presente clasificación, únicamente adoptada por D. de Miguel, se diferencia del sistema n.º 3 en la no consideración del artículo como clase independiente y en su inclusión en la categoría del adjetivo, como se venía haciendo en la tradición latina. Más adelante tendremos ocasión de comprobar que D. de Miguel no es el único autor del período que considera el artículo una subclase del adjetivo.

Michael señala que esta clasificación aparece por primera vez en la tradición inglesa en 1735 y sólo se documenta una vez más (1797) en el período que él estudia [13].

2.4. SISTEMAS DE SIETE CLASES DE PALABRAS

Sistema número 7

1. Sustantivo
2. Adjetivo
3. Verbo
4. Adverbio
5. Preposición
6. Conjunción
7. Interjección.

Bello acude fundamentalmente al criterio sintáctico y funcional para elaborar su sistema: «La clasificación de las palabras es propiamente una clasificación de oficios gramaticales» (§ 34, n. I). Observemos que además de la exclusión del participio como clase independiente se echan en falta otras dos categorías en la anterior relación: el artículo y el pronombre. Por lo que respecta al artículo, Bello reconoce su

---

[13] Cf. I. Michael, *English grammatical...*, págs. 228 y 522.

carácter adjetivo, y a esta categoría lo reduce; en cuanto al pronombre, lo incluye en la categoría nominal, ya sea como sustantivo, ya
como adjetivo. En la tradición inglesa hasta 1800, sólo un gramático
(Turner, 1739) formula esta misma clasificación [14].

Sistema número 8

1. Nombre		5. Preposición
2. Artículo		6. Conjunción
3. Verbo		7. Exclamación.
4. Adverbio		

A pesar de su declaración inicial de que las palabras han de clasificarse por su oficio en la oración, S. Vicente (único defensor de este
sistema n.º 8 en el período) echa mano de tres criterios (formal, sintáctico y semántico) para la clasificación de las partes del discurso. En
la categoría nombre, ateniéndose exclusivamente al criterio semántico,
incluye tres subclases: nombre objetivo (= sustantivo), adjetivo y pronombre. El participio queda excluido de las categorías de palabras como clase autónoma, y la interjección cambia de nombre: exclamación.

2.5.   SISTEMA DE SEIS CLASES DE PALABRAS

Sistema número 9

1. Sustantivo		4. Adverbio
2. Adjetivo		5. Preposición
3. Verbo		6. Conjunción.

Herráinz propone esta manera de clasificar los vocablos. Al igual
que Bello y S. Vicente, considera el pronombre una subclase incluida
en el sustantivo, pero Herráinz se atiene en este punto a criterios semánticos. También a argumentos de esta índole recurre el autor para
insertar el artículo en la categoría adjetiva. En cuanto a la interjección,
no la admite como clase de palabras, ya que, a su entender, revela

---

[14]   Cf. I. Michael, *English grammatical...*, págs. 228-229 y 522.

un pensamiento completo y puede llegar a ser una oración. En la historiografía de las gramáticas inglesas hasta 1800 este mismo sistema aparece una sola vez (Lewis, 1670), con la única diferencia de que el sistema inglés incluye el artículo entre las preposiciones [15].

2.6. SISTEMA DE CINCO CLASES DE PALABRAS

Sistema número 10

1. Nombre	4. Preposición
2. Verbo	5. Conjunción.
3. Adverbio	

Pérez Barreiro se basa en criterios semánticos para integrar el sustantivo y el adjetivo en la categoría del nombre. Siguiendo, por el contrario, razonamientos de carácter funcional, afirma que el pronombre no es más que un nombre, pues, de otra forma, no podría sustituirlo en la oración. El artículo es subclase, a su vez, de la subclase adjetivo. La interjección —que «expresa movimientos de la sensibilidad»— no se encuentra, según Pérez Barreiro, al mismo nivel que las demás palabras —que son «signos de representaciones intelectuales».

2.7. SISTEMAS DE CUATRO CLASES DE PALABRAS

Sistema número 11

1. Signos sustantivos	3. Signos conexivos
2. Signos determinativos	4. Signos mixtos.

Bien podría incluirse a Salleras (partidario de esta clasificación) entre los defensores de once clases de palabras, si alguno existe. En primer lugar distingue entre «signos de idea» (sustantivos, determinativos, conexivos y mixtos) y «signos de afección» (la interjección, que, a su entender, no es palabra ni oración, pues no representa pensamien-

---

[15] Cf. I. Michael, *English grammatical...*, págs. 219-220 y 522.

to alguno). Los «signos de idea» (denominados «géneros») contienen las siguientes «especies»:

a)   en los *sustantivos* se comprenden los nombres y los pronombres, y para ello recurre al criterio semántico;

b)   en los *determinativos* se incluyen, obedeciendo los criterios semántico, formal y funcional, según convenga al autor, el adjetivo, el adverbio y el artículo;

c)   los *conexivos* son el «verbo puro» *(ser),* la preposición y la conjunción; sigue, pues, un criterio funcional;

d)   y los signos *mixtos:* el verbo atributivo (compuesto de verbo *ser* + adjetivo), el adverbio (preposición + sustantivo) y el participio (cuya función en la frase puede ser tanto verbal como adjetiva).

Sistema número 12

1. Palabras conceptuales	3. Palabras de relación y determinación
2. Palabras pronominales	4. Palabras enfáticas.

La presente clasificación, propuesta por Lenz, es similar a la de Salleras (vid. supra n.° 11) en una primera división:

a)   palabras que no son partes de la oración, puesto que por sí solas *equivalen* a oraciones: las interjecciones;

b)   palabras que son partes de la oración, distribuidas en dos subgrupos (y aquí comienzan las divergencias con Salleras), atendiendo fundamentalmente a la significación:

fundamentales o primarias: *conceptuales* (expresan conceptos: sustantivos, adjetivos y verbos) y *pronominales* (repiten o reemplazan conceptos: prosustantivos, proadjetivos y proadverbios);

secundarias: *de relación* y *determinación* (relacionan y determinan conceptos o proposiciones: artículos, preposiciones y conjunciones), y *enfáticas* (refuerzan conceptos o proposiciones: *en verdad, además...).*

Parece que la división de las palabras establecida por Lenz en «primarias» y «secundarias» no es sino un esbozo de la distinción entre palabras categoremáticas o con significación y sincategoremáticas o vacías de contenido.

2.8. SISTEMAS DE TRES CLASES DE PALABRAS

Sistema número 13

1. Palabras sustantivas
2. Palabras modificativas
3. Palabras conexivas.

Hemos creído encontrar los antecedentes de los sistemas de tres clases de palabras en las gramáticas de los filósofos franceses; éstos, en una consideración logicista del lenguaje, trataban de acomodar los elementos de la proposición a los del juicio: si el juicio, en filosofía, se compone de tres ideas (dos ideas que se comparan y una idea que sirve para relacionarlas entre sí), la proposición —que no es más que la expresión de un juicio— ha de estar constituida igualmente por tres clases de palabras «necesarias» —las demás son «accesorias» o «contingentes»—: las sustantivas, las modificativas o atributivas y las conexivas.

Entre las palabras *sustantivas* Valcárcel incluye el nombre o sustantivo; entre las *modificativas,* el adverbio y el adjetivo (este último comprende, entre otras, las subclases artículo y pronombre —personal); palabras *conexivas* son el verbo, la preposición y la conjunción.

El sistema defendido por Fernández Monje presenta variantes al cotejarlo con el de Valcárcel: entre las palabras *sustantivas* inserta las designativas (= nombres) y las personificativas (= pronombres personales); entre las *modificativas* se encuentran las determinativas (el artículo entre ellas), las calificativas (= adjetivos) y las sub-modificativas (= adverbios); por último, las palabras *conexivas* están formadas por los verbos, los interpositivos (= preposiciones) y los conjuntivos (= conjunciones).

Para mayor claridad resumimos en sendos esquemas las clasificaciones de Valcárcel y Fernández Monje:

$$
\text{(Valcárcel)} \left\{ \text{Palabras} \right. \begin{cases} \text{sustantivas: nombres} \\[4pt] \text{modificativas} \begin{cases} \text{adverbios} \\ \text{adjetivos} \begin{cases} \text{artículos} \\ \text{pronombres personales} \end{cases} \end{cases} \\[4pt] \text{conexivas} \begin{cases} \text{verbos} \\ \text{preposiciones} \\ \text{conjunciones} \end{cases} \end{cases}
$$

$$
\text{(Fdez. Monje)} \left\{ \text{Palabras} \right. \begin{cases} \text{sustantivas} \begin{cases} \text{designativos (= nombres)} \\ \text{personificativos (= pron. personales)} \end{cases} \\[4pt] \text{modificativas} \begin{cases} \text{determinativos (= artículos)} \\ \text{calificativos (= adjetivos)} \\ \text{sub-modificativos (= adverbios)} \end{cases} \\[4pt] \text{conexivas} \begin{cases} \text{verbos} \\ \text{interpositivos (= preposiciones)} \\ \text{conjuntivos} \end{cases} \end{cases}
$$

La diferencia esencial entre uno y otro sistema estriba en la consideración del pronombre personal como subclase del adjetivo —éste, a su vez, subclase de las palabras modificativas— (Valcárcel), o como subclase de las palabras sustantivas (Fernández Monje); por otra parte, el artículo es considerado por Valcárcel una subcategoría del adjetivo, mientras que Fernández Monje lo considera al mismo nivel que el adjetivo.

Sistema número 14

1. Palabras sustantivas
2. Palabras adjetivas
3. Partículas.

En la breve historia de la gramática española que precede a este capítulo hemos mencionado que el presente sistema es defendido por el Brocense (por influencia de la gramática árabe, según Delbrück, o por influencia de la *Lógica* de Aristóteles, según C. García), así como por Correas y Villalón. Ovalle, único partidario de esta clasificación en su época, distingue dentro de los sustantivos, adjetivos y partículas las subclases siguientes:

sustantivos
- nombre
- pronombre personal

adjetivos
- artículo
- calificación (= adjetivo)
- adverbio
- verbo

partículas
- preposición
- conjunción
- interjección

Michael documenta un sistema inglés del año 1746 que ofrece una notable coincidencia con el de Ovalle:

SUBSTANTIVE (incl. pronoun)
ADJUNCTIVE (compr. adjective, incl. article; verb, incl. participle)
PARTICLE (compr. adverb; conjunction; preposition; interjection) [16].

Obsérvese el paralelismo existente entre uno y otro sistema, sólo alterado por el trasvase del adverbio (incluido entre las *particles* en el sistema inglés) a la categoría adjetiva en la clasificación de Ovalle. Dentro de los adjetivos, podría señalarse como variante la consideración del artículo: mientras en el sistema inglés el artículo se incluye como subclase de los *adjectives,* en el de Ovalle el artículo no es subclase, sino una categoría al mismo nivel que la calificación (o adjetivo).

* * *

No todos los autores del período admiten que las palabras pueden clasificarse; quienes mantienen esta postura atienden básicamente al hecho de que las palabras no desempeñan una función fija y perma-

---

[16] Apud I. Michael, *English grammatical...*, págs. 263-264 y 527.

nente en la frase, es decir, un criterio estrictamente funcional les lleva a tal conclusión. Benot, por ejemplo, afirma:

> Resulta [...] inadmisible la clasificación generalmente admitida de *partes de la oración,* tomada de un modo absoluto (pág. 115).

No obstante, propone una clasificación muy elemental de las palabras en *determinables* (sustantivos y verbos) y *determinantes* (adjetivos, artículos, adverbios, etc.). La huella de Benot se deja sentir en estas palabras de Navarro:

> *No hay partes de la oración,* [...] no hay palabras que desempeñen siempre en la oración un oficio fijo [...], pues la misma palabra unas veces es sustantivo, otras verbo, otras adverbio, etc. (pág. 67).

Como Benot, si bien con una terminología gramatical menos adecuada, Navarro divide las palabras en *determinantes* o principales (verbo y sustantivo) y *determinadas* o auxiliares (adverbio, adjetivo, conjunción...).

Debemos denunciar, sin embargo, la falta de coherencia interna que Benot y Navarro demuestran en esta cuestión, por cuanto que, después de declarar abiertamente que «no hay partes de la oración», utilizan la terminología tradicional para referirse a ellas y, así, hablan de verbos, adverbios, sustantivos, etc., con lo cual están dando por supuesta su existencia.

Ya hemos tenido ocasión de comprobar que Pogonoski (sistema n.º 1) se había planteado la misma cuestión: las palabras no desempeñan un papel fijo e inmutable en la oración; de ahí la imposibilidad de distribuirlas en clases categoriales. Pero el peso de la tradición le llevó a dividir en diez partes el discurso.

II

NOMBRE, SUSTANTIVO Y ADJETIVO

1. NOMBRE

Muy pocos autores de los que estudiamos consideran el nombre como una categoría autónoma inclusora de dos subclases: el sustantivo (o nombre sustantivo) y el adjetivo (o nombre adjetivo). Los gramáticos escolásticos de la Edad Media fueron los primeros que propusieron esta división del nombre, división que, tal como hoy la entendemos, no existía en la antigüedad grecolatina.

Los autores que entran en este apartado, esto es, los partidarios de subdividir la clase nombre en sustantivo y adjetivo, definen generalmente el nombre siguiendo un criterio semántico y extraoracional; son contados los casos en que se recurre al criterio formal o morfológico —lo que supone un alejamiento de la tradición, que apelaba a la flexión casual como rasgo definitorio del nombre [1]—, y mucho menos a un criterio sintáctico (funcional o combinatorio), que, de haberse tenido mínimamente en cuenta, habría llevado a la separación categorial entre sustantivo y adjetivo. El criterio semántico puro es utilizado alguna vez:

---

[1] Vid., p. ej., las definiciones de Dionisio de Tracia: «parte de la oración con flexión que representa a una persona o cosa» (apud R. H. Robins, *Breve historia...*, pág. 43); Ramus: «vox numeri casualis cum genere» (apud I. Michael, *English grammatical...*, pág. 55); Nebrija: «una de las diez partes de la oración, que se declina por casos, sin tiempos, y significa cuerpo o cosa» (*Gramática...*, ed. de A. Quilis, pág. 164); el Brocense: «voz que tiene género, número y caso» (*Minerva,* trad. de F. Rivera, pág. 58).

Balmes: «[Nombre] es la palabra que expresa un objeto» (pág. 257).

Alemany: «[...] significa los objetos o sus propiedades» (pág. 5).

Pérez Barreiro: «[...] es la palabra que significa seres» (pág. 118).

En otras ocasiones determinados autores se sirven del criterio semántico de finalidad:

Herranz (1849): «Sirve para nombrar las cosas y sus cualidades» (pág. 7).

Orío: «[...] sirve para designar los seres y sus cualidades o circunstancias» (página 8).

M. Fernández-A. Retortillo: «[...] sirve para designar las cosas» (pág. 3).

Hay en estas definiciones un detalle que no debemos pasar por alto: Balmes, Pérez Barreiro y M. Fernández-A. Retortillo definen el nombre como la palabra que expresa (o significa, o designa) objetos (o seres, o cosas); los restantes autores citados, y otros, añaden a esta breve definición los términos «propiedades», o «cualidades», o «circunstancias», que les sirven para referirse al adjetivo. Es evidente que con la incorporación de estos términos se pretende corregir un grave error implícito en las definiciones primeras; en la de Balmes, por ejemplo, y tal como está formulada («la palabra que expresa un objeto»), no tiene cabida una de las dos subclases del nombre: el adjetivo, puesto que éste no «expresa» nunca un objeto, sino, en todo caso, una *cualidad* o una *propiedad* del mismo. Una vez más el peso de la tradición y la irreflexión de los gramáticos que se limitan a copiar las fórmulas heredadas de ella han motivado esta contradicción entre la definición y lo definido.

A pesar de este momentáneo despegue de la tradición, las definiciones de Herranz (1849), Alemany y Orío no se han separado definitivamente de ella; el simple hecho de estar manteniendo el sustantivo y el adjetivo como clases secundarias del nombre es un dato revelador de su —inconsciente o no— apego a lo establecido por la gramática tradicional, ya que fueron incapaces de percibir que el sustantivo y el adjetivo desempeñan papeles bien distintos en la oración y muestran diferentes posibilidades combinatorias, y que, por ello, no deben incluirse en la misma clase de palabras.

Por otra parte, da la impresión de que formulaciones como la de Alemany (el nombre «significa los objetos o sus propiedades») se han elaborado sobre la base de las definiciones del sustantivo y del adjetivo, y no son más que el resultado de la suma de ambas; es decir, el nombre se define de manera artificiosa y *a posteriori,* con tal de conservar la categoría nombre en la nómina de las clases de palabras unánimemente aceptada por la tradición [2].

En los apartados siguientes estudiaremos, en primer lugar, las definiciones de sustantivo en aquellos gramáticos que lo consideran subclase del nombre; en segundo lugar, las definiciones de sustantivo en aquellos autores que lo consideran clase independiente. Seguiremos el mismo procedimiento en el apartado que dedicamos al adjetivo.

2. SUSTANTIVO

2.1. EL SUSTANTIVO COMO SUBCLASE DEL NOMBRE

Ya hemos visto que un número poco significativo de nuestros autores considera el sustantivo como una clase secundaria incluida en el nombre. Por regla general, los gramáticos que así entienden el sustantivo lo definen desde un punto de vista estrictamente semántico y extraoracional; como ejemplo nos puede servir la descripción que hace Arañó:

> [Sustantivo es] toda palabra que nombre una cosa corpórea o imaginaria, o que exprese empleo, oficio, ocupación de hombre o mujer (págs. 12-13).

Resulta evidente que para Arañó (y para quienes formulan definiciones de este carácter) la lengua es un reflejo inmediato de la realidad; esta relación entre la cosa y la palabra se inscribe en la línea de la más pura tradición (si salvamos el paréntesis representado por los *modistae* medievales). Pero en el s. XIX nos encontramos con que, bajo la influencia de la gramática filosófica francesa, entre la sustancia real

---

    [2] Este hecho ya ha sido señalado, antes y mejor que por nosotros, por Gómez Asencio, *Gramática...,* págs. 130-131 y passim.

y la palabra se insertan las ideas (= las ideas de los objetos); ya no son, pues, las palabras la expresión directa de la realidad, sino la expresión de las ideas que de esa realidad tenemos. Éste parece ser el punto de vista que, entre otros, adopta Núñez de Arenas para distinguir en la clase nombre entre sustantivo y adjetivo:

> [La diferencia entre sustantivo y adjetivo] no proviene de las cosas en sí, si no [sic] de nuestro modo de considerarlas (pág. 33).

En ningún autor de los que pueden incluirse en este apartado hemos hallado alusión alguna a un criterio sintáctico (funcional o combinatorio), intraoracional, para diferenciar el sustantivo del adjetivo dentro de la clase superior del nombre.

2.2. EL SUSTANTIVO COMO CLASE PRIMARIA

No debe pensarse que todos los autores que entre 1847 y 1920 consideran el sustantivo como clase primaria o autónoma, independiente del adjetivo, dan un gran paso en la historia de la gramática española; sencillamente porque, de igual modo que aquellos que consideraban el sustantivo incluido en la clase nombre, no hacen sino seguir los dictados de una tradición, esta vez la impuesta por los gramáticos filósofos de Francia (sobre todo por Condillac). Generalmente (tendremos ocasión de ver las excepciones) se sigue un criterio semántico en las definiciones del sustantivo como categoría independiente:

a) Recurren a un criterio semántico puro, entre otros:

> Herráinz: «[Sustantivo] es el nombre de cualquier ser» (pág. 20).
>
> Fandiño: «[...] expresa un *ser* o *seres,* o una *persona,* o un *animal,* o una *cosa*» (pág. 8).
>
> Blanco: «[...] da a conocer una substancia» (pág. 97).
>
> Parral: «[...] palabra por la cual designamos la esencia de las cosas» (pág. 58).

b) El criterio semántico de finalidad está presente en las definiciones de, por ejemplo:

Herranz (1875): «[El sustantivo] sirve para nombrar los objetos» (pág. 9).

Yeves (1917): «[...] sirve para nombrar los seres» (pág. 12).

La definición dada por Salleras, aunque se incluye entre las que apelan a un criterio semántico, no deja de ser meritoria:

[...] palabra sustantiva variable destinada a expresar seres u objetos no personificados, o que no toman parte directa en la conversación (pág. 46).

Con esta caracterización de (nombre) sustantivo Salleras intenta corregir una contradicción existente entre las definiciones anteriores y la clasificación de las palabras que sus correspondientes autores habían establecido; es decir, en cualquiera de las fórmulas arriba citadas podría incluirse, sin incurrir en incoherencias, la clase del pronombre —considerada categoría autónoma por todos estos autores—, puesto que, tanto como el sustantivo, esta clase también «significa las personas o cosas». Salleras pretende en su definición salvar este escollo —si bien únicamente excluye de la misma los pronombres personales de 1.ª y 2.ª personas—, lo que es importante; pero su formulación, de tipo semántico, es censurable por el criterio en que se basa.

Para la totalidad de estos gramáticos, según se constata en sus definiciones, la lengua es el reflejo inmediato de la realidad. Otro grupo de autores, en cambio, concibe una relación triangular, no ya bimembre, entre la realidad, la idea de esa realidad y la palabra:

Avendaño: «[Sustantivos] son las palabras que nos recuerdan las ideas de las cosas y de las personas» (pág. 5).

Núñez Meriel: «[...] expresa la idea de un ser (sustancia) real o imaginario» (pág. 44).

Una precisión más en las definiciones la introducen aquellos autores que se aperciben de la existencia de sustantivos que significan cualidades en abstracto (como *blancura)* o acciones separadas del agente (como *movimiento); el* sustantivo es, pues, definido por lo que significa y, además, por su manera de significar [3]:

---

[3] Al estilo de la gramática especulativa medieval; vid. R. H. Robins, *Breve historia...,* págs. 84 y 91.

Boned: «[Los sustantivos] nombran o designan cosas o seres, o sus propiedades en abstracto» (pág. 4).

Lemus: «[...] da a conocer los seres u objetos reales o ideales, o las cualidades como existiendo por sí mismas» (pág. 22).

El criterio semántico (puro y de finalidad) se ve coadyuvado en ocasiones por el formal —ya advertimos que el criterio formal no aparece nunca solo en las distintas definiciones, sino siempre, cuando se recurre a él, como soporte del semántico o del sintáctico—:

López y Anguta: «Parte declinable de la oración que nombra personas, animales y cosas materiales y abstractas» (pág. 10).

Úbeda: «[...] palabra variable que sirve para nombrar los objetos o cosas» (pág. 9).

Unos autores, los más fieles a la tradición grecolatina, hablarán de palabra (o parte de la oración) *declinable;* otros, más innovadores y reflexivos, se limitarán a denominarla palabra (o parte de la oración) *variable.*

Sólo Bello, Nonell y Lenz, del casi centenar de gramáticos consultados, se sirven del criterio sintáctico (funcional o colocacional) como criterio base para definir el sustantivo:

Bello: «[El sustantivo es] una palabra que puede servir para designar el sujeto de la proposición» (§ 41).

Nonell: «[...] parte declinable de la oración, que puede subsistir por sí sola sin ir acompañada de adjetivo y aun de artículo» (pág. 14).

Lenz: «[...] toda palabra que sirve de sujeto activo o pasivo de una proposición» (pág. 123).

Bello nos parece el más coherente de los tres, al considerar el pronombre como un subgrupo incluido en la clase del sustantivo. Nonell y Lenz, por el contrario, después de haber dado una definición del sustantivo donde tendría perfecta validez la inserción del pronombre, forman con éste una clase autónoma, fundándose en razones de índole semántica de marcado sabor tradicional («el pronombre se pone en lugar del nombre», o «lo reemplaza»).

Las definiciones que, en sus eds. de 1870 y 1920, la GRAE ofrece para el sustantivo merecen un breve comentario [4]:

> GRAE (1870): «[...] sirve para llamar o dar a conocer las cosas o las personas [...]. Puede subsistir por sí solo en la oración, a diferencia del *adjetivo* [...]» (pág. 15).

> GRAE (1920): «[...] sirve para designar seres, personas o cosas que tienen existencia independiente, ya en la realidad, ya por abstracción o personificación [...]. Puede subsistir por sí solo [...]» (pág. 12).

En estas fórmulas encontramos, en primer lugar, que se ha seguido un criterio semántico de finalidad, el cual sirve de base a la definición; como criterio complementario (nunca excluyente) se recurre al sintáctico colocacional: «puede subsistir por sí solo». En casos como éste, el recurso a un criterio sintáctico, intraoracional, no es más que un intento de completar la caracterización de la clase sustantivo, sin mayor trascendencia.

3. ADJETIVO

3.1. EL ADJETIVO COMO SUBCLASE DEL NOMBRE

Los escasos autores que incluyen el adjetivo en la clase superior del nombre lo definen siguiendo los tres criterios: formal, sintáctico y semántico, con sus distintas modalidades, pero en diferente proporción. Se observa, por ejemplo, un fenómeno inverso al que veíamos en la definición del sustantivo: aquí se atendía básicamente al criterio semántico para caracterizarlo; en el caso del adjetivo, contrariamente, el sintáctico (en mayor número el criterio sintáctico colocacional o combinatorio) es el más utilizado (sobre todo a partir de los primeros años del s. xx).

---

[4] Esta manera de definir el sustantivo venía ya utilizándola la Corporación académica desde la 1.ª ed. de su *Gramática* (1771). Cf. J. J. Gómez Asencio, *Gramática...*, pág. 134.

En este apartado son pocos, pues, los autores que describen el adjetivo desde un punto de vista exclusivamente semántico:

> Arañó: «[...] expresa alguna circunstancia o cualidad con que se diferencian los seres entre sí» (pág. 16).

Lo más corriente, como apuntábamos, es que los argumentos de tipo semántico (puro o de finalidad) y sintáctico (colocacional) vayan indisolublemente unidos en la fórmula definitoria de la subclase adjetivo:

> Herranz (1849): «Sirve para nombrar las cualidades de las cosas [...]. [Se llama adjetivo] porque se junta al sustantivo para denotar su calidad» (página 8).

> Muñiz: «[...] parte de la oración expresiva de la cualidad o determinación del nombre sustantivo al que se une necesariamente» (pág. 16).

En estos autores el criterio básico caracterizador del adjetivo sigue siendo el semántico; el sintáctico colocacional parece un rasgo complementario y auxiliar, subordinado a aquél. En el apartado que sigue veremos que el criterio sintáctico comenzará a ser considerado el fundamental, y el semántico pasará a un segundo plano.

3.2. EL ADJETIVO COMO CLASE PRIMARIA

Hasta los primeros años del s. xx la gran mayoría de los gramáticos que publican sus obras después de 1847 define el adjetivo (clase primaria) sirviéndose del criterio semántico (puro o de finalidad). Procederemos analizando las definiciones más simples hasta llegar a las más complejas.

Descripciones primordialmente semánticas como la de Valcárcel —«[los adjetivos] sirven para modificar al nombre» (pág. 23)— se ven explicitadas más ampliamente en un intento de precisar qué se entiende por *modificar:*

> Fandiño: «[El adjetivo] *califica* o *determina* al sustantivo» (pág. 10).

> Suárez: «[...] sirve para calificar o determinar el sustantivo» (pág. 37).

La *modificación* del sustantivo consiste, pues, en su calificación o determinación por parte del adjetivo. Este tipo de definiciones no parece sino la adición totalizadora de las partes en que posteriormente se dividen los adjetivos: calificativos y determinativos [5]. Pogonoski duda de la validez de esta división tradicional; a su juicio la «calificación» es inseparable de la «determinación»: *calificar* y *determinar* no deben entenderse como funciones distintas, «porque el adjetivo, al calificar, determina» (pág. 43). Propone la siguiente definición:

Es la palabra que *califica* y *determina* (pág. 43),

donde no se nos escapa que el autor ha sustituido la conjunción *o,* que aparece en las otras definiciones (vid. supra), por la copulativa *y,* para indicar que el adjetivo no «califica» unas veces y otras «determina», sino que «califica» siempre, además de «determinar».

Entre las definiciones que caracterizan semánticamente al adjetivo, debemos hacer una importante distinción:

a) definiciones que no distinguen claramente entre la realidad y los nombres que designan esa realidad; en ellas se confunde la sustancia real con los conceptos que sirven para nombrar esa sustancia:

Gómez de Salazar: «Calificación [= adjetivo] es una parte de la oración que sirve para calificar las cosas» (pág. 21).

Blanco: «[...] parte de la oración que determina o califica a las substancias» (pág. 108);

b) definiciones que, por el contrario, distinguen con precisión entre la realidad y los conceptos que sirven para aludir a ella; con estas

---

[5] Ésta es la división más generalizada. Otros tratadistas se salen de esta norma: Valcárcel: calificativos, determinativos *(el, un),* activos *(amando),* pasivos *(amado)* y personales *(yo, tú, él);* Giró: calificativos, participios y relativos *(mi, tu, cuyo, primero...);* S. Vicente: calificativos, numerales y gentilicios; Eguílaz: sólo admite los calificativos (los determinativos se incluyen entre los artículos); Pahissa: calificativos, nacionales, patronímicos, numerales y demostrativos; Ovalle: su concepción del adjetivo es extremadamente amplia; en esta clase incluye los determinativos, los indefinidos, los calificativos, los verbos, los activos (= gerundios) y los pasivos (= participios); Caballero: calificativos, determinativos y numerales; Salleras: simples, compuestos, primitivos, derivados, cualitativos, cuantitativos y relativos *(cual, mío, cuyo...);* Fandiño: calificativos, determinativos y numerales; Ruiz Morote: numerales, posesivos, nacionales y verbales.

definiciones, más perfectas y completas que las anteriores, se quiere poner de manifiesto que el adjetivo no modifica directamente a las cosas, a los objetos, sino a los nombres o sustantivos de que nos servimos para designarlos:

> López y Anguta: «Parte declinable de la oración que califica el nombre» (página 12).
>
> Parral: «[...] palabra que califica o determina al sustantivo» (pág. 61).

El argumento semántico nunca es desechado del todo (salvo en pocos casos, que veremos después) como criterio caracterizador del adjetivo, ya sea considerado como criterio primario en esta caracterización, ya como auxiliar y coadyuvante. Al criterio formal [6] como complementario del semántico se recurre en algunas ocasiones:

> Parte de la oración que por medio de terminaciones genéricas, modificadas por el accidente llamado número, significa las cualidades, propiedades o accidentes de los seres, personas o cosas (Commelerán, págs. 29-30).

En otras definiciones aparecen los tres criterios para describir la clase adjetivo:

> Eguílaz: «[...] palabra variable que se junta al sustantivo para denotar su cualidad» (1.er cuad., pág. 6).

Ya hemos señalado que en los primeros años del actual siglo se produce un cambio de perspectiva en la consideración de la clase primaria adjetivo; comienza ahora a definirse sobre la base de un criterio sintáctico (colocacional), y el semántico, antes el fundamental, pasa a desempeñar un papel secundario. Las descripciones del adjetivo responden ahora al esquema siguiente:

1.°, acompaña (o se junta, o se une) al sustantivo,

2.°, para calificarlo o determinarlo (o para expresar sus cualidades).

Los autores que así caracterizan al adjetivo —GRAE (1870, 1920), Sánchez Doblas, Navarro, Rosanes, Vigas, Yeves (1917), Hermosilla

---

[6] Generalmente se admite que el adjetivo concuerda con el sustantivo en género (o terminación genérica) y número. No son escasos los gramáticos que, más latinizantes, se refieren a la concordancia de caso entre el sustantivo y el adjetivo.

Rodríguez y otros— son los mismos que definían el sustantivo acudiendo fundamentalmente a rasgos caracterizadores de tipo semántico y secundariamente al criterio sintáctico. Debemos denunciar, pues, la incoherencia que este procedimiento encierra, esto es, definir el sustantivo desde una perspectiva extraoracional (y extralingüística la mayoría de las veces) y, posteriormente, tratar el adjetivo desde una perspectiva intraoracional, en la que se toma al sustantivo como punto de referencia.

Señalemos, por último, los tres autores que, en esta cuestión, se muestran más consecuentes con su sistema y sus principios lingüísticos:

> Bello: «Llámanse *adjetivos* porque suelen añadirse al sustantivo» (§ 45).

> Nonell: «[...] parte declinable de la oración, que no puede subsistir en ella por sí sola, sino acompañada de un sustantivo» (pág. 20).

> Lenz: «[...] toda palabra variable que modifica o determina a un substantivo, sea como atributo inmediato o como atributo predicativo» (pág. 208).

Es evidente que a estos tres gramáticos les sirve ahora en la descripción del adjetivo el mismo criterio sintáctico de que antes se sirvieron para definir el sustantivo.

III

ARTÍCULO

1. INCLUSIÓN O NO DEL ARTÍCULO ENTRE LAS CLASES DE PALABRAS

La generalidad de los gramáticos que publican sus obras entre 1847 y 1920 percibe claramente la existencia del artículo como una clase autónoma e independiente. Las excepciones a esta norma son mínimas; sólo seis autores se muestran acordes en eliminar de las categorías verbales la clase artículo, incluyéndola en todos los casos en la clase del adjetivo. Los criterios que se siguen para esta inclusión varían de unos autores a otros; Bello, por ejemplo, observa un similar comportamiento en la oración por parte de los adjetivos y artículos: tanto unos como otros «pueden añadirse al sustantivo» (§ 45). Razones de tipo sintáctico le fuerzan, pues, a no separar en categorías distintas a los adjetivos y artículos. Las razones en que se fundamentan Valcárcel, D. de Miguel, Ovalle, Herráinz y Pérez Barreiro responden, por el contrario, a criterios semánticos: adjetivos y artículos «sirven para modificar al nombre» (Valcárcel, pág. 23).

Otros autores advierten el similar funcionamiento que adjetivos y artículos desempeñan en el discurso; pero, demasiado respetuosos con la herencia de la tradición, que mantenía separados en distintas categorías a unos y otros, no se atreven a romper resueltamente con ella:

> Si no fuera porque procuramos esquivar las innovaciones radicales, consideraríamos el artículo ni más ni menos que como un adjetivo y lo estudiaríamos englobadamente con éste (Pogonoski, pág. 53, n. 1).

2. CRITERIOS SEGUIDOS PARA SU CARACTERIZACIÓN

Es comprensible (aunque no justificable) que todos nuestros autores definan el artículo ateniéndose casi exclusivamente [1] a criterios sintácticos (funcionales o colocacionales); difícilmente hubieran podido caracterizar esta clase (o subclase) de palabras atendiendo a su contenido significativo o denotación, como normalmente venía haciéndose con las restantes categorías.

Siguen una perspectiva sintáctica funcional en la caracterización del artículo, por ejemplo:

> Pahissa: «[...] sirve para distinguir el género y número de palabras variables y fijar su significación» (pág. 4) [2].

> Blanco: «[...] determina el género y número de los nombres substantivos» (página 121).

Todos ellos, al señalar como rasgo caracterizador (no siempre el único) del artículo el oficio de anunciar el género y el número del sustantivo, están siguiendo una tradición cuyo origen puede hallarse en Crisipo, quien había descrito así al artículo:

> Parte de la oración declinable que distingue los géneros y números de los nombres [3].

No obstante, veremos en seguida que la opinión de los gramáticos del período no es unánime en lo referente a considerar el artículo como señalador del género y del número (§ 4.1.).

Otros autores combinan los criterios sintácticos funcional y combinatorio para definirlo; en este caso se sigue otro camino de la tradi-

---

[1]   El criterio formal sólo aparece como rasgo secundario caracterizador del artículo: es una palabra (o monosílabo, o prefijo, o partícula) variable (o declinable).

[2]   Esta definición es idéntica a la de Alemany (p. 4) y merecedora, por consiguiente, de la misma crítica que Gómez Asencio hace a la de este último: «[...] baste hacer pensar cuán difícil es en español que el artículo distinga el género y el número de los pronombres y de los verbos (dos de las palabras *variables* para este autor)» (*Gramática...*, pág. 156).

[3]   Citado por I. Michael, *English grammatical...*, pág. 67.

ción: el trazado por Dionisio de Tracia con su descripción del artículo:
«parte de la oración con flexión de caso y que se antepone o pospone
a los nombres» [4]. Los autores a que nos referimos son, entre otros:

> Herranz (1849): «[El artículo] se junta al nombre sustantivo común para
> señalarle, determinarle y entresacarle de la masa común de su especie [...].
> Sirve para distinguir el género de los mismos nombres» (pág. 25).
>
> S. Vicente: «[...] se antepone a los nombres específicos, genéricos y abs-
> tractos, para marcar su número y género, y determinar su estado particular»
> (pág. 17) [5].

En este tipo de definiciones unas son más rudimentarias («el artículo *se junta al* nombre») que otras («*antecede* o *se antepone al* nombre»); las primeras abundan menos que las segundas en la época que
nos ocupa.

Hay gramáticos que caen en la cuenta de que el artículo no se antepone exclusivamente a la clase sustantiva, sino que, en ocasiones, precede a otras palabras de distinta categoría, o a locuciones enteras:

> Se antepone al substantivo y a cualquiera otra dicción, y aun a locuciones
> enteras que ejerzan en la oración oficio de nombres, para circunscribirlos
> a objetos determinados y señalar su género y número (Sánchez Doblas, pági-
> na 91) [6].

En esta definición, y en otras formuladas en términos similares,
se apunta ya, más o menos vagamente, hacia el fenómeno sintáctico
de la *sustantivación,* sobre cuya existencia o no se ha venido polemi-
zando hasta nuestros días [7].

---

[4]   Apud R. H. Robins, *Breve historia...,* pág. 43.
[5]   Definiciones parecidas ofrecen Fandiño, Ruiz Morote, Arañó, J. F. Sánchez-A.
Carpena, Sanmartí, Núñez Meriel, Vigas y Yeves (1917).
[6]   La misma precisión en Gómez de Salazar, Caballero, López y Anguta, Rosanes,
M. Fernández-A. Retortillo, Pogonoski y Lemus. Basándonos en la cronología, pensamos
que todos ellos han seguido la definición de la R. A. E. (1870, pág. 9), expresada aproximadamente en estos términos.
[7]   Vid., p. ej., E. Alarcos Llorach, «El artículo en español», en *Estudios de gramática...,* págs. 166-177.

3. ¿QUÉ PALABRAS PERTENECEN A LA CLASE ARTÍCULO?

No hay unanimidad en cuanto a la consideración de las palabras que deben incluirse en la clase artículo. Las opiniones, por el contrario, son muy variadas:

1. En castellano hay un solo artículo: *el.*

Defienden esta teoría Avendaño, Caballero, Arañó, Navarro y Pogonoski.

2. En castellano hay dos tipos de artículos:

a) Núñez de Arenas propone la siguiente clasificación:

determinativos: *el, un;*
demostrativos: *este, ese, aquel.*

b) La división que más aceptación tiene en la época es [8]:

definido, determinado, determinante o especificativo [9]: *el;*
indefinido, indeterminado, indeterminante o genérico: *un.*

La presente clasificación es utilizada, entre otros, por Herranz (1849), GRAE (1854, 1870 y 1920), Pahissa, Orío, Salleras, Fandiño, Nonell, Blanco, Sánchez Doblas, Rosanes, Lemus y Lenz.

c) Gómez de Salazar propone la división de los artículos en:

determinantes $\begin{cases} \text{1.ª clase: } el; \\ \text{2.ª clase: demostrativos;} \end{cases}$

indeterminantes $\begin{cases} \text{1.ª clase: } un, algún...; \\ \text{2.ª clase: numerales.} \end{cases}$

---

[8] El origen de esta distinción arranca de Port-Royal (vid. la «*Gramática general...*», págs. 67-70). El primer gramático de la tradición española que introduce la distinción entre artículos definidos e indefinidos es B. de San Pedro (1769); vid. F. Lázaro Carreter, «El problema del artículo en español: 'Una lanza por Bello'», en *Homenaje a la memoria de Don Antonio Rodríguez-Moñino (1910-1970)*, Madrid, Castalia, 1975, pág. 347. Una inteligente crítica a esta tradicional oposición artículo *determinado/indeterminado* fue realizada por A. Alonso, «Estilística y gramática del artículo en español», en *Estudios lingüísticos. Temas españoles*, Madrid, Gredos, 3.ª ed., 1974, págs. 125-160.

[9] Herranz (1875) y Ruiz Morote prefieren el término *indicativo*.

d)   Para Boned los artículos pueden ser:

$$
\text{determinados}
\begin{cases}
\text{especificativos: } el; \\
\text{posesivos: } mi, tu...; \\
\text{demostrativos: } este...; \\
\text{relativos: } que, cual...;
\end{cases}
$$

indeterminados: *un, algún...*

e)   Eguílaz es el único defensor de la clasificación que sigue:

especificativo: *el;*

$$
\text{individuativos}
\begin{cases}
\text{numerales: } un, tres...; \\
\text{posesivos: } mi...; \\
\text{demostrativos: } este...; \\
\text{relativos: } que, cual... \; [10]
\end{cases}
$$

3.   En castellano hay tres tipos de artículos:
a)   Giró defiende la división de los artículos en:

especificativos: *el, todo, cada...;*
cuantitativos: *uno, tres...;*
demostrativos: *este...*

b)   Los tipos de artículos que, según Terradillos, existen en español son:

especificativo: *el;*

$$
\text{individuativos}
\begin{cases}
\text{demostrativos: } este...; \\
\text{numerales: } un, dos...; \\
\text{posesivos: } mi...;
\end{cases}
$$

relativos: *que, quien...* [11].

---

[10]   Una clasificación casi idéntica es defendida por Gómez Hermosilla (1837), quien sigue, a su vez, a Beauzée y Destutt de Tracy; cf. J. J. Gómez Asencio, *Gramática...*, pág. 159.

[11]   Véase el paralelismo existente entre esta clasificación y la de Eguílaz, apartado 2 (e).

c) Alemany propone la siguiente clasificación:

    determinante: *el;*
    indeterminados: *un, algún...;*
    demostrativos: *este...*

d) La clasificación del artículo defendida por López y Anguta es:

    concreto: *el;*
    abstractos: *un, cierto...;*
    demostrativos: *este...*

e) Díaz-Rubio, por último, distingue los artículos:

    determinante: *el;*
    indeterminantes: *un, qué...;*
    indefinido: *lo.*

4. VALORES ATRIBUIDOS A LA CLASE ARTÍCULO

En el período que estudiamos son tres los valores que, por regla general (más adelante tendremos ocasión de ver las excepciones), se le atribuyen al artículo:

4.1. EL ARTÍCULO SEÑALA EL GÉNERO Y EL NÚMERO DEL SUSTANTIVO

Ya hemos apuntado que esta función asignada al artículo parte de la tradición griega, concretamente de Crisipo; es, pues, uno de los valores más primitivos con los que se intenta caracterizar esta categoría. Los autores que definen el artículo apelando exclusivamente a este valor son: GRAE (1854), Fandiño, J. F. Sánchez-A. Carpena, Blanco, M. Fernández-A. Retortillo y Yeves (1917) [12]. Algunos, por el contra-

---

[12] Caballero y Lemus se muestran más precavidos que todos ellos y hacen notar que el artículo señala «en algunas ocasiones» el género y el número del sustantivo.

rio, niegan explícitamente que el artículo marque o anuncie los accidentes del sustantivo:

> Salleras: «No puede decirse que el artículo ni el adjetivo estén destinados a expresar los accidentes del sustantivo» (pág. 99).

> Parral: «El artículo no es necesario para señalar el género, ni el número de los nombres porque le [sic] conocemos sin él» (pág. 57).

> Navarro: «[El oficio del artículo] no es anunciar el *género* a que pertenece la palabra que le sigue [...], porque muchas veces el artículo precede a verbos que no tienen género [...]. No es tampoco. indicar si el *número* de la palabra siguiente es *singular* o *plural* [...]» (pág. 81).

Pogonoski no niega al artículo su función señaladora del género y número del sustantivo, pero no la considera esencial para caracterizar esta clase de palabras:

> La única cualidad *fija* que tiene el artículo es la de acompañar al sustantivo o a una palabra sustantivada. Son *variables* las otras cualidades que suelen asignar los gramáticos al artículo: el señalar el género, el número y el concretar la significación del sustantivo (pág. 52).

4.2. EL ARTÍCULO DETERMINA AL SUSTANTIVO

Con la referencia al valor determinativo del artículo se quiere indicar que éste «fija la significación del nombre», o «modifica» o «limita» o «circunscribe (más o menos vagamente)» su extensión o su significación. Con éstas y otras formulaciones parecidas se pretende subrayar el carácter «actualizador» del artículo con respecto al sustantivo. En la *Grammaire* de Port-Royal se pueden ya encontrar referencias a este valor determinante del artículo [13], que no adquirirá verdadera importancia como rasgo caracterizador hasta la aparición de los gramáticos filósofos franceses.

Hay entre 1847 y 1920 autores que en sus respectivas definiciones del artículo combinan los dos valores que hasta ahora llevamos estudiados; es el caso de Herranz (1849), Alemany, S. Vicente, Pahissa,

---

[13] Cf. la «*Gramática general...*», págs. 67 y 69.

Caballero, Arañó, Ruiz Morote, Commelerán, Sánchez Doblas, Núñez Meriel, Rosanes (pero vid. infra), Vigas y Lemus, quienes afirman que el artículo anuncia los accidentes de género y número del sustantivo y, a la vez, determina su significación. Otros sólo aceptan para el artículo el valor determinativo: Balmes, Boned, Giró, Eguílaz, Yeves (1862), Orío, Terradillos, Avendaño, López y Anguta, Suárez, Galí, Úbeda, Muñiz y Parral.

Rosanes piensa que no es una función esencial del artículo la de determinar o indeterminar:

> [...] no ha de verse la esencia del artículo en la determinación o indeterminación de la idea, expresada por la palabra que le sigue, dado que no siempre se presenta adornado de esa cualidad [...] (pág. 94).

En el apartado anterior veíamos que Pogonoski, compartiendo esta teoría con Rosanes, tampoco era partidario de considerar como un valor fijo y, por tanto, esencial del artículo su función de determinar al sustantivo.

La concepción que Salleras tiene del artículo merece un comentario algo más detenido. En principio niega que en esta categoría se dé la función determinativa:

> El artículo ni modifica ni determina [...]; se limita a insinuar que la palabra sustantiva a que precede se toma con cierta determinación o vaguedad (página 97).

Es decir, el artículo únicamente *insinúa* una determinación que sólo vamos a encontrar de manera efectiva en el sustantivo que sigue al artículo. Esta misma idea la había plasmado páginas antes el mismo autor:

> [El artículo] no es una verdadera palabra, sino un índice o exponente que supone determinación en vez de expresarla (pág. 41).

El artículo, pues, no determina por sí solo y directamente al sustantivo: *insinúa* y *supone* que la palabra sustantiva ya está determinada de antemano; la función propia del artículo es indicar que el sustantivo que sigue viene ya determinado en el texto de alguna otra forma. La presente teoría, por la que se considera al artículo como mero «índice»

de la determinación del nombre, ya había sido esbozada por Salvá
en 1830:

> [El artículo] nos sirve para *empezar a determinar* el individuo de que
> hablamos [14].

Aparece formulado con los términos «sirve para indicar los objetos
(o las ideas que tenemos de ellos)». Definiciones en las que se alude
a este valor son las de:

> Díaz Rubio: «[...] parte de la oración, por adhesión declinable, que se
> junta al nombre para determinar su significación unas veces y para indicarle
> vagamente otras» (pág. 11).
>
> Sanmartí: «[...] se antepone al sustantivo para anunciar su género y nú-
> mero, y también para indicar los objetos» (pág. 45).

Estas palabras vienen a decirnos, con términos más cercanos a nosotros y siguiendo las ideas de Coseriu, que el artículo es el actualizador mínimo del nombre (es decir, simplemente orienta al nombre hacia
el mundo de los «objetos») [15].

5. LA DOCTRINA DE «LO CONSABIDO»

Determinados autores de entre los analizados asignan al artículo
la función de señalar que el sustantivo precedido de *el* es ya «conoci-

---

[14] V. Salvá, *Gramática...*, pág. 47 (subrayamos nosotros). Vid. la acertada hipótesis de interpretación de estas palabras de Salvá que propone Gómez Asencio, *Gramática...*, págs. 163-164, y que puede resumirse en los siguientes términos: la función del
artículo consiste en anunciar que el sustantivo al que acompaña aparecerá determinado
posteriormente de alguna manera; así, en la frase *el correo* QUE HA LLEGADO HOY (el
ejemplo es de Salvá) el artículo *el* no tiene otro oficio que el de *anunciar* una determinación (QUE HA LLEGADO HOY) que aparece tras el sustantivo *(correo)*.

[15] Cf. E. Coseriu, «Determinación y entorno. Dos problemas de una lingüística del
hablar», en *Teoría del lenguaje...*, págs. 282-323.

do» o «consabido» por el hablante y el oyente (o «desconocido» o «no consabido» en el caso de *un):*

> GRAE (1920): «[El artículo definido] sirve principalmente para circunscribir la extensión en que ha de tomarse el nombre al cual se antepone, haciendo que éste, en vez de abarcar toda la clase de objetos a que es aplicable, exprese tan sólo aquel objeto determinado ya y conocido del que habla y del que escucha» (pág. 40).
>
> «[El artículo indefinido] designa un objeto no consabido de aquel a quien se dirige la palabra» (pág. 43).
>
> Lenz: «[El artículo definido] sirve sólo para indicar que el substantivo al cual acompaña es conocido del que habla y del que oye» (pág. 272).

Mucho antes el mismo Bello había aludido ya a esta característica del artículo:

> Juntando el artículo definido a un sustantivo, damos a entender que el objeto es determinado, esto es, consabido de la persona a quien hablamos [...] (§ 267).

Y más adelante insiste en la misma interpretación:

> [El artículo señala] ideas determinadas consabidas del oyente o lector; ideas que se suponen y se señalan en el entendimiento de la persona a quien dirigimos la palabra (ibid.).

Esta doctrina de «lo consabido» no volvemos a encontrarla enunciada después de Bello hasta los gramáticos citados más arriba. Es, por tanto, una doctrina de relativa modernidad que hoy, por lo común, aceptan los gramáticos, si bien con cierta cautela [16].

---

[16] Lázaro Carreter, p. ej., afirma: «La doctrina de 'lo consabido', como base para establecer el empleo del artículo, sustentada por Bello y otros gramáticos, no es [...] falsa, sino que se presenta, en general, como una enunciación imperfecta» («El problema del artículo...», pág. 357).

IV

PRONOMBRE

1. GRAMÁTICOS QUE CONSIDERAN EL PRONOMBRE
COMO UNA SUBCLASE

La gran mayoría de los autores que estudiamos considera el pronombre como una categoría autónoma. Hay algunas excepciones a esta norma. Bello, por ejemplo, no forma con los pronombres una categoría gramatical independiente, sino que los emplaza en la clase superior del nombre, ya como sustantivos, ya como adjetivos; para ello se basa en tres criterios:

> *Semántico:* «Si el nombre sustantivo [...] es el que expresa los objetos de un modo absoluto, prescindiendo de sus calidades, parece que es preciso dar este título a *yo* y *tú,* porque ciertamente señalan sus objetos de un modo tan absoluto, y con tanta prescindencia de sus calidades, como *Pedro* y *Juan*» (§ 229, n. IV);
> *Funcional:* porque toma el lugar y hace el oficio del nombre, «y esto no accidentalmente, sino por su naturaleza y por la constitución del lenguaje» (ibid.);
> *Formal:* el pronombre «tiene número y género como el nombre; se declina (según dicen) como el nombre [...]» (ibid.).

Para Valcárcel no existen en castellano los pronombres; sólo habla de «adjetivos personales», y para ello se apoya en argumentos de índole semántica:

[Los adjetivos personales] modifican al nombre, que llevan casi siempre sobreentendido, presentándole en 1.ª, 2.ª y 3.ª persona. Tales son YO, TÚ y ÉL (pág. 28).

Aparte de la expresión *casi siempre,* impropia en una definición que pretenda ser rigurosa, nos parece de poca validez esta caracterización que Valcárcel hace de los personales.

S. Vicente, Ovalle y Pérez Barreiro, al igual que Bello, consideran que el pronombre es una subcategoría dependiente de la clase nombre (o sustantivo); pero las razones en que se basan para esta decisión, a diferencia de Bello, obedecen a factores de carácter exclusivamente semántico.

Según Fernández Monje, los *personificativos* (= pronombres personales) se incluyen en la clase superior de los sustantivos, asimismo por razones de tipo semántico:

[El personificativo es] el nombre que expresa un ser convirtiéndole en persona gramatical (pág. 65).

Para Herráinz los pronombres no son más que «sustantivos relativos» (es decir, los integra como subclases en la categoría sustantiva), frente a los «sustantivos absolutos» o sustantivos propiamente dichos. Parece que el criterio semántico le lleva a esta inclusión de los pronombres en la categoría del sustantivo, si atendemos a la definición que de éste había dado: «es el nombre de cualquier ser» (pág. 20).

2. CRITERIOS SEGUIDOS PARA CARACTERIZAR EL PRONOMBRE

En la línea más pura de la tradición grecolatina se inscribe la teoría según la cual el pronombre es un sustituto del nombre en la oración, es una clase vicaria de la clase sustantiva; de nuevo se apela, pues, a un criterio intraoracional (sintáctico colocacional) para definir el pronombre. Esta manera de caracterizarlo la encontramos repetida una y otra vez en las distintas gramáticas consultadas; muy escasos son los autores que, por el contrario, se replantean esta definición, reflexionan sobre ella y prefieren recurrir a otras fórmulas definitorias de mayor validez lingüística.

2.1. EL PRONOMBRE COMO SUSTITUTO DEL NOMBRE

La descripción tradicional más simple del pronombre viene enunciada en estos términos, con variantes mínimas:

> Parte de la oración que se pone en vez de nombre (Giró, pág. 14).

Definiciones similares o idénticas a ésta son las ofrecidas por Boned, Pahissa, Díaz-Rubio, Galí, Blanco, M. Fernández-A. Retortillo, Benot, Pogonoski y Yeves (1917). Parece que en esta modalidad definitoria se está atendiendo básicamente a criterios sintácticos de tipo colocacional, según acabamos de indicar (sin dejar del todo al margen la manera de significar de esta clase de palabras, ya que designa indirectamente los objetos a través del nombre).

Son numerosas las definiciones seguidoras de esta línea a las que se añade una coletilla expresada, aproximadamente, con estas palabras: el pronombre sustituye al nombre «para evitar su repetición» [1]. De este carácter son las elaboradas por Balmes, Herranz (1849), Alemany, GRAE (1854 y 1870), D. de Miguel, Gómez de Salazar, Caballero, Fandiño, Ruiz Morote, Nonell, J. F. Sánchez-A. Carpena, Úbeda, Parral, Sanmartí, Rosanes y Hermosilla Rodríguez. Para otros, la finalidad de esta sustitución por parte del pronombre no obedece a causas estilísticas o retóricas (aligerar la elocución evitando la enojosa repetición de los nombres), sino a razones de tipo sintáctico funcional; por ejemplo:

> López y Anguta: «[...] se pone en lugar del nombre para hacer sus funciones en la oración» (pág. 14).

Otros gramáticos se mantienen en una postura ecléctica, conjuntando y haciendo compatibles ambas finalidades:

---

[1] Michael cree descubrir el origen de esta expresión en S. Isidoro de Sevilla. Vid. *English grammatical...*, págs. 69-70.

Orío: «Parte de la oración, que se pone en ella en lugar del nombre para evitar la repetición de éste y desempeñar sus mismas funciones» (págs. 23-24).

Un tercer rasgo se nos muestra en las definiciones de otros autores que defienden la función sustitutiva del pronombre; nos referimos a la función de señalar las personas gramaticales que intervienen en el discurso:

Sánchez Doblas: «[El pronombre] designa las personas gramaticales que intervienen en el coloquio, sustituyendo a los nombres, para evitar su enojosa repetición» (pág. 93).

Para Sánchez Doblas, por consiguiente, el pronombre:

1.º, sustituye al nombre,
2.º, para evitar su repetición;
3.º, señala las personas gramaticales de los actos de habla.

Los únicos pronombres en que concurren estos tres rasgos son los personales, los cuales son, en efecto, los únicos de que trata este gramático.

Más incoherente con su doctrina nos parece Arañó, quien, después de definir los pronombres como las «clases de palabras que se usan para sustituir el nombre de las personas o cosas que intervienen en la conversación» (pág. 17), considera como pertenecientes a la categoría pronominal a los impersonales, posesivos, demostrativos, relativos e indeterminados, además de los personales.

2.2. EL PRONOMBRE NO ES SUSTITUTO DEL NOMBRE

Algunos tratadistas se muestran en desacuerdo con esta teoría sustitutiva. Bello es el primero, en un orden cronológico, que rechaza esta función como caracterizadora del pronombre:

[...] ponerse en lugar de nombres para evitar repeticiones fastidiosas [no] es tan peculiar del pronombre que no lo hagan a menudo los nombres apelativos. En una historia de Carlos V se dirá muchas veces *el Emperador* para no repetir el nombre propio de aquel príncipe (§ 229, n. IV).

Tamayo niega de manera expresa que el pronombre sirva para reemplazar al nombre en el discurso:

> [El pronombre] no es sustituto del nombre, como antes se decía, sino palabra sustantiva que existe con independencia de aquél, y que expresa personas o ideas relacionadas con la persona (pág. 85).

Como definición modelo de quienes no aceptan la teoría sustitutiva del pronombre nos puede servir la de Eguílaz:

> [El pronombre] indica las personas que intervienen en la conversación (1.er cuad., pág. 8).

Se impone ahora aclarar dos términos presentes en la fórmula anterior: a) *indicar* quiere decir en este contexto «señalar o expresar los objetos sin darnos idea alguna de ellos»; con ello quiere hacerse hincapié en que los pronombres son palabras sin significado nocional; si alguna significación conllevan sería, en todo caso, de carácter deíctico; b) *persona,* en ésta y en otras definiciones similares, quiere aludir a la «persona gramatical» y no al «ser humano». Partidarios de la doctrina no sustitutiva del pronombre son, entre otros, Núñez de Arenas, Fernández Monje, Avendaño, Salleras, Commelerán, Muñiz, Navarro, Núñez Meriel, Cejador, GRAE (1920) y Lenz. Éstos ya no tienen en cuenta si el pronombre sustituye o no al nombre: ahora se vuelve la atención a las relaciones de las personas o de las cosas con el acto de la palabra [2].

No hemos encontrado en ninguno de los autores que examinamos alusión alguna a la doctrina, de larga tradición entre los gramáticos españoles, según la cual el pronombre sustituía exclusivamente al nombre propio; si acaso un rastro de tal teoría puede hallarse en Lemus:

> [El pronombre] representa a los seres, que intervienen en la conversación o discurso, *individualizándolos* (pág. 32. Subrayamos nosotros).

Ya hemos señalado que el criterio básico utilizado por los gramáticos del período para definir la categoría pronominal es el sintáctico

---

[2]   Quizá por influencia directa de las teorías de los gramáticos filósofos de Francia. Vid. J. J. Gómez Asencio, *Gramática...,* pág. 180.

colocacional. Curiosamente, apenas si se hace alusión a la peculiaridad morfológica que presentan los pronombres (al menos los personales); nos estamos refiriendo al hecho de que ésta es la única clase de palabras que conserva restos de la declinación latina. Esta sola indicación hubiera bastado para caracterizarlos. Todo lo más que llegan a decir nuestros gramáticos del pronombre, en lo que a rasgos formales se refiere, es que se trata de una palabra «variable», y sólo en dos ocasiones (López y Anguta, Nonell) se afirma que es una palabra «declinable» (pero no la única: también el sustantivo, el adjetivo...).

Respecto de sus accidentes gramaticales, de ordinario se le asignan los tradicionales de género, número y caso. Boned y Giró sostienen que sólo varía en género y número, mientras que Núñez Meriel afirma que los pronombres «no tienen género, pues toman el de la persona o cosa que designan» (pág. 63), limitando sus accidentes a los de número y caso. Ovalle señala los de género, número y persona, a los que Salleras y Sanmartí añaden el de caso.

3. CLASIFICACIÓN

La clasificación de la categoría pronominal presenta una amplia gama de posibilidades en el período que nos ocupa:

1. Sólo existen los pronombres personales:

En esta opinión se mantienen Núñez de Arenas, Valcárcel, Boned, Fernández Monje, Eguílaz, Terradillos, Avendaño, Muñiz y Sánchez Doblas. Algún autor se muestra reservado en cuanto a los cambios radicales en la tradición gramatical; tal es el caso de D. de Miguel (vid. infra, núm. 5):

> En rigor no hay otros pronombres que los llamados personales; y si admitimos los demás según la generalidad de los gramáticos, es porque no somos partidarios de las innovaciones que no ofrecen un gran resultado en la marcha práctica de la enseñanza (pág. 13, n.).

2. Existen dos clases de pronombres en castellano:

a)   Giró y López y Anguta adoptan la división de los pronombres en personales y relativos, con subdivisiones diferentes según los autores:

Giró:

> personales: *yo, tú, él;*
> relativos: *que, quien, cual.*

López y Anguta:

> personales { primitivos: *yo, tú, él, se;*
> derivados o posesivos: *mío, tuyo, suyo;*
> demostrativos: *éste, ése, aquél;*

> relativos { generales: *que, lo cual;*
> personales: *el cual, quien;*
> posesivos: *çuyo.*

b)   Núñez Meriel, Lemus y Tamayo dividen los pronombres en [3]:

> sustantivos: *yo, tú, él;*

> adjetivos { posesivos: *mío, tuyo, suyo;*
> demostrativos: *éste...;*
> relativos: *que, quien...;*
> indefinidos: *algún...* [4].

c)   Para Salleras los pronombres pueden ser:

> determinantes o personales: *yo, tú, él;*
> indeterminantes: *alguien, nadie, uno, (se).*

3.   Existen tres tipos diferentes de pronombres:

---

[3]   Herranz (1849) habla asimismo de pronombres «sustantivos» y «adjetivos», pero sin incluir en este último grupo los posesivos, demostrativos, etc. Con ellos forma una clasificación aparte.

[4]   Núñez Meriel añade los interrogativos.

a) Herráinz:

> personales: *yo...;*
> indeterminantes: *alguien...;*
> conjuntivos: *que...*

b) Caballero:

> personales: *yo...;*
> relativos: *que...;*
> indefinidos: *alguien...*

c) Pérez Barreiro:

> personales: *yo...;*
> reflexivos: *se, sí...;*
> posesivos: *mío...*

4. Hay cuatro clases distintas de pronombres:

a) Bello, Balmes, GRAE (1854), Parral y Benot:

> personales: *yo, tú, (él)... (ellos);*
> posesivos: *mío...;*
> demostrativos: *éste...;*
> relativos: *que...*

b) S. Vicente:

> personales: *yo, tú;*
> recíprocos: *se, sí, consigo...;*
> relativos: *él, ella, ello;*
> conexivo: *que.*

c) Díaz-Rubio:

> personales: *yo...* [5];
> demostrativos: *éste...;*
> relativos: *que...;*
> indefinidos o indeterminantes: *alguien...*

---

[5] Los posesivos, según Díaz-Rubio, son los «genitivos» de los personales: *mío = de mí.*

d) Navarro:

> personales o sustantivos: *yo...;*
>
> posesivos o adjetivos: *mío...;*
>
> demostrativos $\Big\{$ de distancia: *éste...;*
> o adverbiales $\Big\{$ de apreciación: *tal, tanto...;*
> $\Big\{$ relativos o conjuncionales: *que...;*
>
> impersonales o indefinidos: *uno, alguno, nadie...*

5. Existen cinco clases de pronombres:

> personales: *yo...;*
> posesivos: *mío...;*
> demostrativos: *éste...;*
> relativos: *que...;*
> indeterminados o indefinidos: *alguien...*

Es la clasificación defendida por Alemany, D. de Miguel, Orío, Gómez de Salazar, Ruiz Morote, Commelerán, Nonell, J. F. Sánchez-A. Carpena, Galí, Sanmartí, M. Fernández-A. Retortillo y Vigas. Los seguidores de esta modalidad clasificatoria representan, pues, un considerable número, debido tal vez a que en 1870 la había adoptado la Corporación académica.

6. Los pronombres admiten seis divisiones:

a) Pahissa:

> personales: *yo...;*
> posesivos: *mío...;*
> demostrativos: *éste...;*
> relativos: *que...;*
> definidos: *él, la, le, lo, se, sí;*
> indefinidos: *alguien...*

b) Fandiño y Úbeda:

> personales: *yo...* [6];
> posesivos: *mío...;*

---

[6] Úbeda añade a la relación de los personales el pronombre *aquél*, que mantiene simultáneamente en la de los demostrativos.

Según Balmes, el pronombre *él* es llamado impropiamente «personal»:

> [La primera y la segunda] pertenecen a las verdaderas personas; la tercera puede aplicarse a todo con propiedad; pues que sólo representa una cosa *de que* hablamos, lo que no hay necesidad de que sea persona (págs. 264-265).

Y Núñez de Arenas se expresa en términos semejantes:

> A mi juicio ésta [la tercera persona] no existe porque no deben considerarse *personas* más que las que hablan [...]: la tercera no pasa de ser una *cosa* como cualquiera otra, respecto del que habla (pág. 42).

S. Vicente, al igual que los anteriores gramáticos, no considera el pronombre *él* como «personal»: lo incluye entre los pronombres «relativos» *(él, ella y ello)*. Del mismo modo actúa Herranz (1849), que engloba el pronombre *él* en dos tipos de pronombres distintos, simultáneamente: *él* forma parte del pronombre personal a la vez que del pronombre «relativo» [9].

Para Salleras los únicos pronombres personales existentes en castellano son los destinados a expresar los seres «que toman una parte directa en la conversación» (pág. 63), es decir, *yo* y *tú, nosotros* y *vosotros*:

> Admitimos como verdaderos pronombres las dicciones, *yo, tú, nosotros* y *vosotros:* mas no consideramos tales a *él, ella, ellos, ellas* ni a *se*. Y siempre fundándonos en la definición y atendiendo al diferente oficio que ejercen las primeras y las segundas (pág. 63).

Asimismo, Lenz observa que el pronombre de tercera persona «no está al mismo nivel que los de primera y segunda, porque no representa siempre a 'personas' que participan en la acción, sino que reproduce cualquier substantivo, persona, objeto o idea abstracta» (pág. 235).

Quizá todos los autores precitados deban su concepción del pronombre *él* a Bello [10], para quien, como es bien sabido, *él* no se incluye

---

[9] Pero en la ed. de 1875 se elimina de la lista de los relativos el pronombre *él*, quizá por influencia de la GRAE.

[10] F. A. Lázaro Mora reconoce la directa influencia de Bello en la negación por parte de Salleras de que la «tercera persona» *él* se trate de un auténtico pronombre perso-

en el paradigma de los pronombres personales, sino en el inventario del artículo definido como forma íntegra del mismo, en correlación con la forma abreviada *el:*

> Los demostrativos *este, ese, aquel,* se sustantivan como los otros adjetivos, y eso mismo sucede con el artículo, que toma entonces las formas *él* (con acento), *ella, ello, ellas* […]. Hemos visto […] que la estructura material de varios nombres se abrevia en situaciones particulares: parece, pues, natural que miremos las formas *el, la, los, las,* como abreviaciones de *él, ella, ellos, ellas,* y estas últimas como las formas primitivas del artículo (§ 273).

Se ha señalado como fuente originaria de esta teoría a los gramáticos filósofos del XVIII francés; el propio Bello hace alusión en su *Gramática* a uno de sus representantes:

> Destutt de Tracy reconoce la identidad del artículo *le* y el pronombre *il* en francés. ¿Cómo es que en castellano, donde salta a los ojos la de *él* y *el,* tienen algunos dificultad en aceptarla? (§ 273, n.).

Las críticas a esta atrevida teoría le vinieron a Bello desde todos los sectores. El mismo Lenz, que parecía aceptarla (vid. supra), la considera excesivamente innovadora:

> No se debe ir hasta el extremo de decir que cast. *él, ella, ello,* etc., y sus formas inacentuadas *le, lo, la,* etc., no sean pronombres personales, y denominarlos, como lo hace Bello (§ 279), formas íntegras del artículo definido (pág. 235).

La opinión de Bello en este punto, no obstante, ha seguido siendo objeto de estudio hasta nuestros días, y no sólo eso: llega incluso a ser adoptada, debido a su coherencia gramatical, por prestigiosos lingüistas de nuestra época [11].

---

nal. Cf. *La presencia de Andrés Bello en la Filología española,* Acta Salmanticensia. Studia Philologica Salmanticensia, Anejos, Estudios 3, Salamanca, 1981, pág. 145.

[11] Tal es el caso de F. Lázaro Carreter: «[El artículo] constituye una misma categoría funcional con el pronombre personal de tercera persona: *él* siempre contiene *el* […]» («El problema del artículo...», pág. 371).

V

VERBO

1. EL VERBO: SU CARACTERIZACIÓN

La existencia del verbo como clase de palabras independiente no se pone en duda en ningún momento por parte del conjunto de los autores del período; incluso algunos de ellos (vid. infra) lo consideran la palabra por excelencia, sin la cual no puede darse la oración. Para la caracterización del verbo se acude a los criterios formal, semántico y sintáctico, en mayor o menor proporción según los gramáticos, como veremos seguidamente. Debemos antes advertir que, como norma general, los distintos autores no se ocupan del verbo desde un solo punto de vista, esto es, los criterios seguidos para su caracterización aparecen entremezclados en un buen número de casos. De cualquier forma, y por motivos exclusivamente metodológicos, intentamos dividir en apartados el presente capítulo según los diferentes criterios que nos parezcan predominantes y básicos en las distintas definiciones.

1.1. CARACTERIZACIÓN FORMAL

El criterio formal había sido utilizado fundamentalmente en las definiciones de los gramáticos griegos y latinos [1], así como de los rena-

---

[1] Donato, p. ej., define el verbo como «pars orationis cum tempore et persona sine casu aut agere aliquid aut pati aut neutrum significans». Apud I. Michael, *English grammatical...*, pág. 57.

centistas [2]. Por el contrario, en la época que nos ocupa el criterio morfológico queda relegado a un segundo plano y es empleado únicamente como un criterio auxiliar, nunca el principal ni mucho menos el único. La sola excepción a esta norma parece ser la definición de Nonell:

> [Verbo es la] parte variable de la oración susceptible de modos, tiempos, números y personas (pág. 30).

Desde el punto de vista formal se habla del verbo como una palabra o parte de la oración «variable» (Alemany, Eguílaz, Salleras, Muñiz y Rosanes, entre otros), o «conjugable» (Díaz-Rubio, Parral, Sanmartí), o «flexible» (Sánchez Doblas), que puede tener distintos accidentes, de los cuales algunos le son propios.

¿Cuáles son los accidentes del verbo? En el período que analizamos las opiniones se polarizan en dos grupos mayoritarios:

1) El verbo sufre los accidentes de *modo, tiempo, voz, número* y *persona.* Es la postura que cuenta con mayor número de seguidores: Balmes, Díaz-Rubio, Úbeda, Sánchez Doblas, Núñez Meriel [3], Rosanes, Pogonoski, Lemus y GRAE (1920), entre otros.

2) El verbo cuenta con los accidentes de *modo, tiempo, número* y *persona.* Quienes así piensan tienen el acierto de no considerar la *voz* como un accidente del verbo castellano, desligándose así de la línea de las gramáticas más latinizantes (que engloban la diátesis o voz entre los accidentes verbales por el simple hecho de que en la gramática latina se procedía de esta manera) y adelantándose a teorías más modernas que, por otros caminos, han llegado a la misma conclusión [4]. Partidarios de estos cuatro accidentes verbales son: Bello, Fernández Monje, Ovalle, GRAE (1870), Avendaño, Salleras, Nonell, Blanco, Yeves (1917), etc.

Sólo tres gramáticos se mantienen al margen de estas dos grandes corrientes de opinión:

---

[2] Citaremos como muestra a Nebrija: «Verbo es una de las diez partes de la oración, el cual se declina por modos y tiempos, sin casos». *Gramática...,* pág. 184.

[3] Núñez Meriel hace la siguiente observación: «Si tomamos la palabra *voz* en significación propia, claro está que en castellano no hay *voz pasiva* [...]. Pero, si tomamos la palabra *voz* en la significación lata [...], en castellano hay voz pasiva» (pág. 68).

[4] Vid. E. Alarcos Llorach, «La diátesis en español», en *Estudios de gramática...,* págs. 90-94, y, del mismo autor, «Pasividad y atribución en español», ibid., págs. 124-132.

—Eguílaz, a los accidentes de *modo, tiempo, voz, número* y *persona,* añade el de *conjugación* o «reunión de todas las variaciones de un verbo» (1.er cuad., pág. 10).

—Caballero considera el *modo,* el *tiempo* y la *persona* como únicos accidentes verbales, puesto que «el número resulta de la persona o personas, y la conjugación no es sino el conjunto ordenado de todos los accidentes de un verbo» (págs. 20-21).

—Pahissa, por último, mantiene nada menos que ocho tipos de accidentes verbales: *terminación clásica* [5], *declinación, conjugación* [6], *voz, modo, tiempo, número* y *terminación numérica* [7].

(Vid. infra, en este mismo capítulo, el tratamiento de los *modos* y los *tiempos* verbales durante la época; de la *voz* se hablará más extensamente en la Tercera Parte del libro).

1.2. CARACTERIZACIÓN SEMÁNTICA

Entre 1847 y 1920 se recurre mayoritariamente al criterio semántico en la descripción del verbo:

al criterio semántico puro: el verbo «significa...», «expresa...», «declara...», «designa...», «manifiesta...», etc. (Alemany, GRAE (1854, 1870 y 1920), D. de Miguel, Pahissa, Ruiz Morote, etc.);

al criterio semántico de finalidad: el verbo «sirve para significar...» (Herranz, 1849), o «sirve para expresar...» (Salleras, J. F. Sánchez-A. Carpena), o «tiene por objeto...» (Rosanes).

En las dos modalidades citadas lo que el verbo significa viene expresado globalmente por estos rasgos semánticos: *esencia, existencia, estado, acción, pasión, afirmación, designio, movimiento, enlace, cualidad* (o *modos de ser,* o *atributos)* de las personas o de las cosas.

Entre las definiciones basadas en criterios semánticos (puro o de finalidad) podemos distinguir aquéllas en las que no se tiene en cuenta

[5] Es «aquella por la que se conoce de qué clase es el verbo» (pág. 24). Existen en castellano tres «terminaciones clásicas»: *-ar, -er, -ir.*

[6] La *conjugación* del verbo consiste en «juntar sus terminaciones con los supuestos primero, segundo y tercero del singular y plural, como: yo amo, tú amas [...]» (ibid.).

[7] *Número* es «aquella terminación por la que se distingue el supuesto singular del supuesto plural» (pág. 26); *terminación numérica* es «aquella terminación del verbo que corresponde y se acomoda a su supuesto» (pág. 27).

el marco de la proposición-juicio (análisis extradiscursivo), de aquellas otras en las que el verbo aparece caracterizado atendiendo a la sintaxis y en las que se matiza, en mayor o menor grado, qué contenido aporta el verbo a la proposición (análisis intradiscursivo).

1.2.1. Análisis semántico extradiscursivo.

A este tipo de análisis corresponden definiciones que describen el verbo como la palabra que significa *esencia, existencia, estado, acción o pasión,* sin mayores precisiones. Son definiciones como la de Fandiño:

> [El verbo] expresa existencia, estado, acción o pasión de los seres (pág. 12);

o como las de la GRAE (1854), S. Vicente, Orío, Gómez de Salazar, Caballero, López y Anguta, J. F. Sánchez-A. Carpena, Blanco, Sanmartí, Vigas, Hermosilla Rodríguez, etc., formuladas en términos muy similares, donde en ocasiones se elimina(n) alguno(s) de estos rasgos semánticos o se agregan otros. Dichas definiciones (como veíamos en alguna otra clase de palabras, p. ej., el nombre) parecen estar elaboradas *ad hoc,* es decir, para que abarquen los significados tan dispares y, en no pocas ocasiones, contrarios de los diferentes verbos castellanos *(ser, estar, andar, reposar, sufrir...).*

Algún autor caracteriza al verbo con un solo rasgo semántico:

> Pérez Barreiro: «[...] es la palabra significativa de movimiento» (pág. 174).

A la idea de *movimiento* se reduce, pues, toda la aportación semántica del verbo [8], omitiéndose en esta definición los restantes rasgos semánticos que se le atribuían. Otros autores (Giró y Ruiz Morote) mantienen, en cambio, los demás rasgos caracterizadores, a los que añaden el de *movimiento:*

> [El verbo] expresa el estado en abstracto, y la acción o movimiento de los seres (Giró, pág. 24).

---

[8] Gómez Asencio cree descubrir en Gómez Hermosilla al introductor de esta idea de movimiento en la definición verbal: «[Los verbos son] aquellas palabras que significan [...] el acto de ejecutar los movimientos materiales, y por extensión las operaciones de los espíritus [...]». *Principios de Gramática general,* Madrid, Impr. Nacional, 3.ª ed., 1841, págs. 58-59. Citado por J. J. Gómez Asencio, *Gramática...,* pág. 192.

Para otros la nota característica y distintiva del verbo es el *significar con tiempo.* Balmes, en un orden cronológico, es el primero de nuestros tratadistas que introduce tal característica:

[El verbo] expresa una idea bajo la modificación variable del tiempo (pág. 280) [9].

Esta formulación es literalmente copiada por Núñez de Arenas y Ovalle. El «significar con tiempo» parece asimismo un elemento capital en las definiciones de:

M. Fernández-A. Retortillo: «[Verbo es] la expresión de la acción en el tiempo» (pág. 33).

Pogonoski: «[...] palabra que da a conocer la existencia y la acción con relación al tiempo» (pág. 62).

Muy parecidas son las confeccionadas por Eguílaz, Díaz-Rubio, Galí, Núñez Meriel, Lemus y Tamayo.

A la expresión del tiempo añaden otros autores (como Ruiz Morote) la de la persona, siguiendo a la GRAE (1870), en la cual puede leerse:

[El verbo] designa acción o estado, con expresión de tiempo y persona (pág. 50).

En la ed. de 1920 la GRAE modifica la anterior definición y la formula de esta manera:

[...] designa estado, acción o pasión, casi siempre con expresión de tiempo y de persona (pág. 45),

donde observamos que se añade el término *pasión* con el fin de que la descripción alcance a los verbos pasivos, y se introduce el desafortunado *casi siempre,* quizá para dar cabida en ella a los modos no personales del verbo (infinitivos, gerundios y participios), incapaces de reflejar en su estructura material las variaciones de tiempo y persona.

---

[9] No podemos equiparar ni considerar paralelas las definiciones que del verbo elaboraron Bello y Balmes, tal como hace Mourelle-Lema en *La teoría lingüística...,* págs. 340-341; porque «expresar una idea» (Balmes) y «significar el atributo de la proposición» (Bello) son cosas completamente distintas en gramática.

1.2.1.1.   *Teoría del verbo único.* — La denominada «teoría del verbo único» viene a resumirse en el postulado de que sólo el verbo *ser* (existente en todas las lenguas) merece tal nombre: las restantes palabras llamadas *verbos* no son tales, en rigor, sino una composición de *ser* y *adjetivo* o *participio* (o *gerundio* según los autores que admiten también *estar* como verbo sustantivo; vid. n. 13); por ejemplo, la forma verbal *amo* es descomponible en los elementos *soy* + *amante*. Los antecedentes de esta doctrina han creído hallarse en Aristóteles, pero es en 1660, con la publicación de la *Grammaire* de Arnauld y Lancelot, cuando adquiere un verdadero auge, que se mantiene en alza durante todo el s. XVIII en Francia. En España, la teoría del verbo único echa raíces tardíamente, hasta el punto de que es en el XIX cuando únicamente se puede hablar de una gran mayoría de gramáticos que se adhieren a ella (salvo honrosas excepciones, como la de Gómez Hermosilla) [10], ya sea por convencimiento propio, ya por seguir mecánicamente la corriente filosófico-gramatical, entonces en boga.

En consecuencia con esta teoría no es, pues, de extrañar que los distintos autores partidarios de ella establezcan una primera división del verbo en *sustantivo* [11] y *adjetivo* [12]:

—el verbo sustantivo sería *ser* [13];

—los verbos adjetivos serían todos los demás, en los que *siempre* se incluye el verbo sustantivo.

La definición dada por Boned resulta esclarecedora:

---

[10] Vid. la completa exposición realizada por Gómez Asencio de los argumentos esgrimidos por Gómez Hermosilla en contra de la teoría del verbo único (*Gramática...*, págs. 199-205).

[11] O *abstracto* (Fdez. Monje), o *cuantitativo* (Pérez Barreiro).

[12] O *activo* (Giró), o *atributivo* (Salleras, López y Anguta, Muñiz, Sanmartí, etc.), o *cualitativo* (Pérez Barreiro). Para otros autores el término *activo* no es sinónimo de (verbo) *adjetivo,* sino de verbo «no pasivo» (Parral) o de *verbo transitivo* (GRAE —1870—, Ruiz Morote).

[13] Hay autores que, además de *ser,* consideran verbos sustantivos *estar* (Salleras, López y Anguta); *estar* y *haber* (Fandiño, Ruiz Morote, Sánchez Doblas, Lemus); *estar, haber* y *existir* (Arañó, Vigas); *estar, haber* y *tener* (Tamayo). Caballero y Navarro amplían la relación de los verbos sustantivos introduciendo los que hoy denominamos «semiatributivos»: *permanecer, quedar...*

> [Los verbos] manifiestan que los seres o cosas *son* o *existen* sin decir cómo, o que *son* o *existen* de un modo o de otro (pág. 5).

Los verbos que no declaran cómo son o existen los seres son los *sustantivos;* los que, por el contrario, especifican cómo son o existen los seres se denominan *adjetivos.*

La misma división entre verbo sustantivo y verbo adjetivo la encontramos en:

> Commelerán: «[El verbo] significa la simple existencia de los seres o uno cualquiera de los modos de su actividad» (pág. 46).

> Úbeda: «[...] expresa la existencia o las modificaciones de la existencia de los seres» (pág. 35).

Las fórmulas que acabamos de citar constan de dos partes bien diferenciadas: en la primera se está aludiendo al verbo *ser* (sustantivo o copulativo); en la segunda, se hace referencia a los demás verbos, los denominados «adjetivos».

Veamos ahora, en definitiva, en qué estado se encontraba la teoría del verbo único en el período que nos corresponde a nosotros estudiar. Podemos repartir en tres grupos a los gramáticos que publican entre 1847 y 1920, en lo que respecta a esta debatida cuestión:

1.º Hay autores que no se declaran explícitamente a favor de la doctrina del verbo único; no obstante, de sus ejemplos y conclusiones parece desprenderse su acuerdo con ella. Herranz (1849), v. gr., afirma: «la nieve *blanquea* [...] es lo mismo que decir, la nieve *es blanca, o está blanqueando*» (pág. 26). Pérez Barreiro, al tratar de los verbos sustantivos y adjetivos, sostiene que «[éste] siempre incluye al primero (ser)» (pág. 96). Es considerable el porcentaje de autores que en la época escogida obran de esta manera; con la sola división del verbo en sustantivo y adjetivo se están definiendo tácitamente a favor de la teoría del verbo único.

2.º Un segundo grupo —menos numeroso que el anterior, pero todavía apreciable— defiende con razonamientos y argumentos de todo tipo, especialmente filosóficos, la validez de esta doctrina revitalizada por la gramática general:

Valcárcel: «[...] sólo hay un verbo, el cual expresa la existencia en abstracto; pues aunque tenemos jugar, correr, dormir, etc., en rigor no son otra cosa que existir jugando, corriendo, durmiendo, etc.» (pág. 31).

Fernández Monje: «[...] en rigor filosófico no existe [...] más que un verbo (la palabra *es)*» (pág. 105) [14].

Salleras, López y Anguta y Rosanes formulan sus opiniones en idénticos términos.

3.º   Balmes pone en duda la teoría defensora de la existencia de un solo verbo en todas las lenguas:

Pretenden otros que no hay más que un solo verbo, *ser;* y que todos los demás están formados de una idea combinada con el verbo único. Semejante opinión presenta desde luego alguna extrañeza (págs. 267-268).

Y Núñez de Arenas la rechaza de forma más decidida:

[La gramática] no consiente esa sustitución de atribuciones [15], esa equivalencia de oficios y por lo tanto rechaza el verbo único (pág. 65).

Pero es Bello quien deja bien clara su oposición a esta teoría logicista; citamos *in extenso:*

[...] se ha considerado a cada uno de los otros verbos [se refiere a los llamados «verbos adjetivos»] resoluble en dos elementos, el verbo que denota la existencia en abstracto y un adjetivo variable. Pero si con esto se quiere decir que en la formación de las lenguas se ha principiado por el verbo sustantivo [...], no sólo es falso el hecho sino contrario al proceder natural, necesario, del espíritu humano que va siempre de lo concreto a lo abstracto [...] (§ 35, n. II).

---

[14]   Fdez. Monje reconoce haber seguido en esta doctrina a J. J. Arbolí, impugnador de Gómez Hermosilla en la teoría del verbo único. Vid. J. J. Arbolí, *Gramática General,* incluida en el *Compendio de las lecciones de Filosofía que se enseñan en el Colegio de Humanidades de San Felipe Nery de Cádiz,* Cádiz, Impr., libr. y litogr. de la Sociedad de la Revista Médica, 1844, t. I, págs. 391-398.

[15]   Se está refiriendo a la desigualdad entre oraciones que la doctrina del verbo único considera idénticas; p. ej., y según Núñez de Arenas, no son equivalentes construcciones como *Alarico asaltó Roma* y *Alarico fue asaltante a Roma.*

1.2.2. *Análisis semántico intradiscursivo.*

Al definirse el verbo desde este punto de vista ya no se toma aisladamente en la oración; antes bien, se tiene en cuenta el marco de la proposición-juicio en que se inserta y se discute cuál pueda ser la contribución semántica que el verbo aporta a la misma:

> Herranz (1849): «[El verbo] sirve para significar la afirmación o juicio que hacemos de las cosas y las cualidades que se las [sic] atribuyen» (pág. 26).

> Lenz: «El verbo es una palabra que sola expresa todo un juicio independiente (sujeto y predicado) y forma una oración» (pág. 377).

En las definiciones que acabamos de citar aparece el término *juicio,* perteneciente al dominio de la Lógica. No es difícil deducir de esta observación que nos encontramos ante sistemas gramaticales que, al menos en este punto, se hallan bajo la directa influencia de la gramática general, la cual, como se sabe, hace corresponder las categorías lógicas *(sustancia, cualidad..., juicio)* con las gramaticales *(sustantivo, adjetivo..., proposición).* De acuerdo con este paralelismo, puesto que el juicio lógico consta de tres elementos (un ser del que se predica algo + un nexo de relación + lo que se predica del ser), la proposición —que no es sino la expresión lingüística del juicio— ha de constar asimismo de tres términos: un sujeto + un nexo o cópula (siempre el verbo sustantivo) + un atributo [16]. La íntima conexión con la teoría del verbo único resulta evidente.

Un análisis semántico intradiscursivo del verbo es igualmente propuesto por los autores que, siguiendo a Port-Royal [17], aseguran que

---

[16] La cuestión del pretendido paralelismo entre la lógica y la gramática ha sido largamente debatida en tiempos recientes. Vid., entre otros: J. Vendryes, *El lenguaje (Introducción lingüística a la historia),* México, UTEHA, 1967, págs. 146-165; K. Vossler, *Filosofía del lenguaje,* Buenos Aires, Losada, 5.ª ed., 1968; Ch. Bally, *El lenguaje y la vida,* Buenos Aires, Losada, 6.ª ed., 1972, págs. 32-33; E. Coseriu, «Logicismo y antilogicismo en la gramática», en *Teoría del lenguaje...,* págs. 235-260; id., «Lógica del lenguaje y lógica de la gramática», en *Gramática, semántica...,* págs. 15-49; y el ya clásico, de Ch. Serrus, *Le parallélisme logico-grammatical,* París, Libr. Félix Alcan, 1933.

[17] El verbo es «una palabra cuya misión principal es la de significar la afirmación» («*Gramática general...*», pág. 90).

el rasgo distintivo del verbo es expresar la *afirmación;* como definición
paradigmática escogemos la de Avendaño:

> [Los verbos] sirven para afirmar lo que se *juzga* o *piensa* de las personas
> o las cosas (pág. 6).

La *afirmación* como nota característica de la categoría verbal se
encuentra presente en las definiciones de Fernández Monje, Suárez,
Muñiz y Yeves (1917).

Finalmente, Navarro se acoge al mismo criterio semántico intradiscursivo al postular que el verbo «es la *palabra principal* o la que expresa lo principal en la oración» (pág. 130) [18].

El mismo autor (y desviándonos un momento del tema) asegura
que «no se puede afirmar que el verbo sea lo que se dice de un *sujeto*
o *supuesto,* pues cuando digo *amanece* no atribuyo a nadie la acción
de *amanecer*» (pág. 130). Según esto, Navarro no considera la existencia del sujeto requisito imprescindible para que se dé la oración
gramatical.

1.3. CARACTERIZACIÓN SINTÁCTICA

Bello, aplicando —coherentemente con su metodología— el criterio
sintáctico funcional, define el verbo como una

> clase de palabras que significan el atributo de la proposición, indicando jun-
> tamente la persona y número del sujeto, el tiempo y Modo del atributo (§ 476).

Para el gramático venezolano, la proposición admite una repartición bipartita en *sujeto* y *atributo* [19]. Hasta ahora, y haciendo una
breve digresión, habíamos visto que la inmensa mayoría de los gramáticos del período, seguidores incondicionales de los postulados de la
gramática lógica, dividía en tres partes la oración: sujeto + cópula

---

[18] Asimismo, Cejador, Rosanes y Tamayo declaran explícitamente que el verbo es
la palabra esencial del discurso.

[19] Recordemos que Bello llama *atributo* a lo que hoy entendemos por *predicado*.
Para esta diversidad terminológica vid. B. Isaza Calderón, *La doctrina gramatical de
Bello,* Anejo XV del BRAE, Madrid, 2.ª ed., 1967, págs. 110-111.

(verbo *ser)* + atributo. Bello estima que esta división «no tiene ni fundamento filosófico, ni aplicación práctica al arte de hablar» (§ 35, n. II) [20].

De igual manera, Cejador nos presenta al verbo como una síntesis formal donde se incluyen los dos elementos esenciales de la proposición, el *sujeto* y el *predicado:*

> [El verbo] expresa el juicio mental incluyendo sus dos términos esenciales, lo predicado en el tema, y el sujeto en su desinencia (pág. 128).

Sin embargo, el resto de los gramáticos que recurren al criterio sintáctico funcional para definir el verbo sigue considerando dividida en tres elementos toda proposición. Valcárcel, por ejemplo, sólo se ocupa de definir (sintácticamente) el verbo sustantivo, el único verbo existente a su entender:

> [...] palabra que expresa la existencia de los seres, y enlaza o pone en relación el nombre con el adjetivo (pág. 31).

Salleras, además de aludir a la *afirmación* como rasgo semántico peculiar del verbo, se refiere al verbo *ser* como «signo conexivo» que relaciona el sujeto con el atributo. La división tripartita de la proposición nos parece evidente también en este caso:

> [Verbo es un] signo conexivo variable que sirve para expresar la afirmación que pronunció nuestra mente en vista de la relación que descubrió entre el sujeto y el atributo (pág. 136).

Sánchez Doblas y Benot describen el verbo de igual manera: como una palabra que «conexiona» *(ideas* en Sánchez Doblas, *individualidades* en Benot); con ello se están refiriendo al verbo copulativo *ser.* Además de conexionar o relacionar, con el verbo (y ya están hablando del *verbo adjetivo)* se puede indicar el «modo de ser» de un sujeto (Sánchez Doblas) o se pueden «atribuir conceptos» (Benot) al mismo:

> Sánchez Doblas: «[El verbo es una] palabra flexible que, conexionando las ideas, expresa la existencia, acción, pasión, estado o modo de ser de las cosas y personas con expresión del tiempo» (pág. 96).

---

[20]   Vid. algo más desarrollada esta teoría de Bello en la ed. crítica de su *Gramática* realizada por R. Trujillo, págs. 89-91.

Benot: «[...] conexiona dos o más individualidades entre sí, o atribuye conceptos a una sola individualidad» (pág. 81).

Por último, Herráinz parece servirse tímidamente de un criterio funcional, mezclado con el semántico puro:

[Verbo es] toda palabra que *une* los seres con sus calificaciones o que expresa un hecho (pág. 25). (El subrayado es nuestro).

2. LOS MODOS VERBALES

2.1. DEFINICIÓN

Los criterios mayoritariamente empleados en el período a fin de caracterizar los diversos modos verbales tienen en cuenta factores de índole semántica y formal; por ejemplo:

GRAE (1854): «[Los modos del verbo son] las maneras generales de expresar la acción del verbo» (pág. 47) [21].

López y Anguta: «Las diferentes formas que toma el verbo, según la manera de expresar su significación» (pág. 23).

Otras formulaciones, que representan un escaso número, se apartan de este patrón definitorio, ajustándose a criterios diferentes:

a) definiciones basadas en criterios psicológicos y confeccionadas desde el punto de vista del hablante:

Cejador: «Los modos expresan la disposición del sujeto, que enuncia el juicio verbal» (pág. 234).

Lenz: «*Modo* es la categoría gramatical según la cual se clasifican las formas verbales propiamente tales (es decir, con exclusión de los verboides [...]) subjetivamente [...], en correspondencia con su valor lógico» (pág. 436);

b) definiciones analíticas en las que se contienen los distintos modos cuya existencia se reconoce:

---

[21] Igual en las eds. de 1870 (pág. 51) y 1920 (pág. 46).

Avendaño: «[Modo del verbo es] la modificación con que expresa lo *positivo* [= indicativo], lo *subordinado* a la voluntad y lo *condicional* de la idea que envuelve [= imperativo y subjuntivo]» (págs. 18-19).

Galí: «*Modo* es el accidente que indica si la acción es *real* [= indicativo], *posible* o *no real* [= subjuntivo], *mandada* [= imperativo], o bien *abstracta* [= infinitivo]» (pág. 39).

Frente a las anteriores descripciones, asentadas invariablemente en criterios semánticos, formales o psicológicos, le cabe el mérito a Bello de haber sido el primer autor que aplica el criterio funcional a la definición —y posterior clasificación— de los modos verbales [22]:

Llámanse *modos* las inflexiones del verbo en cuanto provienen de la influencia o régimen de una palabra o frase a que esté o pueda estar subordinado (§ 450).

Incluye, pues, en un mismo modo «las inflexiones verbales que son regidas por una palabra o frase dada en circunstancias iguales o que sólo varían en cuanto a las ideas de persona, número y tiempo» (§ 452). La utilización de tal criterio le permitirá agrupar, p. ej., en el indicativo todas aquellas formas verbales que pueden ser regidas por los verbos *saber* y *afirmar* (no precedidos de negación):

sé afirmo	que tus intereses	prosperan prosperaron prosperarán prosperaban prosperarían [23].

El mismo argumento funcional, aunque menos extremado como veremos, es utilizado por Giró, Salleras y Yeves, quienes definen los modos según sufran o no dependencia respecto de otros modos verbales:

---

[22]   Así lo ha señalado, entre otros, F. A. Lázaro Mora: «Bello fue el primero en aplicar un método precozmente distribucional tanto a la caracterización del subjuntivo como a la del indicativo» (*La presencia de Andrés Bello...,* págs. 252 y 263, n. 36).

[23]   Vid. infra las trascendentes consecuencias que traerá este método concretamente en el trasvase modal de la forma en *-ría.*

Giró: «[Modo es] el accidente del verbo por medio del cual expresamos si el estado o acción que atribuimos al sujeto depende o no de otro estado o acción» (págs. 25-26).

Salleras: «Las diversas formas que toma el verbo para expresar si corresponde a una proposición principal o dependiente» (pág. 145).

Yeves (1917): «Las diversas formas de expresar las acciones, según se refieran o no a otras acciones y a persona determinada o indeterminada» (págs. 19-20).

Obsérvese, sin embargo, que para estos autores, a diferencia de Bello, la subordinación es un elemento delimitador de los distintos modos verbales; es decir, mientras que Bello sometía *todos* los modos (incluso el indicativo y el imperativo) al molde de la subordinación, Giró, Salleras y Yeves distinguen entre modos que están —o pueden estar— subordinados a otros (como el subjuntivo y el infinitivo) y modos que tienen —o pueden tener— absoluta independencia en la frase (el indicativo y el imperativo).

Las definiciones elaboradas para cada modo en particular se resumen en los siguientes términos:

El INDICATIVO enuncia la acción de una manera *absoluta, real, concreta, positiva...* (criterio lógico-semántico) e *independiente* (criterio funcional), de tal forma que algún autor concluye que «el carácter particular de este modo es la *independencia*» (J. F. Sánchez-A. Carpena, pág. 27).

El SUBJUNTIVO, por el contrario, expresa *condición* —para los que incluyen en este modo el condicional—, *deseo, posibilidad, duda, contingencia,* etc. (criterio lógico-semántico), siempre de una manera *dependiente* (criterio funcional), esto es, subordinado a otro verbo, expreso o tácito.

El IMPERATIVO expresa *mandato, exhortación, ruego, súplica, persuasión, orden...* (criterio lógico-semántico) —el criterio funcional es utilizado en contadas ocasiones—.

El INFINITIVO es caracterizado como el modo que no se ciñe a tiempos, números ni personas (criterio morfosintáctico) y que necesita de otro verbo que lo determine (criterio funcional).

El CONDICIONAL, finalmente, es definido por los autores que segregan este modo del subjuntivo atendiendo a puntos de vista exclusivamente lógico-semánticos: «manifiesta la idea como posible o condicional» (Lemus, pág. 44).

Las clasificaciones que entre 1847 y 1920 se proponen para los modos verbales no se ajustan a un único modelo; una vez más, las opiniones aparecen divididas, si bien es evidente una notable tendencia a adoptar las clasificaciones establecidas por la Academia en las distintas ediciones de su *Gramática*. Las clasificaciones propuestas, que ordenamos numéricamente de menor a mayor, son las siguientes:

2.2.1. *Dos modos verbales.*

a) *Personal* e *impersonal*. Son los únicos modos contemplados por Fernández Monje y López y Anguta. Para Fernández Monje sólo existen dos modos de significar en el verbo:

> [...] o compendiando la afirmación y un atributo 'referido a un sujeto', como *amo, amaste, amará;* o comprendiendo ambas cosas, sin referencia alguna, v. gr.: *amar, amante, amando* y *amado* (pág. 129).

De aquí la subsiguiente división del modo en *personal* e *impersonal,* respectivamente. El modo personal se subdivide en *enunciativo* e *imperativo,* según que la persona refiera o narre *(amé, temiste...),* o denote su voluntad o deseo *(corre, ve* y *dile);* el modo impersonal, a su vez, puede funcionar como sustantivo *(amar),* como «calificativo» (activo: *amante,* o pasivo: *amado)* y como sub-modificativo *(amando).*

López y Anguta difiere de Fernández Monje en la subdivisión de los modos personal e impersonal: en el primero se comprenden, a su juicio, el indicativo, el imperativo y el subjuntivo; en el modo impersonal o infinitivo se incluyen las formas nominales infinitivo, gerundio y participio.

b) *Determinado* e *indeterminado*. La expresión o no del tiempo es el factor que delimita estos dos modos, según Gómez de Salazar:

> [Modo determinado es] el que determina el tiempo en que pasa dicha acción [del verbo] (pág. 27).

> [Modo indeterminado es] el que no lo determina (ibid.).

Para Díaz-Rubio no sólo la expresión o no del tiempo, sino también la determinación o no de la persona verbal, son los elementos decisivos de la distinción entre modo determinado e indeterminado:

> [Modo determinado es] cuando determina y siempre es personal (pág. 34).
>
> [El modo indeterminado o abstracto] no tiene tiempos ni personas (ibid.).

c) *Indicativo* y *subjuntivo*. La utilización del criterio funcional permite a Salleras distinguir entre un tipo de modos que no dependen de ningún otro, i. e., el indicativo, y otra clase modal que «siempre expresa hechos o estados dependientes de otros» (pág. 145): el subjuntivo, donde incluye los «sub-modos» *imperativo, optativo, dubitativo, condicional* y *común*. Respecto del que otros consideran modo, el infinitivo, Salleras afirma que «no es *modo* verbal, no es verbo» (pág. 145), doctrina que contará a lo largo del período con no pocos defensores (vid. infra).

2.2.2.   *Tres modos verbales.*

a) *Indicativo, subjuntivo* y *optativo*. La presente clasificación, propuesta por Bello, obedece a criterios básicamente funcionales, según adelantábamos más arriba. El subjuntivo se divide en *común* («las formas que se subordinan o pueden subordinarse a los verbos *dudar, desear*», § 459) e *hipotético* (aquellas formas que significan «siempre una condición o hipótesis» —§ 468—, i. e., las formas en -*are*, -*ere*-, -*iere* y sus compuestas). Constituyen el modo optativo «las [formas] subjuntivas comunes que se emplean en proposiciones independientes para significar el deseo de un hecho positivo o negativo» (§ 464); en este modo se inserta el imperativo, que no es más que «una forma particular del Modo optativo», «una inflexión especial» de las formas optativas (cf. §§ 466-467). Esta inusitada teoría apenas contó con adeptos en la época, si exceptuamos el caso de Salleras (vid. supra), que asimiló en gran medida los presupuestos gramaticales de Bello [24].

---

[24]   A este respecto, escribe F. A. Lázaro Mora: «[...] donde en verdad se manifiesta la influencia de don Andrés en la *Gramática razonada... [de Salleras] es en lo relativo al verbo, fundamentalmente en el establecimiento y la explicación de sus distintos modos y tiempos» (*La presencia de Andrés Bello...*, pág. 146).

Observemos, finalmente, que el gramático venezolano —como más tarde procederán Salleras y otros— no considera a las formas nominales del verbo pertenecientes a categoría modal alguna.

b) *Indicativo, subjuntivo e imperativo.* La particularidad más notoria de los gramáticos que abogan por esta clasificación (Balmes, Núñez de Arenas, Ovalle, Navarro, Núñez Meriel, Cejador, Rosanes y Lenz) reside en el común acuerdo de excluir las formas no personales del verbo de la nómina de los modos verbales:

> El infinitivo, el gerundio y el participio [...] no son con propiedad tiempos ni modos del verbo, sino formas sustantivas, adjetivas o adverbiales que proceden de una raíz verbal (Navarro, pág. 133).

Otros autores, como tendremos ocasión de ver, repararon asimismo en la conveniencia de eliminar de los modos las formas impersonales del verbo; no obstante, la tradición y los cánones dictados por la Academia condicionaban la adopción de otros principios que no fueran los establecidos por una y otra.

c) *Sustantivo, adjetivo y atributivo.* Valcárcel, imbuido de los presupuestos lógico-filosóficos que aún sobrevivían en la ciencia gramatical, manifiesta que podemos expresar la existencia de tres maneras y de ahí que se distingan tres modos verbales: *sustantivo, adjetivo* y *atributivo.* En los modos sustantivo y adjetivo «pierde el verbo el carácter de tal, y se convierte en nombre [*cantar*] o adjetivo [*cantando, cantado*]» (pág. 32); el modo atributivo, al que define como «el modo adjetivo con una idea conexiva que atribuye la manera de estar a un sujeto determinado. *Canto, cantaré, cantaría,* etc., no significan otra cosa que *existo, existiré, existiría cantando*» (ibid.), se subclasifica en *afirmativo* (= indicativo), *dubitativo* (= subjuntivo) e *imperativo.*

La doctrina que elabora Valcárcel acerca de los modos no es sino la aplicación extrema y radical de la teoría del verbo único, llevada hasta sus últimas consecuencias.

2.2.3. *Cuatro modos verbales.*

Indicativo, imperativo, subjuntivo e infinitivo. Es la clasificación que cuenta con el más alto índice de frecuencia en la época, sin duda por ser la que recoge la GRAE en sus eds. de 1854 y 1870. Se adhieren a ella, además, Herranz, Alemany, Boned, Giró, S. Vicente [25], Eguílaz, Orío, Avendaño, Caballero, Arañó, Fandiño, Ruiz Morote [26], Commelerán, Nonell, J. F. Sánchez-A. Carpena, Galí, Muñiz, Sanmartí [27], Benot, Vigas, Pogonoski y Yeves.

2.2.4. *Cinco modos verbales.*

a) *Indicativo, imperativo, subjuntivo, infinitivo* y *modo de caso.* Pahissa agrega a la anterior nómina de cuatro modos verbales el que denomina *modo de caso* y define como

> la diferente manera de significar del verbo por medio de la preposición (página 25).

Ejemplifica este insólito modo con el siguiente esquema:

> nominativo: *el amar*
> genitivo: *del amar*
> dativo: a o *para amar*
> acusativo: *al amar*
> ablativo: *en, con, por, sin, de, sobre el amar.*

b) *Indicativo, imperativo, potencial* (o *condicional*), *subjuntivo* e *infinitivo.* En los últimos años del período ciertos autores —Blanco, Hermosilla Rodríguez, Lemus y GRAE (1920)— insertan en sus respectivas obras un nuevo modo, que agrupa las formas en *-ría* y sus compuestas: el *potencial,* paralelo al modo condicional que ya se ofrecía en las gramáticas francesas. Tal resolución se debió en gran medida a las objeciones que Bello había opuesto a la costumbre de reunir, siguiendo la gramática latina, las formas en *-ría, -ra* y *-se* bajo un mismo epígrafe temporal; la decisión de Bello de considerar las formas en *-ría* pertenecientes al indicativo se estimaba excesivamente radical,

---

[25] Denomina *supositivo* al subjuntivo.

[26] Llama *absolutos* o *indeterminados* a los modos indicativo e imperativo, y *relativos* al subjuntivo e infinitivo.

[27] Advierte este gramático con respecto al infinitivo que «en rigor, no es modo del verbo, pues sus variaciones siempre hacen oficio de sustantivo, de adjetivo o de adverbio» (pág. 70).

de manera que se optó por una solución intermedia: se suprimieron tales formas del subjuntivo y se prefirió, antes que trasvasarlas directamente al indicativo, crear el modo potencial [28].

2.2.5. *Seis modos verbales.*

Indicativo, imperativo, subjuntivo, infinitivo, participio y gerundio. Las llamadas «formas nominales del verbo», que otras clasificaciones agrupaban bajo la denominación genérica de *modo infinitivo,* aparecen disgregadas en esta modalidad clasificatoria y se las eleva a cada una de ellas a la categoría de modo. Defensores de este inventario modal son D. de Miguel, Terradillos, Herráinz [29], Suárez, Úbeda, Parral y Sánchez Doblas.

2.2.6. *Siete modos verbales.*

Indicativo, imperativo, condicional, subjuntivo, infinitivo, gerundio y participio. Tamayo, único partidario en la época de tal catalogación, ofrece una clasificación híbrida que se apropia de elementos peculiares de las dos nóminas inmediatamente precedentes: de una parte, reconoce categoría modal propia a las formas en *-ría,* incorporando el modo condicional a la conjugación del verbo; de otra, admite la existencia de tres modos diferenciados (infinitivo, gerundio y participio) donde antes se percibía uno solo (el modo infinitivo). Anotemos, sin embargo, los reparos de Tamayo ante esta última cuestión, pues advierte que el infinitivo «no es, en realidad, modo» (pág. 101), así como no lo son el gerundio ni el participio, sino antes bien «formas nominales del verbo».

3. LOS TIEMPOS VERBALES

3.1. DEFINICIÓN

En la caracterización del tiempo verbal se recurre mayoritariamente al punto de vista semántico y nocional; por ejemplo:

---

[28] Para esta cuestión vid. E. Alarcos Llorach, «'Cantaría': modo, tiempo y aspecto», en *Estudios de gramática...,* págs. 95-108; y F. A. Lázaro Mora, *La presencia de Andrés Bello...,* págs. 84 y 122-123, n. 4.

[29] Este autor habla de *modo calificativo,* por participio.

Ruiz Morote: «[...] fija la época en que tiene lugar la acción del verbo» (pág. 29).

Yeves (1917): «Son *tiempos* del verbo las épocas en que se ejecuta la acción que el mismo verbo expresa» (pág. 20).

Son definiciones elaboradas exclusivamente desde la perspectiva del significado y, según acabamos de señalar, se trata de la fórmula definitoria más habitual en la época.

Otra modalidad de definición informa, además, acerca de las variaciones formales sufridas por el verbo según el tiempo que exprese; este tipo de definiciones obedece, pues, a un doble criterio complementario (formal y semántico):

Boned: «[Tiempo verbal es] el cambio que sufre el verbo en su terminación o letras finales, para expresar si su significado se refiere al acto de dirigir la palabra, o a una época anterior o posterior» (pág. 18).

Fernández Monje: «[...] la desinencia que sufre la raíz verbal, para denotar el lugar que ocupa en la duración el fenómeno afirmado por la significación del verbo» (pág. 124).

Las formulaciones mixtas morfosemánticas son, sin embargo, de uso más esporádico que las exclusivamente semánticas.

Bello y Lenz, por último, dejando en un plano secundario consideraciones de uno y otro tipo (formales y semánticas), atienden primordialmente al acto de la palabra, factor que introducen en la definición por estimarlo como el punto de referencia a partir del cual pueden ir determinándose los distintos tiempos verbales:

Bello: «[Se entiende por tiempo] el ser ahora, antes o después, con respecto al momento mismo en que se habla» (§ 39).

Lenz: «Tiempo es la categoría gramatical por la cual la persona que habla establece una relación entre el fenómeno del cual habla y el acto de la palabra» (pág. 470).

3.2. DIVISIÓN

En la clasificación de los diversos tiempos verbales son barajadas —en distinta medida, según los autores— parejas de palabras antónimas, tales como:

a)   *Simples* y *compuestos* [30]: la generalidad de los gramáticos estudiados se muestra conforme en dividir los tiempos en simples *(amo,*
p. ej.) y compuestos *(he amado),* siguiendo un criterio formal; constituyen una excepción a esta norma Gómez de Salazar y, por directa
influencia suya, Díaz-Rubio, quienes no incluyen en la nomenclatura
temporal las formas perifrásticas o tiempos compuestos y ello debido
a que tanto uno como otro no admiten la existencia de verbos auxiliares en nuestro idioma [31]:

> —¿Qué tiempo del verbo *amar* es *yo había amado?* —Ninguno: porque
> siendo cada palabra una parte de la oración, *había amado,* que tiene dos
> palabras, son dos partes de aquella, a saber: *había,* pretérito del verbo *haber,*
> y *amado,* participio del verbo *amar* (Gómez de Salazar, pág. 28).

b)   *Próximos* (o *inmediatos)* y *remotos* (o *lejanos):* antiguas nociones latinas «que ordenaban los tiempos verbales homogéneamente en
una línea continua de tiempo, a distancias progresivas contando siempre desde el instante de la palabra» [32].

c)   *Perfectos* (o *definidos* o *terminados* o *determinados)* e *imper-
fectos* (o *indefinidos* o *no terminados* o *indeterminados):* son conceptos pertenecientes también a la tradición gramatical anterior a Port-
Royal; de acuerdo con estas clasificaciones [33] se dice que *amé* es perfecto (o definido, etc.) y *había amado* imperfecto (o indefinido, etc.)
con relación a otra acción.

d)   *Absolutos* y *relativos* [34]: los sucesos se fechan no sólo con relación al presente sino también con relación a otro suceso ya fechado;
los primeros se denominan tiempos absolutos (pretérito, presente y fu-

---

[30]   La separación de los tiempos en *simples* y *compuestos* arranca de C. Buffier (1709)
y de L. de Courcillon (1717). Cf. A. Alonso, «Introducción...», pág. XLIV, n. 45.
[31]   Vid. un antecedente de esta teoría en Salvá, quien excluye de la conjugación los
tiempos compuestos con *haber* y participio (*Gramática...,* págs. 57-59).
[32]   A. Alonso, «Introducción...», pág. XLIII.
[33]   Calificadas por A. Alonso de «contradictorias, vagas siempre y nunca justifica-
das» (ibid.).
[34]   Los términos *absoluto* y *relativo* no se deben a los gramáticos de Port-Royal como podría pensarse, sino a G. Girard; Lancelot y Arnauld habían llamado a los relativos
tiempos compuestos (temps composez), nombre ambiguo porque se confundía con las
formas compuestas *he amado,* etc. Vid. «*Gramática general...*», págs. 97-98, y A. Alonso, «Introducción...», pág. XLIV, n. 45.

turo) y los segundos tiempos relativos (pretérito anterior, pretérito simultáneo, etc.). La división de los tiempos en absolutos y relativos (= *principio de Port-Royal)* es la máxima innovación gramatical de los autores de la *Grammaire générale et raisonnée;* tal clasificación se mantuvo (y mantiene aún) con gran vitalidad en Francia y fue adoptada por los gramáticos más representativos del racionalismo francés (Beauzée, Condillac, Sacy, Destutt de Tracy y Girault Duvivier). Por el contrario, en las gramáticas españolas publicadas antes de Bello «era tratamiento casi desconocido» pues «sólo Vicente Salvá lo atiende» [35], aunque parcialmente; Bello es, por tanto, el primer autor de una gramática castellana que toma en consideración la tradición que arranca de Port-Royal en lo que a la clasificación temporal del verbo se refiere, superando incluso en rigurosidad y exactitud a sus inspiradores racionalistas franceses [36].

Podemos distribuir a los autores que nos ocupan en dos grupos, más o menos homogéneos, según tengan o no en cuenta el principio de Port-Royal. Por conveniencias metodológicas procederemos analizando los distintos tiempos que se señalaron entre 1847 y 1920 en el marco de cada modo verbal:

3.2.1. *Tiempos del modo indicativo.*

A) *Autores que siguen la corriente tradicional.* — Constituyen una apretada nómina los tratadistas que, desentendiéndose de las innovadoras doctrinas de los gramáticos racionalistas franceses y de Bello (aunque algún autor se apropie esporádicamente de las denominaciones *absoluto* y *relativo;* vid. infra), continúan atendiendo básicamente a las nociones de perfecto/imperfecto, próximo/remoto... El esquema de la nomenclatura temporal postulada por estos autores se sintetiza como sigue:

---

[35] Cf. A. Alonso, «Introducción...», págs. LXI y LXII.

[36] Sobrepasaríamos el marco de nuestra investigación si nos detuviéramos en enumerar las fuentes que se han señalado para la teoría de los tiempos en Bello; citemos solamente al danés Rasmus Rask, autor de *Spansk Sproglaere* (1827), y su discutida influencia sobre la nomenclatura temporal del venezolano. Para esta cuestión vid. C. Clavería, «La *Gramática Española* de Rasmus Rask», en *RFE,* XXX, 1946, págs. 1-22; A. Alonso, «Introducción...», págs. LXXV-VI, y el prólogo de R. Trujillo a la ed. crítica de la *Gramática* de Bello, págs. 18-20.

TIEMPOS SIMPLES	TIEMPOS COMPUESTOS
Presente: *amo*	
Prto. imperfecto: *amaba*	Prto. pluscuamperfecto [37]: *había amado*

Prto. perfecto [38]: *amé, he amado, hube amado*

Futuro imperfecto [39]: *amaré*	Futuro perfecto [40]: *habré amado*

Partidarios de tal clasificación son Herranz [41], Boned, GRAE (1854 y 1870), Orío, Terradillos, Caballero, Arañó, Fandiño, Ruiz Morote, Commelerán, López y Anguta, Suárez, Nonell, J. F. Sánchez-A. Carpena, Úbeda, Muñiz, Sanmartí, Núñez Meriel, Vigas, Pogonoski y Yeves (1917).

En el anterior esquema puede observarse que en un solo tiempo, el Prto. perfecto, se agrupan tres formas distintas: *amé, he amado* y *hube amado,* una simple y otras compuestas; Núñez Meriel ya había denunciado tal incongruencia:

> Generalmente dividen los gramáticos los tiempos en *simples* y *compuestos*. No parece buena esta división, porque [...] hay un tiempo, el pretérito perfecto de indicativo, que es simple y compuesto, y ambas formas pertenecen al mismo tiempo. ¿En cuál de los dos grupos dichos, colocamos el pretérito perfecto de indicativo? (pág. 73).

Consecuentes con esta idea algunos autores (D. de Miguel, Eguílaz, Galí, Blanco, Rosanes, Hermosilla Rodríguez, Lemus, GRAE —1920— y Tamayo) optan por disgregar en tres tiempos diferentes el primitivo Prto. perfecto:

---

[37] Prto. anterior según Boned.
[38] Prto. absoluto según el mismo autor.
[39] Futuro absoluto para Boned y Terradillos.
[40] Futuro anterior según Boned, y Futuro relativo en Terradillos.
[41] Este gramático prescinde (tal vez por descuido) de la forma *hube amado.*

Prto. indefinido [42]: *amé*
Prto. definido [43]: *he amado*
Prto. anterior [44]: *hube amado*.

La totalidad de los gramáticos precitados hace, pues, caso omiso de las innovaciones aportadas por Bello a la clasificación y nomenclatura de los tiempos verbales. Sin embargo, un limitado número de autores (Alemany, Pahissa, Cejador y Lenz) incluye la forma en *-ría* en el indicativo, aprovechando las enseñanzas del venezolano [45]:

amaría

- Condicional presente (Alemany)
- Futuro condicional simple (Pahissa)
- Futuro potencial incompleto (Cejador)
- Pospretérito (Lenz) [46]

habría amado

- Condicional pasado (Alemany)
- Futuro condicional pasado (Pahissa)
- Futuro potencial completo (Cejador)
- Pospretérito perfecto (Lenz).

Pero la inclusión de la forma en *-ría* en el indicativo por parte de estos tratadistas no es más que una herencia aislada de la estructuración temporal propuesta por Bello, puesto que dichos autores no contemplan la distinción entre tiempos absolutos y relativos, antes bien, atienden aún a los conceptos tradicionales perfecto/imperfecto y próximo/remoto.

---

[42]   También denominado Prto. definido (D. de Miguel), Prto. perfecto remoto (Eguílaz), Prto. perfecto simple (Galí y Rosanes) y Prto. absoluto (Tamayo).

[43]   Con distinto nombre en otros autores: Prto. indefinido (D. de Miguel), Prto. perfecto próximo (Eguílaz y Rosanes), Prto. perfecto compuesto (Galí), Prto. perfecto (Hermosilla Rodríguez y GRAE —1920—) y Prto. próximo (Tamayo).

[44]   Prto. remoto en Rosanes.

[45]   La trascendencia de Bello en Cejador, al menos, es clara: «Creo que tuvo razón Bello para reducir *amaría, habría amado* al modo indicativo» (pág. 251).

[46]   Lenz no cree recomendables las denominaciones de Futuro condicional o Condicional, por cuanto que «*cantaría* no expresa una condición, sino una acción que sólo a veces depende de una condición, pero de ningún modo siempre» (pág. 445).

B) *Autores que adoptan el principio de Port-Royal.* — Ya adelantamos (vid. supra) que Bello continúa y supera a los gramáticos filósofos franceses en la cuestión de los tiempos absolutos y relativos. La doctrina del venezolano puede resumirse en los siguientes términos: los tiempos verbales fechan la acción del verbo en la línea del tiempo, en relación con tres puntos distintos de referencia (no sólo con dos, como procedían Port-Royal y sus continuadores) conjugados entre sí:

1.er punto de referencia: el instante de hablar, llamado Presente *(amo);* anterior a este Presente es el Pretérito *(amé)* y posterior el Futuro *(amaré);*

2.º punto de referencia: cada uno de estos tres tiempos, con respecto a los cuales la acción puede ser de anterioridad, coexistencia o posterioridad:

anterioridad con respecto al Pretérito
(Ante-pretérito): *hube amado*

coexistencia con respecto al Pretérito
(Co-pretérito): *amaba*

posterioridad con respecto al Pretérito
(Pos-pretérito): *amaría*

anterioridad con respecto al Presente
(Ante-presente): *he amado*

coexistencia con respecto al Presente
(—): ——————

posterioridad con respecto al Presente
(—): ——————

anterioridad con respecto al Futuro
(Ante-futuro): *habré amado*

coexistencia con respecto al Futuro
(—): ——————

posterioridad con respecto al Futuro
(—): ——————

3.ᵉʳ punto de referencia: un tiempo ya relativo *(amaba, amaría)* respecto al cual un nuevo tiempo significa anterioridad:

> anterioridad con respecto al Co-pretérito
> (Ante-co-pretérito): *había amado*
> anterioridad con respecto al Pos-pretérito
> (Ante-pos-pretérito): *habría amado* [47].

La acertada nomenclatura temporal de Bello tropezó, no obstante, con graves resistencias a la hora de hallar acomodo en las diversas gramáticas castellanas publicadas entre 1847 y 1920; en efecto, no son ocasionales a lo largo del período críticas como ésta:

> [...] al ofrecer otros [nombres] como sustitutos deben los gramáticos innovadores llegar entre sí a un acuerdo, porque si no, el que hable de *ante-post-pretérito* necesitará de un intérprete para entenderse con el noventa por ciento de los españoles (Pogonoski, pág. 67).

Salvo en muy reducidos casos, por tanto, la doctrina y terminología tan felizmente desarrolladas por Bello apenas si contaron con valedores en la época. Salleras constituye un buen ejemplo de los raros autores en los que influyó decisivamente la teoría de los tiempos de Bello; después de distinguir con nitidez entre tiempos absolutos y relativos, se apropia de la terminología del venezolano para designar los distintos tiempos: Ante-presente, Ante-futuro, Co-pretérito, etc. Puntualicemos, sin embargo, ciertas divergencias (las más sobresalientes) que lo separan de Bello:

—no se desprende por completo de las nociones próximo/remoto, que Bello había desechado con decisión; así, Salleras distingue entre Ante-pretérito próximo *(hube amado)* y remoto *(había amado),* y entre Pos-pretérito próximo *(hube de amar)* y remoto *(había de amar);*

---

[47]   Según A. Alonso «es innovación (o casi) de Bello la introducción de los tiempos que resultan relativos a los relativos (ante-co-pretérito y ante-pos-pretérito)» («Introducción...», págs. XLV-VI).

—agrega, sobre la base terminológica de Bello, algún nuevo tiempo a su propia conjugación: el Pos-presente *(he de amar)* y el Pos-futuro *(habré de amar),* inexistentes en Bello;

—inserta, finalmente, las formas en *-ría* (y sus compuestas) en el subjuntivo, desestimando con ello una de las más valiosas resoluciones de Bello.

La influencia del gramático venezolano en Ovalle, por el contrario, resulta bastante más considerable; salvo la inclusión en el indicativo de *amaría* —que Ovalle encuadra en el subjuntivo—, puede afirmarse que este autor transcribe fielmente la doctrina y nomenclatura de los tiempos de Bello.

Navarro representa uno de los nada infrecuentes casos en los que intentan conjugarse tradición y novedad, si bien con resultados poco afortunados; así, en los tiempos simples establecidos por este gramático aparecen las denominaciones tradicionales de Presente, Pretérito imperfecto, Pretérito perfecto y Futuro, mientras en los tiempos compuestos, adoptando la terminología de Bello, habla de Antepresente, Antepretérito y Antefuturo (omite, tal vez por descuido, el Ante-copretérito de Bello). Las formas en *-ría,* según Navarro, son propias del subjuntivo.

Dos nuevos autores se suman a la nómina constituida por los defensores de la división de los tiempos en absolutos y relativos: Fernández Monje y Avendaño. No podemos afirmar tan seguramente como en los casos precedentes que ambos gramáticos recibieran una directa influencia de Bello en esta cuestión; antes bien, nos inclinamos a pensar que acogieron el principio de Port-Royal no por mediación de Bello, sino acudiendo a los gramáticos racionalistas franceses. Las justificaciones de tal hipótesis pueden sintetizarse en los siguientes puntos:

—tanto Fernández Monje como Avendaño se limitan a señalar la existencia de tiempos absolutos y relativos con respecto a los absolutos, es decir, no reconocen, frente a Bello, la existencia de tiempos relativos a los relativos (vid. n. 47);

—ambos autores parecen desconocer la terminología de Bello o, al menos, no la utilizan; así, hablan de Pasado relativo simultáneo, Pa-

sado absoluto, etc. (Fernández Monje); Anterior de presente, Posterior de presente, etc. (Avendaño);
—los dos gramáticos distinguen entre *época* y *período:*

> La época es el instante desde el cual observamos lo presente, lo pasado y lo futuro. A la continuidad de instantes, cuyo principio y fin fijan dos épocas, le llamamos período (Avendaño, pág. 20);

esta distinción, cuyos orígenes se remontan a Condillac, no es atendida por Bello [48];
—la huella de la gramática filosófica francesa en Avendaño es revelada por el mismo Fernández Monje, quien asegura que la teoría de Beauzée fue «adoptada en gran parte por el Sr. Avendaño» (página 126, n. 2).

3.2.2. *Tiempos del modo subjuntivo.*

A) *Autores que siguen la corriente tradicional.* — Proponen el siguiente esquema para los tiempos del subjuntivo:

TIEMPOS SIMPLES	TIEMPOS COMPUESTOS
Presente [49]: *ame*	Prto. perfecto [52]: *haya amado*
Prto. imperfecto [50]: *amara, -ría, -se*	Prto. pluscuamperfecto [53]: *hubiera, habría, hubiese amado*
Futuro imperfecto [51]: *amare*	Futuro perfecto [54]: *hubiere amado*

---

[48] Vid. A. Alonso, «Introducción...», págs. LI-LII. Debemos señalar que también Salleras recoge en su *Gramática razonada* la oposición época/período (pág. 150).

[49] También llamado Futuro (Boned) y Futuro desiderativo (Herráinz).

[50] Futuro condicional (Boned), Prto. simple (Giró) y Futuro condicional simple (Herráinz).

[51] Futuro simple (D. de Miguel), Futuro absoluto (Terradillos), Futuro dubitativo simple (Herráinz). Boned agrupa en un solo tiempo (Indefinido de subjuntivo) *amare* y *hubiere amado.*

[52] Prto. indefinido (Boned) y Futuro condicional compuesto (Herráinz).

[53] Prto. condicional (Boned) y Prto. no realizado (Herráinz).

[54] Futuro compuesto (D. de Miguel), Futuro relativo (Terradillos) y Futuro dubitativo compuesto (Herráinz).

Los gramáticos que adoptan la presente distribución de los tiempos del subjuntivo se corresponden casi en su totalidad con aquellos que se insertaban en la corriente tradicional al establecer los tiempos del indicativo: Herranz, Boned, GRAE (1854 y 1870), D. de Miguel, Eguílaz, Orío, Caballero, Arañó, Fandiño, Ruiz Morote, Commelerán, López y Anguta, Suárez, Nonell, J. F. Sánchez-A. Carpena, Galí, Úbeda, Muñiz, Sanmartí, Núñez Meriel, Rosanes, Vigas, Pogonoski y Yeves (1917).

Con ligeras variantes terminológicas aceptan el esquema anterior Alemany, Pahissa, Cejador y Lenz, si bien, como ya señalábamos, optan por suprimir de tal inventario las formas en -*ría* para incluirlas en el indicativo. No es ésta la resolución de Blanco, Hermosilla Rodríguez, Lemus, GRAE (1920) y Tamayo —asimismo defensores del esquema anterior—, quienes prefieren inventar un nuevo modo (el potencial o condicional) a fin de integrar en él las formas *amaría* y *habría amado*.

B) *Autores que siguen el principio de Port-Royal.* — Los valores temporales que Bello señala para el subjuntivo (dividido en común e hipotético) son más reducidos que los del modo indicativo. El procedimiento que utiliza es el mismo: las acciones verbales se fechan respecto de un tiempo absoluto, relativo o doblemente relativo; distingue los siguientes tiempos:

TIEMPOS SIMPLES		TIEMPOS COMPUESTOS	
Subjuntivo común		*Subjuntivo común*	
Presente Futuro	} *ame*	Ante-presente Ante-futuro	} *haya amado*
Pretérito Co-pretérito Pos-pretérito	} *amara, -se*	Ante-pretérito Ante-co-pretérito Ante-pos-pretérito	} *hubiera, -se amado*
Subjuntivo hipotético		*Subjuntivo hipotético*	
Presente Futuro	} *amare*	Ante-presente Ante-futuro	} *hubiere amado*

La doctrina que Bello aplicó a los tiempos del subjuntivo repercute en Ovalle, Salleras y Navarro, aunque en distinta medida:

Ovalle difiere de Bello en algún punto: v. gr., concede siempre valor de presente a la forma *ame* (para Bello, presente y futuro) y sólo valor de futuro a la forma *amare* (en Bello, Presente y Futuro del subjuntivo hipotético); denomina Pos-pretérito de subjuntivo a *amaría* (Pos-pretérito de indicativo en Bello);

Salleras, a diferencia de Bello, incluye en el subjuntivo los «submodos» imperativo (tiempo futuro) y condicional (tiempo futuro), añadiendo alguna nueva terminología (p. ej., Pos-futuro) inexistente en Bello, y prescindiendo de otras que el autor americano había empleado (p. ej., Ante-co-pretérito y Ante-pos-pretérito);

Navarro continúa entremezclando sin éxito términos de la nomenclatura tradicional con los utilizados por Bello; así, habla de Prto. imperfecto *(amara, -ría, -se)* y de Ante-pretérito *(hubiera, habría, hubiese amado)*.

La distinción entre tiempos absolutos y relativos es igualmente tenida en cuenta por Fernández Monje y Avendaño, quienes se inscriben, a nuestro juicio, en la línea de los racionalistas galos:

Según Fernández Monje los tiempos simples del subjuntivo (todos ellos «venideros» o futuros) son siempre relativos, así como los compuestos (pasados);

Avendaño, en cambio, señala la existencia en el subjuntivo de tiempos absolutos (Presente y Futuro, *ame;* Pasado continuativo, *amara,* etc.) y relativos —sólo anteriores y posteriores, nunca simultáneos— a cada uno de los absolutos (Anterior de presente y futuro, *haya amado;* Posterior de presente y futuro, *haya de amar,* etc.). La forma *amaría* —que incluye en el subjuntivo— es un Presente condicional.

· Resulta evidente que por haber heredado ambos autores el principio de Port-Royal directamente de los gramáticos franceses, su inventario y nomenclatura correspondientes a los tiempos del subjuntivo muy poco o nada tienen que ver con la ordenación y terminología establecidas por Bello.

3.2.3.   *Tiempos del modo imperativo.*

Bello es el único autor que, aplicando el principio de Port-Royal hasta sus últimas consecuencias, distingue en el imperativo (que no es modo en su opinión, sino «inflexión especial» del modo optativo) un tiempo absoluto (el Futuro *ama)* y un tiempo relativo (el Ante-futuro *habed amado)*. Después de Bello no hemos hallado ningún gramático que aproveche la distinción absoluto/relativo en este apartado; por ello clasificamos los restantes autores en distintos grupos, según el tiempo que supongan en el imperativo:

a) El imperativo expresa sólo un tiempo presente: S. Vicente, D. de Miguel, GRAE (1870), López y Anguta, Nonell, J. F. Sánchez-A. Carpena, Galí, Sanmartí, Yeves (1917), Hermosilla Rodríguez, GRAE (1920) y Lenz.

b) El imperativo únicamente expresa tiempo futuro: Valcárcel, Alemany, Boned, Pahissa, Ovalle, Gómez de Salazar [55], Salleras [56], Commelerán, Díaz-Rubio [57] y Navarro.

c) El imperativo expresa un tiempo mixto de presente y futuro:

> En rigor [el imperativo tiene] dos [tiempos] con una sola palabra, pues denota una época presente con relación al que manda, y futura con respecto a la ejecución de lo mandado [...] (Caballero, pág. 23).

Son numerosos los gramáticos que ratifican tal teoría: Herranz, Fernández Monje, Eguílaz, Avendaño, Arañó, Ruiz Morote, Suárez, Úbeda, Blanco, Muñiz, Sánchez Doblas, Núñez Meriel, Rosanes, Vigas, Pogonoski, Lemus y Tamayo.

d) El imperativo no expresa tiempo: Cejador supone que «el imperativo, que es la forma más primitiva del verbo, no encierra tiempo, contra los que lo suponen esencial a la idea del verbo» (pág. 262). No tenemos noticia de ningún otro gramático que, en la época estudiada, sustente la misma opinión de Cejador.

3.2.4. *Tiempos del modo infinitivo.*

Entre 1847 y 1920 se elaboraron las teorías más diversas y heterogéneas acerca de los tiempos que se integran en cada una de las formas no personales del verbo. Un alto índice de autores conviene en señalar que el modo infinitivo (o los modos infinitivo, gerundio y participio) denota tiempo, al igual que los restantes modos del verbo; las diver-

---

[55] Incluye el Futuro ejecutivo (= imperativo) en el modo determinado.
[56] El imperativo no es modo, sino «sub-modo» del subjuntivo.
[57] Al igual que Gómez de Salazar, Díaz-Rubio inserta el Futuro ejecutivo en el modo determinado.

gencias nacen en el momento en que se trata de dilucidar cuáles son los tiempos que cada forma expresa:

El INFINITIVO tiene el tiempo presente *(amar)* y el pasado *(haber amado)*: GRAE (1854 y 1870), Orío, Terradillos, López y Anguta, J. F. Sánchez-A. Carpena, Galí y Lenz; el infinitivo, además del presente y el pasado, tiene una forma de futuro *(haber de amar)*: Herranz, Ruiz Morote, Suárez, Nonell, Blanco, Muñiz, Sánchez Doblas, Sanmartí, Núñez Meriel, Vigas, Pogonoski, Yeves (1917), Hermosilla Rodríguez y Lemus.

Señalan para el GERUNDIO la forma de presente *(amando)*: GRAE (1854), Nonell, J. F. Sánchez-A. Carpena, Muñiz, Sanmartí, Núñez Meriel, Vigas, Pogonoski, Yeves (1917) y Hermosilla Rodríguez; presente y pasado *(habiendo amado)*: Orío, Terradillos, López y Anguta, Galí y Lenz; presente, pasado y futuro *(habiendo de amar)*: Ruiz Morote, Suárez, Blanco, Sánchez Doblas y Lemus.

El PARTICIPIO únicamente presenta tiempo pasado *(amado)*: Nonell, J. F. Sánchez-A. Carpena, Muñiz, Sanmartí, Yeves (1917) y Lenz; presente *(amante)* y pasado: Terradillos, Ruiz Morote, López y Anguta, Suárez, Galí, Blanco, Sánchez Doblas, Núñez Meriel, Vigas, Pogonoski, Hermosilla Rodríguez y Lemus.

Otros autores, como Rosanes y Tamayo, se limitan a considerar que el modo infinitivo expresa idea de tiempo, pero muy vaga e indeterminada:

> [Las formas nominales] expresan cierta idea de tiempo, aunque poco definida, y completamente nula en el *presente,* apesar [sic] de su denominación (Rosanes, pág. 148).

Una opinión muy aproximada sustenta un nuevo grupo de autores, al defender que el modo infinitivo no denota *per se* tiempo alguno, sino cuando aparece en combinación con otra forma verbal (personal o no personal):

> D. de Miguel: «Los modos impersonales simples carecen de la distinción de los tiempos, a no ser que vayan acompañados de otros verbos que los determinen» (pág. 19, n.).

> Caballero: «[El modo infinitivo] no tiene por sí mismo tiempo alguno; pero agregándole algún verbo en modo personal, puede expresar los tres tiempos fundamentales *presente, pretérito* y *futuro*» (pág. 22).

Más extremados se muestran Gómez de Salazar, Arañó y Díaz-Rubio, negando rotundamente la existencia de tiempos en las formas no personales del verbo:

> El modo indeterminado [= infinitivo] no determina la época de la acción del verbo, carece de tiempos (Gómez de Salazar, pág. 30).

Asimismo, Eguílaz, Pahissa, Commelerán y Úbeda reconocen y admiten la carencia de tiempos en el modo infinitivo; la fuerza de la costumbre, sin embargo, les hace olvidar tal declaración de principios, ya que, posteriormente, insertan en los esquemas de la conjugación verbal término como *presente de* infinitivo, participio *de pretérito,* gerundio *de futuro,* etc.

VI

PARTICIPIO

El participio comienza a ser tratado como categoría independiente a partir de Dionisio de Tracia, quien lo definió como la

> parte de la oración que participa de los rasgos del verbo y del nombre [1].

También en Roma el participio seguía considerándose clase de palabras autónoma e independiente, por influencia de la gramática griega; de Prisciano tomamos la siguiente descripción del participio:

> Clase de palabras relacionada con el verbo por derivación; posee las categorías de los nombres y las de los verbos (tiempos y casos) y es, por tanto, distinto a los dos [2].

Hasta la época renacentista no se plantea la posibilidad de que esta parte de la oración no sea tal parte, sino una subcategoría perteneciente bien al adjetivo, bien al verbo, tal como resuelven el Brocense o Port-Royal. De estas dos corrientes de opinión surge la doble tendencia que en la consideración del participio se observa en el período que estudiamos:

1. El participio es categoría independiente, separada de las demás.
2. El participio no es de ninguna manera una categoría autónoma, sino englobada según unos autores en el nombre (adjetivo), según otros en el verbo.

---

[1] Apud R. H. Robins, *Breve historia...*, pág. 43.
[2] Ibidem, pág. 64.

1. EL PARTICIPIO COMO CATEGORÍA INDEPENDIENTE

Conceden el rango de categoría primaria al participio: Herranz, Alemany, GRAE (1854, 1870), Eguílaz, Pahissa, Orío, Gómez de Salazar, Caballero, Arañó, Fandiño, Ruiz Morote, Commelerán, López y Anguta, Díaz-Rubio, Nonell, J. F. Sánchez-A. Carpena, Úbeda, Muñiz, Parral, Sánchez Doblas, Sanmartí, Rosanes, M. Fernández-A. Retortillo, Vigas, Pogonoski y Yeves (1917). Todos ellos coinciden en afirmar que la naturaleza del participio consiste en «participar» (y de aquí su nombre) simultáneamente del nombre (adjetivo) y del verbo, llegando a esta conclusión a través de distintos criterios:

—Semántico: Commelerán define el participio como la «parte de la oración que a la idea de una cualidad añade la de acción o pasión» (pág. 126). Son, pues, rasgos de tipo exclusivamente semántico los que toma el participio del nombre adjetivo *(cualidad)* y del verbo *(acción o pasión)* [3].

—Sintáctico: utilizado por Pahissa, quien sostiene que el participio «participa» del nombre adjetivo «cuando acompaña a un nombre sustantivo», y del verbo «cuando sirve para la formación de algún tiempo: *ha premiado*» (pág. 101).

Pero Commelerán y Pahissa constituyen una excepción, ya que la mayoría de los gramáticos entremezcla diversos criterios:

> Sánchez Doblas: «[El participio] en forma de adjetivo [= FORMAL] enuncia cualidades activas y pasivas con expresión de tiempo [= SEMÁNTICO]» (pág. 186).

---

[3] De ordinario se atiende a estos rasgos semánticos que se toman del verbo para dividir el participio en *activo (amante)* y *pasivo (amado)*. Otros autores prefieren hablar de participio *de presente* y *de pretérito,* que se corresponden respectivamente con las anteriores denominaciones. Rosanes critica los términos de esta última división: «La división de los participios en presentes y pretéritos no es del todo exacta, porque en unos y otros se prescinde en el fondo del tiempo, cuya idea aparece determinada por el verbo de que se acompañan, como lo prueban los siguientes ejemplos: *fui, soy, seré participante en el negocio* [...]» (págs. 230-231). Caballero, junto a los participios *activo* y *pasivo,* habla del participio *invariable,* que es utilizado para formar los tiempos compuestos del verbo.

Caballero: «[...] se deriva del verbo [= FORMAL derivacional] y expresa una cualidad como un adjetivo [= SEMÁNTICO]» (pág. 62).

López y Anguta: «[...] procede de un verbo [= FORMAL derivacional] y hace oficio de adjetivo o calificación [= SINTÁCTICO]» (pág. 48).

Parral: «[...] del nombre toma el género, el número y el caso [= FORMAL]; tiene del adjetivo la manera de significar [...] [= SEMÁNTICO], y del verbo toma el tiempo y la significación» [= SEMÁNTICO]» (pág. 115).

Herranz (1849): «[Participa de adjetivo] cuando se junte con sustantivos [= SINTÁCTICO] denotando calidad [SEMÁNTICO] y concordando con ellos [= FORMAL]» (pág. 55).

En resumidas cuentas el participio, como categoría independiente, «participa» del nombre (adjetivo) en cuanto que tienen en común rasgos de tipo *formal* (el participio toma los accidentes del nombre adjetivo, o concuerda con él, o tiene forma adjetiva), *semántico* (expresa o denota, como el nombre adjetivo, una cualidad; tiene su manera de significar) y *sintáctico* (se junta con sustantivos; hace oficio de adjetivo); a la vez que «participa» del verbo, atendiendo a los criterios *formal* —derivacional— (procede o deriva de un verbo) y *semántico* (toma la significación del verbo; como él, expresa tiempo); no hay alusiones a rasgos sintácticos compartidos por el verbo y el participio.

No deja de resultar curiosa la inestabilidad de esta pretendida «clase de palabras» y las confusiones e incoherencias que, resultantes de dicha inestabilidad, se observan en ciertos tratadistas. Algunos de ellos mantienen *a priori* la categoría del participio separada de las restantes en la clasificación de las palabras con que inician sus respectivas obras gramaticales; para, más tarde, tratarla únicamente dentro del capítulo del verbo, incluyéndola en el estudio del modo infinitivo (o no personal). Tal es el caso de Eguílaz y de M. Fernández-A. Retortillo, que parecen «olvidarse» de que la habían integrado en la relación de las categorías autónomas. Este hecho puede servir de apoyo a la hipótesis de que la categoría del participio se mantiene incoherentemente, por el único e injustificado motivo de respetar los esquemas clasificatorios que se venían sustentando desde Dionisio de Tracia.

2. EL PARTICIPIO COMO SUBCATEGORÍA (NOMINAL Y/O VERBAL)

La relación de gramáticos que prescinden del participio como categoría autónoma es tan extensa como la expuesta en § 1. Consideran que el participio es una subclase de palabras: Bello, Balmes, Núñez de Arenas, Boned, Giró, Fernández Monje, S. Vicente, D. de Miguel, Ovalle, Terradillos, Herráinz, Avendaño, Salleras, Suárez, Galí, Blanco, Pérez Barreiro, Navarro, Núñez Meriel, Benot, Hermosilla Rodríguez, Lemus, GRAE (1920), Lenz y Tamayo. Todos ellos excluyen —sin mayores justificaciones lingüísticas— al participio de las partes del discurso; generalmente lo estudian en el capítulo del verbo, englobado en las formas no personales del mismo, junto al gerundio y al infinitivo. Pocos son los que se separan de esta norma común; Valcárcel, por ejemplo, estudia el participio en el capítulo que dedica a las palabras «modificativas», concretamente en el apartado del adjetivo, y lo denomina *adjetivo pasivo:*

> [Adjetivos pasivos son] los que modifican al nombre presentándole recibiendo el efecto de una acción (pág. 27).

Navarro viene a coincidir en cierto modo con Valcárcel, al afirmar que el participio no está incluido en ninguna forma modal del verbo:

> El infinitivo, el gerundio y el participio [...] no son con propiedad tiempos ni modos del verbo, sino formas sustantivas, adjetivas o adverbiales que proceden de una raíz verbal (pág. 133).

En la obra de Ovalle no encontramos explícito el término *participio;* sus equivalentes aproximados son los que él denomina *adjetivos activos* y *adjetivos pasivos:*

> [Adjetivos activos] *son las palabras que modifican al verbo o al sustantivo, significando acción* [...]. Para distinguirlos, denominamos *invariables* a los que terminan en *ando* o *iendo* [...]. Denominamos *variables* a los que terminan en *ante* o *iente* (pág. 26).

> [Adjetivos pasivos] son las palabras que modifican al verbo, o al sustantivo significando la acción que recae sobre éste [...]. Se forman añadiendo [...] la terminación *ado* si termina en *ar,* o *ido* si en *er* o *ir* [...] (pág. 27).

De alguna manera debemos incluir a Bello entre los autores que consideran el participio perteneciente a la clase adjetiva. Lo define como «un derivado verbal adjetivo, que tiene variedad de terminaciones para los números y géneros» (§ 427). Critica Isaza tal concepción del participio en Bello:

> La doctrina de Bello sobre los derivados verbales requiere una amplia discusión por el hecho de que simplificó demasiado las funciones que estas palabras pueden desempeñar en la lengua española. Dentro de un rigorismo atemperado al criterio que adoptó para clasificar las partes de la oración, sostiene que el infinitivo es un sustantivo, el participio un adjetivo y el gerundio un adverbio [...]. Con esa perspectiva no quedan abarcados todos los usos que nuestro idioma confiere a tales formas [4].

Otras críticas se dirigen a la denominación «derivados verbales» que Bello emplea. En este sentido, Ovalle sostiene que «no hai [sic] en la lengua castellana derivados verbales» (pág. 29); si acaso —puntualiza— lo que hay son «derivados nominales», porque «todo verbo es derivado de un sustantivo abstracto» (pág. 34): de *partir,* p. ej., deriva la forma *partiré.* Lenz, por su parte, se basa en razonamientos de otra índole para demostrar la imprecisión del término «derivado verbal» aplicado tanto al participio como al infinitivo y al gerundio:

> [...] no sólo *escribir, escrito, escribiendo,* sino también *escribiente, escritor, escritura,* etc., pueden con razón denominarse así (pág. 380).

Finalmente, propone Lenz el término *verboide* [5] para designar cada una de las formas no conjugables del verbo, esto es, infinitivo, gerundio y participio.

---

[4]   B. Isaza, *La doctrina gramatical...,* pág. 215.
[5]   Traducción del nombre de *verbid* usado por O. Jespersen en *A Modern English Grammar.*

VII

ADVERBIO

1. CRITERIOS UTILIZADOS PARA SU DEFINICIÓN

Salvo algún caso aislado, el adverbio es considerado mayoritariamente por los gramáticos que nos ocupan como una categoría autónoma. Para definirlo se utilizan en distinta proporción los tres criterios de costumbre:

a) *Criterio formal:* el adverbio es, según el orden convencional consagrado por la tradición, la primera de las partes del discurso de estructura formal invariable, y a esta clase de palabras se refieren nuestros gramáticos denominándola «palabra *indeclinable*», «voz de terminación *invariable*», etc. Al criterio formal, como ya hemos podido ver en otros casos, se recurre secundariamente, como un rasgo auxiliar siempre y en ningún caso como factor caracterizador de esta categoría.

b) *Criterio semántico:* sólo en dos de nuestros autores hemos hallado la utilización del criterio semántico puro en la descripción del adverbio:

> Fernández Monje: «[Los adverbios son] palabras que expresan ideas circunstanciales» (pág. 102).

> Herráinz: «[...] de ordinario expresa alguna circunstancia del significado de un verbo» (pág. 29).

Ambos gramáticos (el primero de ellos sin especificar a qué palabra se remite el adverbio; el segundo, precisando este punto) nos ofrecen definiciones que nada tienen que ver con argumentos sintácticos (los más utilizados en la caracterización del adverbio, como estudiaremos seguidamente); constituyen descripciones formuladas en términos puramente semánticos y extradiscursivos —aunque con tímidas implicaciones sintácticas en el caso de Herráinz, por su alusión a la relación entre adverbio y verbo.

c) *Criterio sintáctico:* incoherentemente con el sistema de las gramáticas que estamos analizando, en las que predomina la perspectiva lógico-objetiva para definir la mayor parte de las categorías, en el caso del adverbio se recurre primordialmente al criterio sintáctico, en sus dos modalidades:

Criterio sintáctico colocacional: los gramáticos que de él se sirven puntualizan que el adverbio *se junta, se une, acompaña...* al verbo (solamente según algunos gramáticos; según otros, además de unirse al verbo, se junta a otra(s) palabra(s); vid. infra). Aparece ya una referencia más o menos explícita al lugar que esta categoría ocupa en el discurso, y a qué otra(s) palabra(s) va siempre referida. Se trata de un criterio intradiscursivo que, sin embargo, no elimina la posibilidad del recurso complementario a la semántica; porque en la segunda parte de este tipo de definición se echa mano de un rasgo semántico, enunciado de dos formas distintas según los autores:

1. El adverbio *modifica* la significación del verbo —y de otra(s) palabra(s)—:

> GRAE (1854): «[...] se junta al verbo para modificar su significación» (pág. 109).

> Ruiz Morote: «[...] se une al *verbo* para modificarle, y también al *adjetivo* y a otro *adverbio*» (pág. 46) [1].

2. El adverbio *modifica* y/o *determina* la significación del verbo —y de otra(s) palabra(s)—:

> Herranz (1849): «[...] parte de la oración que se junta al verbo para modificar y determinar su significación» (pág. 56).

---

[1] Pueden completar la relación Alemany, Giró, Eguílaz, Orío, Fandiño, López y Anguta, Suárez, Úbeda, Pérez Barreiro, Parral, Núñez Meriel, Rosanes, Vigas, Pogonoski, Lemus y Tamayo.

D. de Miguel: «[...] acompaña generalmente al verbo para determinar o modificar su significación» (pág. 48) [2].

Antes que estos autores Jovellanos ya había afirmado que el adverbio «determina» y «modifica» al verbo, siguiendo, según Gómez Asencio, la 1.ª ed. de la GRAE (1771), para la cual ambos términos «debían de ser conceptos muy próximos» [3].

Criterio sintáctico funcional: los seguidores de esta modalidad ya no manifiestan explícitamente que el adverbio se una o acompañe a otra(s) palabra(s); se limitan a decir que la categoría adverbial *modifica* [4] o *determina* a otra(s) palabra(s) en su significación:

> Pahissa: «[...] sirve para modificar la acción de otra palabra en diferentes circunstancias y de diferentes modos» (pág. 103).

> GRAE (1870): «[...] sirve para modificar la significación del verbo, o de cualquiera otra palabra que tenga un sentido calificativo o atributivo» (pág. 132).

En términos semejantes se expresan Valcárcel, Terradillos, Gómez de Salazar, Avendaño, Arañó, Commelerán, J. F. Sánchez-A. Carpena, Galí, Blanco, Sánchez Doblas, Sanmartí, Benot, Yeves (1917), Hermosilla Rodríguez, GRAE (1920) y Lenz.

Según Gómez Asencio las definiciones del adverbio seguidoras del criterio sintáctico funcional aparecen en gramáticas en las que se deja sentir la influencia de la gramática filosófica francesa [5]. Dicha influencia se manifiesta de forma más evidente en la teoría que considera al adverbio como el resultado semántico de la adición *preposición + sustantivo* (p. ej., *decididamente = con decisión),* teoría que había sido formulada en la *Grammaire* de Port-Royal y adoptada posteriormente por Condillac, Destutt de Tracy, etc. De los gramáticos que examinamos, sólo Balmes, Núñez de Arenas, Salleras, Parral y Vigas hacen referencia explícita a la equivalencia puramente semántica (no se habla en ningún caso de equivalencia funcional) de *adverbio* y *pre-*

---

[2] Caballero, Salleras, Díaz-Rubio y Muñiz se refieren asimismo al adverbio como «palabra modificativa o determinativa».

[3] Cf. J. J. Gómez Asencio, *Gramática...,* pág. 227.

[4] *Califica,* en opinión de Cejador y la GRAE (1920).

[5] Cf. J. J. Gómez Asencio, *Gramática...,* págs. 221-222.

posición + sustantivo [6]. Balmes, que trata este problema extensamente, se deja llevar por un logicismo extremo al intentar resolver en *preposición + sustantivo* los adverbios de tiempo:

> Vino ayer, irá mañana [...]; ¿cómo se traducen estas expresiones?, aun-
> que añadamos la palabra día, necesitamos expresar si es hoy, ayer o mañana,
> y así el adverbio entra en su propia explicación [...]. Hoy es el tiempo com-
> prendido en las veinticuatro horas, en una de las cuales nos encontramos;
> mañana y ayer, son los comprendidos en las veinticuatro horas anteriores
> o posteriores [...] (pág. 31).

Parece evidente que, desde el momento en que se pretende acomodar el contenido de una palabra a una explicación formulada *a priori*,
el problema se complica y se corre el riesgo de llegar a conclusiones
tan forzadas como la que acabamos de citar. Salleras cree resolver
la cuestión al afirmar que todo adverbio representa una preposición
y un sustantivo con adjetivo o sin él; de esta manera, el adverbio de
tiempo *hoy,* p. ej., sería equivalente a *en este día* (solución que nos
sigue pareciendo igualmente *ad hoc).*

* * *

No debemos dejar de mencionar que entre 1847 y 1920 los gramáticos percibieron más o menos nítidamente la estrecha relación sintáctica
existente entre el adjetivo y el adverbio: así como el adjetivo se junta
al sustantivo para significar una cualidad del mismo, así el adverbio
se une al verbo para denotar una circunstancia suya (y, según otros
autores, se puede unir también al adjetivo, etc. para modificarlo). Esta
observación, que ya había sido recogida por Nebrija [7], ha sido modernamente sustentada y desarrollada por O. Jespersen, quien considera
al adverbio una categoría de rango terciario, frente al sustantivo y al
adjetivo, de rangos primario y secundario, respectivamente. Entre otros,
perciben claramente la relación adjetivo-adverbio:

---

[6] Parral presenta una variante en dicha fórmula: el adverbio equivale a una preposición con su caso.

[7] «[El adverbio] se junta y arrima al verbo, para determinar alguna qualidad en
él, assí como el nombre adjectivo determina alguna qualidad en [...] el nombre substantivo» (*Gramática...,* pág. 197).

Bello: «Como el adjetivo modifica al sustantivo y al verbo, el *adverbio* modifica al verbo y al adjetivo [...]» (§ 64).

GRAE (1854): «[...] el adverbio es con relación al verbo lo que el adjetivo respecto del sustantivo» (pág. 110).

GRAE (1870): «[El adverbio es] como un adjetivo especial e indeclinable, destinado a calificar los verbos y los participios, a la manera que los adjetivos califican a los substantivos» (pág. 133).

GRAE (1920): «Los adverbios son los adjetivos del verbo» (pág. 131) [8].

En este sentido Núñez de Arenas se refiere a los adverbios como «atributos de segundo orden», esto es, como «atributos de atributos» (pág. 81); igualmente, Fernández Monje los denomina «sub-modificativos» o «modificativos invariables» (pág. 102), frente a los «modificativos variables» o adjetivos. Pero el autor que más lejos lleva el estrecho paralelismo funcional observado entre el adjetivo y el adverbio es Ovalle, quien incluye entre los adjetivos *determinativos* a los adverbios de tiempo, de cantidad y de lugar; y entre los adjetivos *calificativos* inserta los (adverbios) *calificativos de modo (bien, felizmente...),* modificadores del verbo. Para Ovalle, por tanto, no existe una categoría autónoma denominada adverbio, ya que ésta aparece en su obra repartida en las distintas especies de una categoría más amplia: la adjetiva.

2. ¿SOBRE QUÉ PALABRAS INCIDE EL ADVERBIO?

No existe acuerdo unánime cuando se trata de decidir sobre qué palabra(s) del discurso incide la categoría adverbial. Veamos sumariamente las opiniones que sustentan los gramáticos entre 1847 y 1920.

1) *El adverbio modifica solamente al verbo.* — Quizá por ser la de mayor arraigo en la tradición [9], es la postura que cuenta con mayor

---

[8] Ya tuvimos ocasión de comprobar (vid. n. 4 de este cap.) que Cejador, como la GRAE (1920), sostenía que el adverbio «califica al verbo» (pág. 336); utiliza, pues, el término *calificar,* función propia de la categoría adjetiva.

[9] Vid. I. Michael, *English grammatical...,* pág. 74. Todos los tratadistas que defienden este parecer se apoyan en la etimología: *ad-verbio* = 'que va junto al verbo'.

número de defensores: Herranz, Alemany, Herráinz, Díaz-Rubio, Úbeda, Navarro, M. Fernández-A. Retortillo y Benot. Algunos autores que bien podrían integrarse en este grupo afirman que el adverbio se une al verbo «generalmente» (D. de Miguel, pág. 48; Orío, pág. 100; Terradillos, pág. 31; López y Anguta, pág. 49; J. F. Sánchez-A. Carpena, pág. 48), «comúnmente» (Nonell, pág. 69) o «casi siempre» (Pérez Barreiro, pág. 97), expresiones que dejan entrever que el adverbio no sólo se une al verbo, sino también a otras palabras que quedan sin identificar.

2) *Solamente al adjetivo.* — Valcárcel sostiene que el adverbio es «una palabra que sirve para modificar a los adjetivos calificativos, activos y pasivos» (pág. 30); que los adverbios aparezcan normalmente junto a los verbos no quiere decir, en opinión de Valcárcel, que aquéllos modifiquen a éstos, sino a los adjetivos que integran todo verbo adjetivo o atributivo:

> [Los adverbios] suelen ir después de los verbos de acción, modificando a *los adjetivos que estos envuelven* (pág. 30).

Salleras viene a coincidir con Valcárcel:

> [El adverbio] se junta al verbo atributivo para aumentar la comprensión o disminuir la extensión del atributo que va incluido en dicho verbo (pág. 102).

Ambos gramáticos, actuando en consecuencia con la teoría del verbo único, por ellos defendida, no admiten la posibilidad de que el adverbio acompañe al verbo sustantivo *(ser, estar),* puesto que, como es sabido, tal tipo de verbo no envuelve ningún adjetivo, según postula la doctrina del verbo único.

3) *Al verbo y al adjetivo.* — Siguiendo una tradición que arranca de Benito de San Pedro [10], Giró y Arañó afirman que el adverbio se junta al verbo y al adjetivo para modificarlos. Parral, Sánchez Doblas, Rosanes y Tamayo mantienen la misma idea, pero ya no hablan de que el adverbio modifica a los adjetivos, sino a «otras palabras con

---

[10] Vid. J. J. Gómez Asencio, *Gramática...,* págs. 231 y 232.

carácter atributivo o adjetivo», que, en definitiva, viene a ser lo mismo. Por último, Lenz coincide con todos ellos al afirmar que el adverbio modifica o determina al verbo «o a cualquier palabra calificativa» (pág. 224), esto es, al adjetivo.

4)   *Al verbo, adjetivo y adverbio.* — Jovellanos fue el primer autor en España que formuló esta propuesta [11], la más aceptada hoy por nuestros gramáticos. De los autores que nosotros estamos tratando, después de Bello se unieron a esta opinión: Eguílaz, Caballero, Ruiz Morote, Galí, Blanco, Sanmartí, Pogonoski, Lemus y GRAE (1920).

La GRAE (1920) y Hermosilla Rodríguez no dicen exactamente que el adverbio modifica «al verbo, al adjetivo y al adverbio», como los anteriores, sino «al verbo, al adjetivo, al participio y al adverbio». No obstante, debemos señalar que esta última enunciación conlleva una grave incoherencia en el caso de Hermosilla Rodríguez, quien no consideraba el participio como una clase de palabras autónoma, sino una forma impersonal del verbo integrada en esta categoría; parece, pues, una redundancia innecesaria, cuando no un grave error, afirmar que el adverbio modifica las significaciones del verbo (donde se ha incluido el participio) y del participio.

5)   *Al verbo, sustantivo y adjetivo.* — No tenemos noticia de ningún gramático que, antes de Balmes, sostuviera que el adverbio modifica al verbo y al nombre (sustantivo y adjetivo). El filósofo catalán afirma que el adverbio modifica al nombre (sustantivo) en expresiones tales como *vive holgadamente,* equivalente (siempre según Balmes) a *su vida es holgada;* no parece que esta resolución sea válida, puesto que la segunda frase presenta una construcción sintácticamente muy distinta a la primera: *holgada* no es ya adverbio, sino adjetivo.

Gómez de Salazar, que, contrariamente a Balmes, considera al participio como una categoría independiente, es decir, no incluida en el verbo, postula que el adverbio «modifica la significación del verbo, nombre, calificación [= adjetivo] o participio a que se refiere» (pág. 43); por ello queda perfectamente integrado este autor en el presente grupo.

---

[11]   Vid. J. J. Gómez Asencio, *Gramática...,* pág. 231.

6)   *Al verbo, sustantivo, adjetivo y adverbio.* — Sólo Núñez de
Arenas, Suárez y Muñiz son partidarios de considerar al adverbio modificador de estas cuatro clases de palabras. Señalemos, no obstante,
que Muñiz excluye al participio de la relación de palabras que pueden
ser modificadas por el adverbio, en tanto que Núñez de Arenas y Suárez no lo excluyen.

7)   *Al verbo, adjetivo, infinitivo y adverbio.* — Cejador es el único que manifiesta expresamente que el adverbio modifica («califica»)
al infinitivo, separando esta forma de la categoría verbal en que se
integra, sin otras justificaciones que nos aclaren el porqué de esta dis-
gregación. Como en el caso de Hermosilla Rodríguez (vid. supra grupo
4), nos parece ésta una apreciación innecesaria por parte de Cejador,
debido a que en el verbo ya había insertado el infinitivo como forma
no personal.

8)   *Al verbo, adjetivo, preposición y adverbio.* — Únicamente Commelerán y Vigas defienden que el adverbio, además de modificar la
significación del verbo, del adjetivo y del adverbio, modifica la de la
preposición. Años antes había abogado por la misma idea Noboa (1839),
tal vez por el directo influjo de Salvá [12].

9)   *Al verbo, nombre (sustantivo, adjetivo y pronombre), artículo,
adverbio, preposición y conjunción.* — La definición que ofrece S. Vicente del adverbio es textualmente:

> [...] voz de terminación invariable, que designa alguna circunstancia acce-
> soria al verbo o al nombre adjetivo; aunque también se junta con los demás
> términos, menos con la exclamación (pág. 19).

Quizá debamos admitir también, a la vista de esta formulación,
la influencia de Salvá en S. Vicente. Salvá había afirmado que el adverbio «se junta con cualquiera palabra *(ad verbum),* esto es, con cualquiera parte de la oración, menos con las conjunciones e interjecciones» [13]. La única diferencia entre ambos autores residiría en que Salvá

---

[12]   Así lo piensa Gómez Asencio, *Gramática...,* pág. 234.
[13]   V. Salvá, *Gramática...,* pág. 92.

no considera que el adverbio acompaña a las conjunciones, en tanto que S. Vicente piensa que la única palabra que no puede ser modificada por el adverbio es la interjección («exclamación»).

3. CLASIFICACIÓN

Encontramos en las gramáticas del período tres tipos distintos de clasificación adverbial:

a) Clasificación exclusivamente semántica:

de lugar: *ahí...*   de orden: *primeramente...*
de tiempo: *hoy...*   de afirmación: *sí...*
de modo: *bien...*   de negación: *no...*
de cantidad: *mucho...*   de duda: *acaso...*
de comparación: *más...*

Es la catalogación que nos ofrecen Alemany, Boned, Eguílaz, Terradillos, Gómez de Salazar, Caballero, Arañó, Commelerán, López y Anguta, Suárez [14], Nonell, Galí, Blanco, Muñiz, Parral, Sanmartí, M. Fernández-A. Retortillo y Lemus [15].

b) Clasificación semántica y formal:

semántica, idéntica a la del apartado a);
formal, que atiende a la estructura material de los adverbios; según este criterio, pueden ser simples *(más...)* y compuestos *(a-de-más...)*.

Presentan esta doble clasificación, semántica y formal: Herranz, GRAE (1854 y 1870), Pahissa [16], J. F. Sánchez-A. Carpena, Sánchez Doblas y Núñez Meriel [17].

---

[14] Añade a la relación anterior los adverbios de *interrogación: ¿cuánto?...*

[15] Prescinde de los adverbios *de comparación.*

[16] Con la salvedad de que este autor entiende por adverbios *compuestos* las llamadas «locuciones adverbiales».

[17] Este último autor también elimina, como Lemus, los adverbios *de comparación (más, menos...)* en la clasificación semántica, trasvasándolos a los *de cantidad.* La R.A.E. no tomará esta decisión hasta 1920, tal vez atendiendo los razonamientos de autores como Pérez Barreiro: «No existen, como pretende la Academia, adverbios de comparación, porque la comparación se efectúa por los adverbios de cantidad [...]» (pág. 105).

Algunos autores, que incluimos en este grupo por su clasificación también doble de los adverbios (Úbeda, Rosanes, Vigas y Lenz), se separan notablemente de la clasificación semántica que era ya lugar común, y establecen por cuenta propia la siguiente:

> 1. *Adverbios calificativos* (los de modo, las expresiones adverbiales, etc.): «modifican la significación del verbo mediante una idea de cualidad» (Rosanes, pág. 237).
> 2. *Adverbios determinativos* (los de lugar, tiempo, etc.): «enuncian alguna circunstancia que acompaña o modifica la acción del verbo, sin atribuirle cualidad alguna» (id., pág. 238) [18].

Con esta distinción entre adverbios calificativos y determinativos —que recogerá posteriormente la GRAE (1920)— se estrecha el paralelismo adjetivo-adverbio que más arriba señalábamos.

Benot y Navarro ofrecen, como todos los integrantes del presente grupo, una doble clasificación del adverbio: semántica y formal. La originalidad de ambos autores reside en la clasificación formal que establecen, única en su tiempo; según Benot, los adverbios (que él denomina «limitativos») pueden estar constituidos por un solo vocablo *(la vi* AYER*)*, por varios vocablos sin verbo *(vinimos* A CABALLO*)* o por varios vocablos con verbo *(lo hicimos* COMO TÚ HABÍAS ORDENADO*)*. En la misma línea, y con toda seguridad influido por Benot, Navarro habla de adverbios *simples (canta* BIEN*)*, adverbios *compuestos-frase (paseaba* POR LA PLAYA ARENOSA*)* y adverbios *compuestos-oración (salió* MIENTRAS TANTO QUE ESTO OCURRÍA*)*. Trasladando esta concepción de los adverbios a un plano sintáctico superior, no podemos por menos que recordar la clasificación que de las oraciones realizó Jespersen algunos años después:

> las «inarticulated sentences» *(Thanks!);*
> las «semi-articulated sentences» *(Thank you!);*
> las «articulated sentences» *(I thank you!).*

Parece fuera de toda duda que el criterio seguido por estos autores para llegar a la clasificación de los adverbios y de las oraciones es el mismo.

---

[18]   Pérez Barreiro cambia la terminología, denominando adverbios *cualitativos* y *cuantitativos* a los *calificativos* y *determinativos,* respectivamente.

c) Clasificación semántica, formal y funcional: Salleras propone una triple clasificación del adverbio, y constituye el único caso en que se atiende a la función del mismo para, desde esta perspectiva, establecer una catalogación funcional. Según Salleras los adverbios se pueden dividir:

semánticamente: de lugar, tiempo, modo, etc.;
formalmente: simples, compuestos y expresiones adverbiales;
funcionalmente: adjetivales y conjuncionales.

VIII

PREPOSICIÓN

1. CRITERIOS UTILIZADOS PARA SU DEFINICIÓN

La categoría primaria *preposición* es definida en el período de acuerdo con los criterios que siguen:

A) *Criterio formal:* como en tantas otras ocasiones, constituye un criterio coadyuvante en todos los casos, es decir, la preposición se describe generalmente como una voz de forma «invariable» o (con menos frecuencia) como una palabra «indeclinable», recurriéndose a continuación a criterios de índole semántica y/o sintáctica para completar su caracterización.

B) *Criterio semántico,* que puede resumirse en las fórmulas: «la preposición *expresa, indica, denota...* relación(-es)» (criterio semántico puro), o bien, «sirve para *expresar, indicar, denotar...* relación(-es)» (criterio semántico de finalidad). Se sirven del punto de vista semántico o lógico-objetivo: Balmes, Alemany, D. de Miguel, Terradillos, la GRAE (1870), Avendaño, Caballero, Commelerán, Nonell, J. F. Sánchez-A. Carpena, Galí, Blanco, Muñiz, Sanmartí, Hermosilla Rodríguez y la GRAE (1920). Algunos de los gramáticos citados precisan que el tipo de relación expresado por la preposición es de dependencia:

> Galí: «[...] sirve para expresar una relación de dependencia entre dos palabras de las que una completa la significación de la otra» (pág. 15).

Cabría plantearse ahora: ¿entre qué términos se establece la relación? En la época que nos ocupa observamos un indudable progreso en esta cuestión. Gómez Asencio recoge en el período que él estudia las definiciones de algunos autores en las que se afirma que «la preposición expresa relación entre cosas» o «entre objetos» [1], en donde se manifiesta la confusión lengua-realidad. En las formulaciones de nuestros gramáticos, por el contrario, tal confusión no existe: la preposición no relaciona ya *cosas, objetos* o *sustancias,* sino *ideas* o *palabras.* Sólo Balmes, Salleras y Muñiz declaran que las preposiciones unen ideas, afirmación que delata un análisis lógico; el resto de los tratadistas citados se acerca más a un punto de vista lingüístico: las preposiciones unen palabras, «partes de la oración» [2].

C) *Criterio sintáctico:* en un tratamiento intradiscursivo de la preposición debemos distinguir dos tipos de definiciones, en las que, o bien se atiende principalmente a su funcionamiento en relación con otras palabras (criterio sintáctico funcional), o bien se concede mayor relevancia al lugar que ocupa en la cadena discursiva (criterio sintáctico colocacional):

a) Criterio sintáctico funcional: «la preposición *enlaza, une, pone en relación...* ideas o palabras», o bien «sirve *para enlazar...*». Es el criterio empleado por Núñez de Arenas, Valcárcel, Fernández Monje, Herráinz, Fandiño, Parral y Pogonoski. Hay autores que a esta primera formulación de carácter sintáctico agregan una segunda parte, eminentemente semántica:

> Orío: «[La preposición] enlaza dos palabras, expresando la relación de dependencia que hay entre ellas» (pág. 102).

Este añadido semántico lo encontramos asimismo en las definiciones de Boned, Eguílaz, Suárez, Núñez Meriel, Rosanes, Vigas, Yeves (1917) y Lemus.

---

[1] Cf. J. J. Gómez Asencio, *Gramática...,* pág. 239.

[2] Terradillos sostiene que la preposición relaciona «ideas o dicciones» (pág. 31); según Caballero, «expresa la relación que existe entre dos palabras, y por consiguiente entre las ideas que representan» (pág. 66); Suárez habla de «ideas o palabras» en relación (pág. 135).

La descripción que ofrece Arañó («sirve para unir los complementos del verbo y del nombre», pág. 22), aunque integrada en el presente apartado por aplicar el criterio sintáctico funcional, se separa notoriamente de las formulaciones que venimos estudiando, puesto que en ella se hace referencia explícita a los *complementos* verbales y nominales. Con mayor acierto expresó Lenz esta función:

> [La preposición] sirve para transformar un substantivo en atributo o complemento de otro elemento de la misma proposición (pág. 491).

Lenz ya no dice vagamente, como los autores que le precedieron, que la preposición «enlaza palabras», sino que hace alusión directa al cambio funcional que sufre un sustantivo cuando va antecedido de una preposición, y de acuerdo con esto distingue en la preposición dos funciones: función «adverbal», cuando «la preposición une al substantivo con el verbo» (pág. 486), p. ej., *inscribí a Pablo en la lista;* y función «adnominal», cuando «la preposición enlaza un substantivo con otro» (ibid.), como en *la madurez de la manzana* [3].

b)   Criterio sintáctico colocacional: basándose en la propia etimología del término *preposición,* las definiciones más antiguas eran formuladas ateniéndose al criterio sintáctico colocacional, es decir, se tenía en cuenta fundamentalmente que la preposición siempre se antepone en castellano a otra palabra, y éste era el criterio básico para caracterizarla. Entre 1847 y 1920 abundan las descripciones enunciadas con arreglo a esta perspectiva, presentando dos modalidades:

1.ª)   Sólo se hace referencia al criterio sintáctico colocacional (y, a veces, al morfológico o formal), con una breve alusión a la(s) función(-es) desempeñada(s) por esta categoría:

> Gómez de Salazar: «Parte indeclinable de la oración que se antepone a otra para relacionarlas con las que les preceden» (pág. 43).

> Díaz-Rubio: «Parte indeclinable de la oración que se antepone a otra, ya para regirla, ya para componerla» (pág. 59).

Herranz, Sánchez Doblas y M. Fernández-A. Retortillo exponen sus respectivas definiciones en términos muy similares. Todos ellos se

---

[3]   Los ejemplos son del mismo Lenz.

inscriben en la línea de la tradición inaugurada en la antigüedad greco-latina por Prisciano, para quien la preposición era

> pars orationis indeclinabilis, quae praeponitur aliis partibus vel appositione vel compositione [4],

y continuada en España por Nebrija y Villalón, a quienes corresponden, respectivamente, las formulaciones que siguen:

> Preposición es una de las diez partes de la oración, la cual se pone delante de las otras, por aiuntamiento, o por composición [5].

> [...] se proponen [sic] al nombre, o al verbo en la cláusula para manifestar más el affecto humano del que la pronunçia [6].

2.ª) Al criterio sintáctico colocacional (y al morfológico, cuando aparece) se agrega un enunciado de carácter semántico en el que, por lo general, se explicita que la preposición «*denota, indica...* relación (-es)» entre las palabras:

> Bello: «Frecuentemente precede al término una palabra denominada *preposición,* cuyo oficio es anunciarlo, expresando también, a veces, la especie de relación de que se trata» (§ 66).

> S. Vicente: «[...] voz de forma invariable, que precede inmediatamente a otra, para determinar la relación que las enlaza, o para modificar su significado» (pág. 20).

Completan la nómina: GRAE (1854), Pahissa, Ruiz Morote, López y Anguta, Úbeda, Navarro y Tamayo. En este caso los autores citados recogen la tradición que comienza con Donato, quien había definido la preposición aplicando los criterios sintáctico (colocacional) y semántico:

> Pars orationis, quae praeposita aliis partibus orationis significationem earum aut mutat aut complet aut minuit [7].

---

[4] Citado por R. H. Robins, *Breve historia...,* pág. 43.
[5] Nebrija, *Gramática...,* pág. 195.
[6] Villalón, *Gramática...,* pág. 48.
[7] Apud G. A. Padley, *Grammatical Theory in Western Europe. 1500-1700. The latin Tradition,* Cambridge, Cambridge University Press, 1976, pág. 265.

2. OFICIOS Y VALORES DE LA PREPOSICIÓN

De todo lo expuesto se deduce que los gramáticos del período asignan tres valores distintos a la preposición:

A) *Valor colocacional:* es uno de los valores tradicionalmente concedidos a la preposición; las definiciones más primitivas (como la ya citada de Prisciano) encomiendan a esta categoría como único valor el colocacional: la preposición se antepone a otra(s) palabra(s). Lo más frecuente es que no se especifique a qué palabra(s) precede la preposición; en este punto constituye una excepción la GRAE (1920):

> [La preposición] sirve para denotar la relación que media entre dos palabras, de las cuales la primera es casi siempre un nombre substantivo, adjetivo o verbo, y la segunda un substantivo u otra palabra o locución a él equivalente (pág. 138),

y Hermosilla Rodríguez, para quien «rigen» preposición el sustantivo, el adjetivo, el verbo y el pronombre, y «son regidos» por ella el sustantivo (o cualquier palabra sustantiva) y el verbo (¿infinitivo, participio y gerundio?).

B) *Valor semántico:* los gramáticos que hacen alusión al significado de las preposiciones sólo dicen de ellas que «expresan relación(-es) (de dependencia)», sin más precisiones acerca de su contenido semántico. Todos ellos tienen bien presente que es labor casi imposible caracterizar y determinar los límites de la preposición por el solo valor semántico; en ningún caso, pues, aparece éste como único valor en la definición, sino siempre auxiliado por el colocacional y/o el funcional.

C) *Valor funcional:* constituyen ya un reducido número los autores que defienden una postura todavía aferrada a los esquemas de la gramática latina, y proclaman que las preposiciones «rigen el caso» de la palabra a que preceden; nos referimos a Herranz, Pahissa, López y Anguta, Parral y M. Fernández-A. Retortillo. No es, pues, de extrañar que una de las clasificaciones propuestas para la preposición (vid. infra) tenga en cuenta los «casos» que ésta puede «regir» para hablar de preposiciones de acusativo, de genitivo, etc. Menos latinizante es la teoría según la cual la preposición «rige» las palabras (ya no se dice «casos»); Commelerán, Díaz-Rubio, Sánchez Doblas, Sanmartí, Vigas y Hermosilla Rodríguez se mantienen en esta opinión, al afirmar que en las oraciones toda palabra rige a la siguiente y es regida por la anterior. Los autores citados, para quienes la preposición rige casos o palabras, desestiman el juicio emitido años antes por Bello, quien desechó la idea del régimen para las preposiciones castellanas:

> Las preposiciones castellanas no tienen propiamente régimen, porque régimen supone una elección; así un verbo rige un modo o un complemento particular, porque hay varios modos y multitud de complementos; al paso que con todas las preposiciones lleva el término una forma invariable [...] (§ 1199).

Ya hemos hecho alusión a otro de los valores intradiscursivos asignados a la preposición: sirven para relacionar, para conexionar palabras entre sí. De aquí que ciertos gramáticos se olviden voluntariamente del nombre tradicional *preposición* y pasen a denominarla *connectivo* (Núñez de Arenas) o *palabra conexiva* (Valcárcel y Fernández Monje).

3. CLASIFICACIÓN

Los criterios formal, sintáctico y semántico se entremezclan a la hora de clasificar la categoría que nos ocupa. Entre 1847 y 1920 es frecuente encontrar divididas las preposiciones en *propias* (*a, con,* etc.) e *impropias* (*abs-, sub-,* etc.); a factores de tipo semántico y morfosintáctico obedece esta clasificación:

> [Las preposiciones propias] tienen significación dentro y fuera de la composición (Herranz —1849—, pág. 57).
> [Las preposiciones impropias] solamente tienen uso en la composición de las palabras (id., pág. 58).

Orío, Ruiz Morote [8], López y Anguta, Blanco, Parral y Vigas identifican de esta manera las preposiciones. Mayor fortuna tuvo, sin embargo, otra terminología que se corresponde con la anterior y que está basada en los mismos criterios que ella: las preposiciones *separables* e *inseparables,* denominaciones utilizadas por Alemany, GRAE (1870), Caballero [9], Díaz-Rubio, Nonell, Galí [10] y otros. Lenz advertiría posteriormente la incorrección de la expresión «preposiciones inseparables» referida a las partículas *abs-, in-, con-...,* las cuales

> [...] deben tratarse en un capítulo de gramática que se puede intitular 'lexicología' o 'composición de palabras', pero no conviene relacionarlas con las preposiciones como parte de la oración (pág. 502).

Commelerán, Blanco y Navarro parecen adelantarse a esta oportuna observación de Lenz, según veremos con más detalle al tratar el problema de los límites entre prefijo y preposición (§ 4).

Otros autores (S. Vicente, Terradillos y Lemus) prefieren hablar de preposiciones *regentes* y *componentes,* términos que también se corresponden con las parejas de palabras citadas más arriba.

Dentro siempre de las preposiciones *propias* (o *separables,* o *regentes*) no es raro encontrar una subclasificación de las preposiciones en: *de acusativo* (*a, ante...*), *de genitivo* (*de...*), *de dativo* (*a, para...*), *de ablativo* (*en, por, sobre...*), incluso *de nominativo.* Tal subclasificación, presentada por Fandiño, Commelerán, Sánchez Doblas, Núñez Meriel, Rosanes y Vigas, nos puede dar una idea aproximada de la resistencia que ofrecían los prejuicios latinizantes a desaparecer de las gramáticas castellanas.

Lo inadecuado del término *preposición* aplicado a elementos tan dispares (a las preposiciones propiamente dichas, a los prefijos y a las locuciones prepositivas) lleva a Fernández Monje a distinguir entre

---

[8]   Este autor añade a las preposiciones *propias* e *impropias* las *locuciones prepositivas (además de,* etc.).

[9]   Caballero presenta algunas variantes; a su entender, las preposiciones *separadas (desde, hacia...)* nunca se combinan con otras palabras; las *separables (a, con...)* pueden entrar en composición con otras palabras; las *inseparables (ab-, ultra-...)* siempre se presentan en composición. En un mismo sentido, Pogonoski distingue entre preposiciones *separadas, mixtas* e *inseparables.*

[10]   Añade las *expresiones prepositivas (en contra de...).*

preposiciones (*abs-, inter-...*), *interpositivos* (*bajo, de...*) y *locuciones interpositivas* (*acerca de, antes de...*), después de un acertado razonamiento:

> Suelen los gramáticos llamar *preposiciones* a estas voces, porque vienen 'antes' del consiguiente de la relación: la misma razón habría para llamarlas *posposiciones,* porque vienen 'después' del antecedente. Pero puesto que se colocan 'entre' ambos términos, llamémoslas interposiciones o interpositivos (pág. 173, n.).

El mismo término de *interposición* o *interpositivo* como sustituto del ya tradicional *preposición* sugieren Caballero y Salleras; transcribimos la opinión de aquél:

> [La preposición] expresa la relación que existe entre dos palabras, y por consiguiente entre las ideas que representan, por cuya razón debía llamarse interposición (pág. 66).

Otros intentos de clasificación abogan por criterios de naturaleza exclusivamente morfológica (preposiciones *simples: a, ante...; y compuestas: después de, acerca de...*) y semántica (preposiciones *finales: a, hacia...; de superioridad: bajo...;* etc). A un punto de vista igualmente semántico —a pesar de que la terminología empleada apunte más bien a una perspectiva sintáctica— parece obedecer la original catalogación propuesta por Pérez Barreiro: preposiciones *coordinadas: con, sin...; subordinadas: en, a, por, de...; comparativas: ante, contra, entre...,* y «otras»: *cabe, hacia...*

4. LAS PREPOSICIONES Y LOS PREFIJOS

Salvo algunos casos excepcionales (Commelerán trata de las «partículas inseparables» en un capítulo aparte del dedicado a la preposición; Blanco llama a las preposiciones inseparables «verdaderos prefijos», y Navarro «prefijos inseparables comunes»; por último, Lenz, como ya hemos adelantado, tiene por incorrecta la denominación «preposiciones inseparables»), los gramáticos del período incluyen los prefijos (*in-, per-,* etc.) en la categoría preposicional, frente al período inmediatamente anterior al nuestro que estudia Gómez Asencio, en el cual «la actitud más generalizada fue aceptar que los prefijos no son preposiciones» [11]. En esta cuestión no es extraño hallar imprecisiones e incoherencias en las fórmulas definitorias que para la preposición elaboran los gramáticos después de Bello; valga como ejemplo el caso de Alemany, quien definía la preposición como la palabra que «sirve para indicar la relación que tienen las palabras entre sí» (pág. 52), y seguidamente la divide en dos clases: preposiciones *separables* e *inseparables*. Resulta evidente que sólo una de estas clases, las preposiciones *separables,* entra en la citada definición; por el contrario, las *inseparables* quedan excluidas de ella, lo cual constituye un grave descuido, en el que incurren por su parte Herranz, Orío, Terradillos, GRAE (1870), Caballero, Ruiz Morote, López y Anguta, etc. La definición que todos ellos dan de la categoría preposicional resulta insuficiente, al no abarcar todas las palabras que ellos consideran preposiciones.

Sólo en un grupo muy reducido de nuestros gramáticos no se halla la incoherencia que acabamos de indicar, bien porque transcriben casi literalmente la descripción formulada por Prisciano («[...] praeponitur aliis partibus vel appositione vel compositione»), bien porque advierten la imprecisión que las definiciones anteriores encerraban y subsanan el error por cuenta propia; nos referimos a S. Vicente, Pahissa, Díaz-Rubio, Sánchez Doblas y Hermosilla Rodríguez. Como botón de muestra escogemos la definición de Díaz-Rubio:

> [La preposición es la] parte indeclinable de la oración que se antepone a otra, ya para regirla [= preposición *separable*], ya para componerla [= preposición *inseparable*] (pág. 59).

---

[11]   J. J. Gómez Asencio, *Gramática...,* pág. 253.

IX

CONJUNCIÓN

1. CRITERIOS UTILIZADOS PARA SU DEFINICIÓN

La conjunción es considerada de manera constante por la totalidad de los gramáticos que nos ocupan como una de las partes del discurso. Vigas, consecuente con su teoría de que la conjunción no es más que un vínculo que *une* oraciones y, por tanto, se encuentra «fuera» de ellas, es el único autor que pone en duda la conveniencia de considerar como *parte* de la oración esta categoría:

> Las conjunciones *no* deben considerarse como partes de la oración, porque no son elementos de ninguno de los miembros de esta; pero sí deben admitirse como partes del período o de la cláusula, cuyas oraciones enlaza (pág. 76).

A pesar de esta atinada observación, Vigas termina por incorporar las conjunciones a la relación de las clases de palabras, tal vez por un temor consciente o inconsciente de romper con los moldes heredados de la tradición.

Así como todos nuestros autores se muestran de acuerdo en reconocer la conjunción como una parte legítima del discurso, también coinciden en aceptarla como un elemento autónomo del mismo. Únicamente Pérez Barreiro incluye la conjunción en la categoría superior de los adverbios («el adverbio *relativo* que une palabras es la conjunción», pág. 97), remontándose a los orígenes etimológicos de las conjunciones castellanas para llegar a la conclusión de que todas ellas proceden de adverbios latinos (?).

Veamos sobre qué criterios se elaboran las distintas definiciones que se dieron para esta categoría entre 1847 y 1920:

A) *Criterio formal:* como en tantas otras ocasiones, el criterio morfológico sirve sólo como soporte en las descripciones caracterizadoras de la conjunción; de ella se afirma que es una palabra *invariable* o (menos frecuentemente) *indeclinable.* Sólo Avendaño y Salleras admiten en la nómina de los elementos conjuntivos ciertos términos de estructura formal variable [1]:

a) Según Avendaño las conjunciones son de dos clases: 1.ª) «las que enlazan el pensamiento recordándole por completo [...]» (pág. 10); éstas serían las invariables: *y, e, ni,* etc.; 2.ª) «las que lo enlazan [el pensamiento] recordando la palabra antecedente» (ibid.), donde se incluyen las partículas *que, cual, quien* (las dos últimas variables).

b) El criterio morfológico le sirve a Salleras para deslindar en dos grupos las conjunciones: las invariables *(y, o, si, por lo tanto, que...)* y las variables *(cual, quien, cuyo).*

Salvo para estos dos autores, pues, la conjunción es siempre considerada como un elemento de estructura invariable.

B) *Criterio semántico:* la fórmula general que englobaría el conjunto de definiciones acogidas al criterio semántico podría quedar resumida en estos términos: la conjunción expresa una relación entre dos o más elementos. Son relativamente escasos los autores que optan por este criterio: Balmes, Terradillos, GRAE (1870 y 1920), Salleras, Hermosilla Rodríguez y Lenz. Las variantes que unos y otros presentan con respecto a la fórmula general antes expuesta se pueden sintetizar en el siguiente esquema:

[1] Salleras, además, comienza definiendo la conjunción como un «signo conexivo invariable o variable» (pág. 119).

| la conjunción | expresa denota | la relación el enlace | entre dos (o más) |

oraciones (Balmes, pág. 282)
juicios u oraciones (Terradillos, pág. 32)
oraciones o proposiciones de una misma oración
    (GRAE —1870—, pág. 155)
pensamientos (Salleras, pág. 119)
palabras (Hermosilla Rodríguez, pág. 91)
palabras y oraciones (GRAE —1920—, pág. 138; Lenz, pág. 526).

Algunos de los autores citados recurren a la formulación «sirve para denotar...» (GRAE —1870 y 1920—), «[signo] destinado a expresar...» (Salleras). Otros se valen del mismo criterio semántico, pero no de forma exclusiva; es decir, emplean simultáneamente los criterios sintáctico (funcional) y semántico. De estos autores nos ocupamos en el punto siguiente.

C) *Criterio sintáctico:* es el más seguido a lo largo de la tradición; valgan como ejemplos las definiciones de:

Donato: «Pars orationis adnectens sententiam» [2].

Prisciano: «Pars orationis indeclinabilis, conjunctiva aliarum partium orationis, quibus consignificat, vim vel ordinationem demonstrans» [3].

Nebrija: «[La conjunción] aiunta y ordena alguna sentencia [...]; i llama se conjunción, por que aiunta entre sí diversas partes de la oración» [4].

Villalón: «[...] ayuntan y ligan una diçion con otra en la cláusula en que se ponen» [5].

Los gramáticos que publican sus obras entre 1847 y 1920 copian casi literalmente las definiciones precitadas (y decimos «casi literalmente» porque es dable observar que en el período que estudiamos ningún gramático se refiere ya a la conjunción como palabra «ordenadora»

[2] Apud I. Michael, *English grammatical...*, pág. 61.
[3] Apud I. Michael, *English grammatical...*, pág. 62.
[4] Nebrija, *Gramática...*, pág. 199.
[5] Villalón, *Gramática...*, pág. 50.

del discurso), y sus respectivas formulaciones responden al esquema
que sigue:

la conjunción	enlaza traba une pone en relación	dos o (más)	palabras frases oraciones... [6].

Como en el caso de los gramáticos seguidores del criterio semántico, también aquí se prefiere a veces definir la conjunción apelando
a la expresión de finalidad: «sirve para poner en relación...» (Valcárcel), «sirve para unir y enlazar...» (Alemany), étc.

El criterio sintáctico funcional [7] lo encontramos utilizado de forma
abrumadora; sería por ello ocioso elaborar una lista con todos aquellos
que adoptan la perspectiva sintáctica funcional en sus definiciones de
la conjunción; bastará con señalar que, excepto los pocos autores —ya
citados— que se valen del criterio semántico de manera exclusiva, todos nuestros tratadistas sin excepción definen la presente categoría desde un punto de vista intraoracional, atendiendo primordialmente a la
función que esta clase de palabras desempeña en el discurso.

Como ya adelantábamos, hay gramáticos que, además del criterio
sintáctico, emplean un criterio semántico en sus formulaciones:

> [La conjunción es una] palabra invariable que sirve para enlazar una ora-
> ción con otra, expresando su relación (Eguílaz, 1.er cuad., pág. 16).

Del mismo estilo son las definiciones de Caballero, Ruiz Morote,
Suárez, Galí, Muñiz, Núñez Meriel, Rosanes, Vigas y Lemus.

---

[6] Debido a las múltiples variantes que nuestros gramáticos ofrecen, no es éste el
lugar adecuado para exponer sus opiniones acerca de los términos que la conjunción
enlaza. Más adelante dedicamos un apartado a este problema (§ 2).

[7] Dentro del criterio sintáctico, la modalidad que venimos denominando «colocacional» no aparece en ninguno de nuestros gramáticos. Sólo Sánchez Doblas se vale del
lugar que pueden ocupar las conjunciones en el discurso para intentar un tipo de clasificación con ellas: *prepositivas (porque...),* van antepuestas siempre; *pospositivas (pues...),*
siempre pospuestas, y *comunes (sin embargo...),* que se anteponen o posponen. Asimismo, Navarro se refiere a la conjunción como una palabra «prefijo-sufija», frente al adverbio —palabra «sufija»— y la preposición —palabra «prefija»—.

2. ¿QUÉ TÉRMINOS RELACIONA LA CONJUNCIÓN?

Las opiniones aparecen divididas a la hora de dar soluciones a esta cuestión:

1. La conjunción *expresa una relación* (criterio semántico) [8] entre:

> palabras: Hermosilla Rodríguez;
> oraciones: Balmes [9];
> oraciones y proposiciones de una misma oración: GRAE (1870) [10];
> palabras y oraciones (proposiciones): GRAE (1920) y Lenz.

2. La conjunción *enlaza, traba, une, pone en relación* (criterio sintáctico):

> palabras: Pahissa y Pérez Barreiro;
> palabras y frases análogas: Bello;
> oraciones (proposiciones): Núñez de Arenas, Valcárcel, Boned, Fernández Monje, Herráinz, Avendaño, Fandiño, López y Anguta, Parral y Benot [11];
> palabras (partes de la oración) y oraciones (proposiciones): Herranz, Alemany, GRAE (1854), Orío, Gómez de Salazar, Arañó, Díaz-Rubio, Nonell, J. F. Sánchez-A. Carpena, Blanco [12], Sanmartí, Pogonoski [13], Yeves (1917) y Tamayo [14];
> palabras, frases y oraciones: Ovalle y Navarro.

---

[8] En este caso no puede hablarse rigurosamente de criterio semántico, desde el momento en que se hace alusión a una *relación* entre palabras. Pero recordemos que todas aquellas definiciones encabezadas con los verbos *denotar, expresar, significar...* las venimos incluyendo entre las que han seguido una perspectiva primordialmente semántica.

[9] Otros autores prefieren hablar, desde su concepción logicista del lenguaje, de «juicios» (Terradillos) y de «pensamientos» (Salleras), vocablos equivalentes a *oración*.

[10] La *Gramática* académica (1870) no entiende el término «proposición» como sinónimo de «oración», sino como parte integrante de ésta. En los restantes casos es indiferente hablar de *proposición* o de *oración*.

[11] Benot afirma que las conjunciones «enlazan unas cláusulas con otras» (pág. 129).

[12] La definición, algo más imprecisa, de Blanco es: «sirve para enlazar oraciones y a veces otras palabras» (pág. 227).

[13] Dice exactamente «vocablos u oraciones» (pág. 122).

[14] Según Commelerán y Úbeda, que podrían integrarse en esta relación, las conjun-

Cierta indeterminación (que nos dificulta la tarea de emplazarlo en alguno de estos grupos) se observa en la definición de D. de Miguel: la conjunción «sirve para unir las diferentes expresiones del lenguaje» (pág. 50).

3. La conjunción *enlaza* (criterio sintáctico) y *expresa las relaciones* (criterio semántico) existentes entre:

> oraciones (proposiciones): Eguílaz, Caballero, Suárez, Núñez Meriel, Vigas y Lemus;
> palabras y oraciones (proposiciones): Ruiz Morote, Galí y Sánchez Doblas;
> oraciones y cláusulas: Rosanes;
> palabras, oraciones y cláusulas: Muñiz.

Es posible, prescindiendo de las variantes, simplificar aún más los esquemas anteriores y reducirlos a tres grupos, cuyos integrantes defienden tres posturas distintas:

a) Autores para los que la conjunción sólo une palabras.

b) Gramáticos que restringen el papel sintáctico de la conjunción a servir de nexo exclusivamente de oraciones.

c) Gramáticos que conciben la conjunción como vínculo de unión entre palabras y oraciones.

Las tres corrientes de opinión tienen sus respectivos antecedentes en distintas teorías de la tradición gramatical. Los defensores del punto a) (la conjunción une palabras), que forman un número exiguo en la época que estudiamos, siguen en esta cuestión a los gramáticos griegos y latinos, así como a Nebrija y Villalón (vid. supra las citas correspondientes). Los incluidos en el apartado b) (la conjunción une oraciones) se encuadran en la corriente de opinión inaugurada por Escalígero en 1540 [15] y continuada por el Brocense [16] en el Renacimiento español y por algunos gramáticos filósofos del XVIII francés; un considerable porcentaje de los gramáticos que nos ocupan adopta esta postura. Más abultada, sin embargo, es la relación integrada por los gramáticos que

ciones unen «ideas» y «pensamientos», términos pertenecientes al dominio de la Lógica y que, traducidos a términos gramaticales, equivalen respectivamente a «palabras» y «oraciones».

[15] Vid. I. Michael, *English grammatical...*, págs. 64, n., y 451-453.
[16] Vid. *Minerva,* págs. 104-105.

se adhieren al grupo c) (la conjunción une palabras y oraciones), coincidentes en esta doctrina con el maestro Correas (1627) en la tradición española y con Lily (1527) en la tradición inglesa [17].

Los autores componentes del grupo b), para los que la conjunción une sólo oraciones, resuelven los numerosos casos en que esta categoría se presenta enlazando palabras mediante el recurso de la elipsis; esto es, en oraciones tales como *es pobre pero honrado,* los partidarios de la elipsis interpretarían este ejemplo contradictorio con su teoría declarando que la conjunción *pero* une «aparentemente» (en la estructura superficial) dos palabras, adjetivos en este caso; lo que «en realidad» (en la estructura profunda) está relacionando la conjunción son, a su juicio, las dos oraciones

es pobre PERO *(es) honrado.*
     1   2

Citemos las palabras de algunos de los defensores explícitos de un procedimiento elíptico en casos de este tipo:

> Boned: «La conjunción une siempre dos oraciones, aunque al parecer una sólo palabras» (pág. 9).

> GRAE (1870): «Toda conjunción supone pluralidad de oraciones, aunque muchas veces se encuentre juntando palabras dentro de una oración al parecer única. La conjunción indica siempre una elipsis o supresión» (pág. 155).

> Benot: «Las conjunciones unen a veces, pero sólo en apariencia, nada más que vocablos; en realidad, unen siempre cláusulas» (pág. 129).

De la misma opinión, y así lo declaran manifiestamente, son Balmes, Fernández Monje, Herráinz y Rosanes. El primero de ellos sostiene que la conjunción sirve para «abreviar el discurso, supliendo a otras partes de la oración» (pág. 282), con lo que esta categoría viene a contraer un nuevo valor de tipo estilístico. Pérez Barreiro cae en la cuenta de que existen en la lengua frases como *dos y dos son cuatro,* en las que no cabe la resolución en *dos es cuatro* y *dos es cuatro* (los ejemplos son del autor); parece ser el único gramático que en su época se atreve a declararse abiertamente en contra de la tan arraigada teoría de la elipsis:

---

[17] Vid. I. Michael, *English grammatical...,* pág. 64.

Comó salta a la vista que hay conjunciones que unen también palabras, se recurre al antiguo y tan socorrido como desacreditado procedimiento de la elipsis [...] (pág. 113).

3. CLASIFICACIÓN

De ordinario, en las primeras gramáticas del período los distintos autores se limitan a realizar una doble división de la categoría conjuntiva:

A) *Por su significación* (o por su «cualidad»):

> copulativas: *y, e...*
> disyuntivas: *o, u...*
> adversativas: *mas, pero...*
> condicionales: *si, siempre que...*
> causales: *porque, pues...*
> continuativas: *así que, puesto que...*
> comparativas: *como, así como...*
> finales: *para que, a fin de que...*
> ilativas: *conque, luego...*

La clasificación precedente es la que más se repite, tal vez porque es la adoptada por la GRAE (1854 y 1920). La siguen fielmente: S. Vicente, Ovalle, Gómez de Salazar, Nonell, Blanco, Muñiz, Sanmartí, M. Fernández-A. Retortillo [18], Pogonoski, Hermosilla Rodríguez, etc. Algunos de ellos presentan leves variantes:

—Herranz (1849) aún no ha incorporado las *ilativas,* que ya aparecen, sin embargo, en su obra de 1875;

—Boned añade a la lista anterior las *explicativas (esto es, es decir...);*

—Eguílaz y Caballero excluyen las *ilativas* e incorporan las *explicativas;*

—Giró excluye las *comparativas, finales* e *ilativas;*

—Fandiño elimina las *comparativas* e *ilativas;*

—Díaz-Rubio añade las *concesivas (aunque, sin embargo...)* y las *temporales (cuando...);*

—Lemus agrega las *temporales.*

---

[18] Estos co-autores sólo consideran conjunción copulativa *y.*

Basándose asimismo en el significado, Navarro había elaborado una original definición de las conjunciones:

> [...] sirven para enlazar o desunir palabras y palabras, frases y frases, oraciones y oraciones (pág. 119).

De acuerdo con esta descripción las divide en dos clases: conjunciones que «unen» *(copulativas, condicionales, causales, continuativas, finales, modales* y *temporales)* y conjunciones que «separan» *(disyuntivas, adversativas, distributivas* y *privativas).* Tal clasificación no la volvemos a encontrar en ningún otro autor de la época.

B) *Por su forma,* la GRAE (1854, 1870 y 1920) las divide en *simples (y, o, si, pero...)* y *compuestas (para que, por consiguiente...),* a las que también se les da la denominación de *modos conjuncionales* (Gómez de Salazar), *modos conjuntivos* (Blanco, Hermosilla Rodríguez, GRAE —1920—), *locuciones conjuntivas* (Sánchez Doblas) o *frases conjuntivas* (Pogonoski).

Con estas sencillas divisiones todos los autores citados (y otros que, por abreviar, omitimos) simplificaban en exceso la intrincada cuestión de la clasificación de las conjunciones, que afecta muy directamente a problemas de índole sintáctica, tales como el régimen y la dependencia entre las palabras del discurso. Bello había entrevisto la dificultad del asunto y lo resolvió tal vez demasiado drásticamente: incluyó en la categoría conjuntiva palabras que tenían como característica exclusiva la de unir elementos sintácticamente equivalentes y se guardó de llamar conjunciones a otros elementos que también enlazan palabras y oraciones, pero con la diferencia de que unen miembros sintácticos dependientes uno de otro (es decir, uno de ellos es término *regente,* y el otro término *regido).* Dice el autor venezolano:

> Las conjunciones carecen de régimen; ligando palabras, cláusulas u oraciones, no tienen influencia sobre ninguna de ellas (§ 1200).

Para Bello, pues, las únicas conjunciones existentes son las que nosotros denominamos hoy *coordinantes,* esto es, las *copulativas, disyuntivas, adversativas, causales* y *consecutivas* o *ilativas.* Las que actualmente llamamos *subordinantes* no son tales conjunciones para Bello, sino meros *adverbios relativos* [19]. Años después, Lenz criticó esta teoría al venezolano:

> Creo que es de todos modos conveniente usar [...] en la gramática castellana las denominaciones «*conjunción coordinante y subordinante*» [...], y restringir el nombre «adverbio relativo» a casos como *en el lugar donde, en el tiempo cuando* o *que,* etc. (pág. 505).

Pero no fueron únicamente objeciones lo que recibió Bello con esta revolucionaria clasificación; así, el prestigioso gramático filósofo Benot hizo suyas las teorías de Bello en este punto, y nos parece obvio que al pensador venezolano deba su restringida —aún más que la de Bello— clasificación de las conjunciones en *copulativas (y, e, ni, que), disyuntiva (o)* y *adversativas (pero, aunque...);* de las restantes conjunciones generalmente admitidas por los gramáticos escribe:

> No son [...] conjunciones propiamente dichas las llamadas *condicionales* [...], ni las llamadas *causales* [...], ni las *finales* [...] (pág. 130).

Todas ellas (las *condicionales, causales,* etc.) las incluye Benot en los que él denomina *nexos de oración-adverbio,* que parecen corresponderse con los *adverbios relativos* de que hablaba Bello.

Salleras parece ser el primero de los gramáticos del período que se apercibió de que era necesaria una separación entre conjunciones que regían elementos consiguientes y conjunciones que no los modificaban en absoluto; del criterio semántico se valió, en primer lugar, para diferenciar las conjunciones *copulativas* y *explicativas* (que expresan relaciones de homogeneidad) de las *disyuntivas* y *adversativas* (que expresan relaciones de heterogeneidad); en segundo lugar, el criterio sintáctico parece determinar la separación de estos grupos de las conjunciones *condicionales, causales* y *finales,* puesto que «expresan relación de dependencia»; pero en este segundo grupo incluye también las conjunciones *ilativas (por lo tanto...), continuativas (además...)* y *terminativas (por último...),* que en ningún caso influyen en el modo de las proposiciones subordinadas; por lo que volvemos a encontrarnos en el punto de partida, y nos quedamos sin saber a ciencia cierta si

---

[19]   Consúltese para esta cuestión B. Isaza, *La doctrina gramatical...,* págs. 137 y sigs.

Salleras atisbó la distinción entre conjunciones coordinantes y subordinantes.

En Galí, sin embargo, se observa ya sin duda la disociación a la que nos estamos refiriendo; divide las conjunciones en *coordinativas: copulativas* [20], *disyuntivas, adversativas* e *ilativas;* y *subordinativas: causales, condicionales, finales, temporales, concesivas* y *comparativas.* Después de Galí (recordemos que la obra que estudiamos de este autor vio la luz en 1891), notamos una considerable proliferación de gramáticos que comienzan a diferenciar inequívocamente las conjunciones coordinantes de las subordinantes; tal es el caso de Pérez Barreiro, Parral, Núñez Meriel, Rosanes, GRAE (1920) y Tamayo. Pero es Cejador quien abre un decisivo capítulo en la historiografía de la gramática española al diferenciar con nitidez la parataxis o coordinación (cuyo nexo viene determinado por las conjunciones de coordinación) de la hipotaxis o subordinación (introducida por las conjunciones de subordinación, entre otras partículas); su directa influencia en Lenz es reconocida por este mismo autor, quien en la clasificación de las conjunciones sigue fielmente a Cejador y su *Gramática de la lengua de Cervantes,* «el único tratado castellano de que dispongo en que se distinguen con claridad las conjunciones coordinantes de las subordinantes» (pág. 517).

---

[20]   Galí no incluye la partícula *que* entre las conjunciones copulativas, puesto que «sirve generalmente para enlazar oraciones subordinadas que desempeñan respecto de la principal el papel de sujeto o complemento» (pág. 78). En su ed. de 1920 la GRAE también excluye de las conjunciones copulativas esta partícula.

X

INTERJECCIÓN

Antes de establecer distinciones entre los autores que consideran la interjección como una «parte de la oración» o «clase de palabras», y aquellos que no la tienen como tal, es conveniente señalar que un número no despreciable de los gramáticos del período (tanto de un grupo como de otro) muestra ciertas reservas en referirse a la interjección como una «palabra», y prefieren denominarla con alguno de los siguientes términos:

«voz»: GRAE (1854, 1870 y 1920), Ovalle, Avendaño y Sanmartí;
«exclamación»: Fandiño y Rosanes [1];
«grito»: Pogonoski;
«exclamación, grito natural»: Suárez;
«expresión»: M. Fernández-A. Retortillo;
«signo»: Giró y Salleras;
«vocablo»: Hermosilla Rodríguez [2].

---

[1] Ya hemos mencionado (Segunda Parte, cap. I, sistema n.° 8) que S. Vicente cambia el tradicional nombre de la categoría *interjección* por el de *exclamación*.

[2] El término «vocablo» en Hermosilla Rodríguez sólo aparece al ocuparse de la interjección; en las definiciones de sustantivo (pág. 9), verbo (pág. 14) y conjunción (página 91) utiliza el término «palabra», y en las de adjetivo (pág. 11), pronombre (pág. 12), preposición (pág. 83) y adverbio (pág. 90) emplea «parte de la oración». Por tanto, no sería aventurado deducir que para este autor los términos «vocablo» y «palabra» no son totalmente sinónimos.

Este hecho parece conllevar una grave contradicción en el caso de aquellos autores que previamente habían identificado la interjección como una de las clases de palabras.

Veamos ahora, una vez anotada esta circunstancia, los dos grupos en que pueden distribuirse nuestros gramáticos, según consideren o no la interjección como una «clase de palabras» o «parte del discurso».

1. LA INTERJECCIÓN ES «PARTE DE LA ORACIÓN» O «CLASE DE PALABRAS». CRITERIOS SEGUIDOS PARA SU DEFINICIÓN

La generalidad de los autores integrantes de nuestra nómina defiende que la interjección es una parte de la oración, una de las categorías primarias, respetando con ello el ordenamiento que los gramáticos romanos efectuaron con las diversas clases de palabras (recordemos que los griegos o bien incluyen la interjección en la categoría adverbial, o bien la conceptúan como una palabra situada fuera del lenguaje racional). Siguiendo el procedimiento que hemos venido utilizando en las restantes partes del discurso, nos corresponde ahora analizar los diversos criterios a que se atiende en las definiciones de la interjección:

A) *Criterio formal:* aunque a la hora de dividir las partes del discurso por su estructura formal los distintos autores hablen de palabras *variables* (o *declinables*) e *invariables* (o *indeclinables*) —de cuya nómina forma parte la interjección—, son escasos los gramáticos que en la descripción de esta categoría se refieren a ella desde una perspectiva formal; únicamente López y Anguta y Nonell encabezan sus respectivas definiciones con la expresión «parte invariable de la oración», así como Muñiz y Lemus emplean la de «palabra invariable». Al margen de las fórmulas definitorias, encontramos alusiones a la estructura formal invariable de la interjección en Suárez (las interjecciones «no son palabras propiamente dichas [...] ni tienen accidente alguno gramatical», pág. 138) y en Vigas («[...] no están sujetas a las demás palabras ni por los accidentes gramaticales, que no tienen, ni tampoco por las preposiciones», págs. 80-81). En cualquier caso, el criterio morfológico no pasa de ser un factor suplementario y coadyuvante en las definiciones elaboradas para la interjección.

B) *Criterio semántico:* es el de mayor uso en las definiciones de los gramáticos que examinamos, que siguen por lo común las formulaciones de los latinos (la interjección significa un *affectum animi)* y de Correas y Villalón, entre otros, en la tradición española; del último es la siguiente descripción:

> [Las interjecciones] son unas bozes que pronunçiadas denotan el affecto interior del alma [3].

Las definiciones acogidas al criterio semántico puro podemos representarlas esquemáticamente:

la interjección	explica expresa significa	un afecto (los) afectos los afectos y movimientos una emoción o sentimiento algún sentimiento un movimiento, una impresión

del ánimo
del alma
de nuestro entendimiento.

El anterior esquema recoge de manera global las definiciones propuestas por Alemany, Pahissa, Ovalle, Arañó, Ruiz Morote, López y Anguta, Galí, Blanco, Yeves (1917), Hermosilla Rodríguez y Lemus. Los componentes de otro grupo de autores (GRAE —1854, 1870 y 1920—, Suárez, Sánchez Doblas, Sanmartí y Tamayo) no afirman exactamente que la interjección *expresa* algo, sino que somos los hablantes los que *expresamos* mediante la interjección las impresiones, los movimientos y las emociones o afectos de nuestro ánimo [4]; es decir, estos

---

[3] Villalón, *Gramática..,* pág. 49.
[4] Gómez Asencio recoge este mismo hecho en el período por él estudiado; vid. *Gramática...,* pág. 297.

gramáticos definen la interjección (frente a las demás palabras) con la vista puesta en el emisor y en la dependencia del lenguaje con respecto a aquél: a través de las interjecciones los hablantes podemos expresar nuestra interioridad (es la función *expresiva* o *emotiva* de que luego hablarán K. Bühler y R. Jakobson).

Independientemente de esta consideración, es posible formar una nueva serie con Suárez, Vigas y Pogonoski, quienes, valiéndose todavía del argumento semántico puro, especifican qué clases de afectos o sentimientos expresa (o expresamos con) la interjección. Son éstas, pues, fórmulas definitorias que intentan abarcar los distintos significados que muestran las interjecciones:

> [Interjección es] toda palabra que expresa *dolor, ternura, compasión, desesperación* o algún otro sentimiento del alma (Vigas, pág. 79).

La relación de autores que optan por un criterio semántico de finalidad es más reducida que la anterior: Herranz, Orío, Gómez de Salazar, Caballero, Díaz-Rubio, Nonell, J. F. Sánchez-A. Carpena y Muñiz manifiestan que la interjección «sirve para expresar los afectos del ánimo».

C) *Criterio sintáctico:* son raros los casos en que es utilizado este criterio para caracterizar la interjección; por otra parte, cuando aparece, se emplea simultaneándolo con el semántico (y, en ocasiones, con el formal). Parral representa quizá el único ejemplo en que es patente la utilización del punto de vista intraoracional:

> Palabra arrojada entre las demás del discurso, para expresar afectos o sentimientos (pág. 129),

definición en la que se entremezclan los criterios sintáctico (colocacional) y semántico (de finalidad). Dejando a un lado las definiciones, encontramos en otros autores breves referencias al lugar que ocupa la interjección en el discurso; así, la GRAE sostiene que pueden «entrar y colocarse entre otras dicciones de la frase (sin alterar su sentido, aunque no sin darle cierta energía), de donde les viene la denominación que llevan, del latín *interjectio,* de *inter,* entre, y *jacere,* echar, arrojar» (ed. de 1920, pág. 139; lo mismo en 1870, pág. 163) [5]; y a juicio de Hermosilla Rodríguez las interjecciones «pueden encontrarse entre cualquiera de las partes de otro concepto cabal» (pág. 92). Pero es Ovalle quien llega más lejos en esta cuestión al negar la independencia sintáctica propia de esta categoría:

> [Interjección es] *toda voz que significa una emoción o sentimiento,* cuya emisión se hace por partículas o frases que modifican el sentido de las palabras u oraciones a que afectan, por lo cual son verdaderos adjetivos (pág. 79).

La interjección ya no es, pues, para Ovalle una palabra que en nada altera el sentido de las demás entre las que va interpuesta (según veíamos en la GRAE —1870 y 1920—), sino una «partícula o frase» que *modifica* el significado de las mismas como cualquier adjetivo [6].

2. LA INTERJECCIÓN NO ES «PARTE DE LA ORACIÓN» O «CLASE DE PALABRAS»

Esta teoría se remonta en España al Brocense, quien negó que la interjección fuera una clase de palabras [7]. Basándose en razonamientos que varían de un autor a otro, tal teoría no dejó de contar con adeptos en la tradición española, ya por la influencia directa de Sánchez de las Brozas, ya por la de algunos gramáticos racionalistas de Francia (Condillac, Destutt de Tracy, etc.), igualmente partidarios de excluir la interjección del inventario de las clases de palabras.

Valcárcel es el primer gramático del período, en un orden cronológico, que descarta las interjecciones como elementos legítimos de las partes del discurso (aunque se sigue refiriendo a ellas como «palabras»):

---

[5] Dicha apreciación sintáctica no la hallamos en la ed. de 1854; vid. el cap. XV dedicado a la interjección, págs. 133-135.

[6] Un antecedente de esta inusitada doctrina podría hallarse en J. M. Calleja (1818), para quien la interjección es una de las palabras *atributivas,* junto con el adjetivo y el adverbio. Cf. J. J. Gómez Asencio, *Gramática...,* pág. 299.

[7] Vid. *Minerva,* págs. 50-51.

La interjección no pertenece a ninguna de las tres clases [sustantivas, modificativas y conexivas] en que hemos dividido las palabras. Es una palabra elíptica que envuelve por sí sola una proposición, porque sirve generalmente para expresar los varios afectos del ánimo (pág. 53).

Asimismo, la de Valcárcel es la primera gramática de las consultadas en que encontramos expresado de manera concluyente que la interjección es un sustituto de una oración [8]. Terradillos y Herráinz coinciden con Valcárcel en dos puntos:

1) excluyen la interjección de sus respectivos sistemas de clases de palabras, porque,

2) la interjección es una *oración* (proposición) elíptica (no una *parte* de la oración), ya que revela un pensamiento completo [9].

Navarro y Benot pueden quedar integrados en el presente grupo desde el momento en que defienden la equivalencia entre interjección y oración (si bien es cierto que Benot acepta dicha equivalencia con restricciones):

Navarro: «[La interjección] no es *parte* sino oración completa o *anéutesis interjeccional*» (pág. 69) [10].

Benot: «Las interjecciones, en cuanto expresan nuestros sentimientos, equivalen, hasta cierto punto, a las cláusulas; pero se diferencian de éstas en que regularmente sólo expresan de un modo vago fenómenos de la sensibilidad, y no de la inteligencia» (pág. 131).

Argumentos distintos a los de Valcárcel, Terradillos y Herráinz, esgrimen Boned y Giró para eliminar esta categoría de entre las partes de la oración:

---

[8] Los orígenes de esta teoría parecen hallarse en Vossius (1635) y J. Wilkins (1668). Vid. G. A. Padley, *Grammatical Theory...*, pág. 200, n.; I. Michael, *English grammatical...*, pág. 464.

[9] El único gramático del período que parece estar en contra de tan difundida teoría es Pérez Barreiro: «La interjección no es, como generalmente se repite, una oración abreviada. La oración es el acto de la comparación racional, comparación que, ni por asomo, existe en la interjección» (pág. 98).

[10] Adelantemos aquí que la mayor parte de la singular terminología utilizada por Navarro procede de Benot. Con *anéutesis* se está refiriendo a las oraciones no afirmativas (negativas, interrogativas, imperativas, interjeccionales...), que constituyen el anverso de las oraciones afirmativas o *tesis*.

> Boned: «[La interjección] no puede considerarse como parte de la oración y sí del discurso» (pág. 10).

> Giró: «[...] en todo rigor [...] no es una parte de la oración, sino un signo del lenguaje natural» (pág. 8, n. 1).

De las palabras de Boned parece desprenderse que la interjección, al ser considerada como una parte del discurso, equivale a una oración completa; sólo desde este punto de vista, según Boned, merece la interjección ser objeto de estudio gramatical. Giró, por el contrario, considera que el análisis de la interjección, como «signo del lenguaje natural» que es, no debe entrar en un tratado de gramática, cuyo objeto de estudio ha de centrarse en las palabras que significan por convención, esto es, en las palabras del lenguaje «artificial».

Fernández Monje, por último, tampoco inserta la interjección en la relación de las categorías de palabras, al igual que todos los gramáticos anteriores; pero se separa de ellos al dejar planteada una alternativa que no resuelve:

> Puesto que las interjecciones son signos de una sensación que todavía no es idea, o de un juicio apenas formulado, resulta que o son menos que palabras, esto es, sonidos articulados involuntarios; o son más que palabras, a saber, proposiciones elípticas (pág. 180).

A lo largo de este trabajo hemos tenido ocasión de documentar casos en que las opiniones reales —y a veces más acertadas— de determinados autores sobre ciertas cuestiones no eran defendidas por ellos de forma manifiesta, sino sólo tímidamente apuntadas; tales autores obran así llevados las más de las veces por los prejuicios que un excesivo respeto a la tradición gramatical les impone. En el capítulo de la interjección ocurre un fenómeno muy similar: son numerosos los gramáticos que no se deciden a eliminar la interjección de la nómina establecida para las partes de la oración, a pesar de su convencimiento expreso de que la interjección no es tal *parte,* sino una verdadera oración, aunque elíptica. Merece la pena transcribir las palabras de algunos de ellos:

> D. de Miguel: «[Las interjecciones] más bien que palabras, son oraciones elípticas o abreviadas» (pág. 51, n.).

latina, los gramáticos ya próximos al período que investigamos fueron distinguiendo dentro de la totalidad denominada Sintaxis tres secciones independientes: Concordancia, Régimen y Construcción, esta última ya separada definitivamente de la Sintaxis. No fue hasta 1835 cuando Gómez Hermosilla consideró que el estudio de las oraciones (de las «especies de oraciones») merecía un lugar digno en la estructuración de la Sintaxis, formando un apartado independiente como lo tenían las tres secciones antes señaladas [4]; su ejemplo, sin embargo, no fue seguido inmediatamente por los autores que son objeto de nuestro estudio, según se verá después.

Éstos son, *grosso modo,* los antecedentes con que contaban nuestros gramáticos en el problema de la estructuración de la Sintaxis. Pero antes de exponer los distintos tipos de ordenaciones sintácticas que nuestros tratadistas ofrecen, se impone dar cuenta de las definiciones que entre 1847 y 1920 se elaboraron para la Sintaxis, y de la delimitación de su objeto de estudio.

1. SINTAXIS

1.1. DEFINICIONES

Las más rudimentarias —y las que mayor imprecisión encierran— son aquellas que únicamente hacen referencia a la unión de las palabras entre sí, sin la más mínima alusión a la consecuencia que tal enlace de palabras conlleva en la lengua: la formación de oraciones. Constituyen, ciertamente, un escaso número las definiciones formuladas con este criterio:

> Núñez de Arenas: «[Sintaxis es] el arte de disponer y de coordinar las diferentes partes del discurso» (pág. 92).

> Pahissa: «[...] enseña el enlace que deben guardar entre sí las palabras» (pág. 116).

---

[4] Vid. J. J. Gómez Asencio, *Gramática...,* págs. 73 y 78.

Otras definiciones —en mayor número— que representan un paso más en la correcta determinación de la sintaxis se pueden sintetizar en el siguiente esquema:

la sintaxis nos enseña a	reunir combinar	las palabras para

expresar los pensamientos
formar la oración,

en el cual se engloban las definiciones propuestas por Herranz, S. Vicente [5], Arañó, Nonell, Cejador y Núñez Meriel. Formulaciones similares las ofrece una extensa relación de autores, con la única variante de que agregan al anterior esquema definitorio una «coletilla» de índole prescriptiva en la que se subraya que mediante la sintaxis los pensamientos deben ser expresados *con claridad, propiedad, exactitud,* etc. El esquema ahora quedará ampliado como sigue:

la sintaxis nos enseña a	construir combinar colocar coordinar ordenar enlazar	las palabras para

expresar traducir	los pensamientos	con claridad con propiedad con exactitud debidamente con fidelidad.

Los autores que pueden quedar comprendidos en tal esquema son: Valcárcel, Boned, Terradillos, Avendaño, Ruiz Morote, Commelerán, J. F. Sánchez-A. Carpena y Sánchez Doblas.

[5] La definición exacta de S. Vicente es: «parte de la gramática que prescribe las reglas que dirigen la coordinación relativa de las palabras, para expresar la correspondiente de las ideas» (pág. 66), donde de nuevo se observa la íntima relación que se pretendía establecer entre el orden sintáctico y el orden lógico.

Otros gramáticos prefieren definir la sintaxis de acuerdo con los contenidos que le asignan; el resultado es una definición analítica, abarcadora de las distintas divisiones que engloba la totalidad Sintaxis:

> [Sintaxis] es el orden y la dependencia que las palabras deben tener entre sí para formar la oración (GRAE —1854—, pág. 137).

Con el *orden* se hace referencia a la Construcción; con la *dependencia,* al Régimen y la Concordancia (las palabras concuerdan formalmente entre sí porque una de ellas «depende» de la otra: la dependencia lógica de las palabras se refleja en su concordancia formal). En las definiciones de D. de Miguel y Pogonoski se ve con mayor claridad la correspondencia entre la definición y la división de la Sintaxis:

> D. de Miguel: «[La sintaxis] enseña el enlace, dependencia y orden que tienen las palabras entre sí para formar la oración gramatical» (pág. 3).

> Pogonoski: «[...] estudia la *unión de las palabras,* su *subordinación* y su *uso* para formar la oración» (pág. 151).

De acuerdo con estas definiciones la Concordancia se ocupa del «enlace» y «unión» de las palabras, el Régimen de su «dependencia» y «subordinación» y, por último, la Construcción trata del «orden» y del «uso» de los vocablos en unidades mayores.

Hasta ahora hemos tenido ocasión de comprobar que todas las definiciones de Sintaxis se han venido formulando a partir de la unidad *palabra:* la Sintaxis tiene en común con la Analogía su estudio de la palabra, pero se diferencia de ella en que se ocupa de la palabra en tanto que combinada con otros vocablos. Algunos tratadistas del período intentarán cambiar esta perspectiva, y partirán de la unidad *oración* para proponer sus respectivas fórmulas definitorias; así, Fernández Monje, Orío y la GRAE (1870) coinciden en señalar que la sintaxis «enseña a conocer las proposiciones y a combinarlas en períodos» (Fernández Monje, págs. 197-198). Pero tan inexacto e insuficiente resulta definir la sintaxis por el simple enlace de las palabras entre sí como con la vista puesta únicamente en la oración. Ambas posturas extremas aparecen conciliadas en las gramáticas de Suárez, Galí, Blanco, Rosanes, Vigas, Hermosilla Rodríguez, Lemus y la Academia (1920), para quienes la tarea de la sintaxis es dar cuenta de cómo se enlazan las palabras en la oración y las oraciones en el período:

> «[La sintaxis] es una parte de la Gramática que trata de la colocación y del enlace de las palabras para formar la oración gramatical, y también de las oraciones entre sí para formar la oración compuesta o período» (Blanco, pág. 232).

1.2. ESQUEMAS DE ORDENACIÓN DE LA SINTAXIS

Ordenación primera

$$\text{Sintaxis o Construcción}\begin{cases}\text{Régimen}\\\text{Concordancia}\end{cases}$$

En tal estructuración aún se consideran sinónimos los términos *construcción* y *sintaxis*. De nuestros gramáticos, sólo Bello y Boned ordenan de esta forma la Sintaxis y hablan indistintamente de construcción o sintaxis:

> Bello: «[...] la concordancia y el régimen forman la construcción o sintaxis» (§ 6).

> Boned: «Tenemos dos distintas maneras de colocar las palabras; una según la *sintaxis* o *construcción natural* o *directa,* otra según la *inversa* o *figurada*» (pág. 54).

Ordenación segunda

$$\text{Sintaxis}\begin{cases}\text{Natural}^6\begin{cases}\text{Concordancia}\\\text{Régimen}\\\text{Construcción}^7\end{cases}\\\text{Figurada}\end{cases}$$

---

[6] La GRAE (1854), Orío, Gómez de Salazar y Sanmartí la llaman *regular* y Terradillos *propia.*

[7] O *coordinación* (Terradillos).

Es una de las que mayor acogida tuvo en el período; la recogen Giró, GRAE (1854 y 1870), Orío, Terradillos, Gómez de Salazar, Ruiz Morote y Sanmartí. Se presenta aquí la tradicional clasificación de la sintaxis en *natural* y *figurada* (vid. infra), división que posteriormente, según veremos, tenderá a desaparecer de las gramáticas. En la sintaxis figurada se estudian las llamadas *figuras de construcción:* elipsis, hipérbaton, silepsis, pleonasmo y enálage o traslación, esto es, aquellas licencias que «alteran» el orden lógico y natural de las frases.

Ordenación tercera

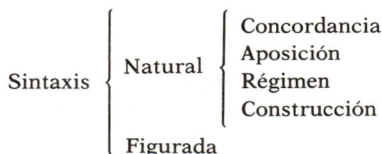

$$
\text{Sintaxis}
\begin{cases}
\text{Natural}
\begin{cases}
\text{Concordancia} \\
\text{Aposición} \\
\text{Régimen} \\
\text{Construcción}
\end{cases} \\
\\
\text{Figurada}
\end{cases}
$$

Parral es el único defensor de esta distribución de la Sintaxis; la única variante que presenta con respecto a la anterior reside en que agrega la Aposición en el apartado de la sintaxis natural: «Este modo tan sencillo de unirse las palabras ha sido desconocido en nuestros gramáticos» (pág. 136); señala que la aposición se da exclusivamente entre nombres sustantivos.

Ordenación cuarta

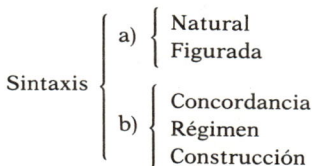

$$
\text{Sintaxis}
\begin{cases}
\text{a)}
\begin{cases}
\text{Natural} \\
\text{Figurada}
\end{cases} \\
\\
\text{b)}
\begin{cases}
\text{Concordancia} \\
\text{Régimen} \\
\text{Construcción}
\end{cases}
\end{cases}
$$

Es la defendida por Balmes, Herranz (1849), Fandiño, López y Anguta, Díaz-Rubio y J. F. Sánchez-A. Carpena. Ya no se incluyen la

Concordancia, el Régimen y la Construcción en la sintaxis natural; desde ahora comienza a tambalearse la sólida división que desde Linacre (1512) venía haciéndose de la Sintaxis *(justa* y *figurata);* la vacilación es manifiesta en algunos autores:

> Fandiño: «Las partes o principios fundamentales de la Sintaxis son: *Concordancia, régimen* y *construcción.* Divídese la Sintaxis en *regular* o *gramatical* y *figurada* o *ideológica*» (pág. 22).

Asimismo, para López y Anguta y J. F. Sánchez-A. Carpena las *clases* de sintaxis son regular y figurada, y los *principios* fundamentales de la sintaxis son la Concordancia, el Régimen y la Construcción. Se puede concluir que en esta ordenación se establece una doble división desde ópticas distintas: por un lado la Sintaxis puede ser natural y figurada; por otro, las partes o «principios» de la Sintaxis son la Concordancia, el Régimen y la Construcción. Parece, pues, que se sigue manteniendo la oposición *natural/figurada* por un movimiento de inercia, por no romper abiertamente con los dictados de la tradición.

La estructuración ofrecida por Pahissa observa cierto paralelismo con esta última, por lo que bien puede quedar incluida en este apartado:

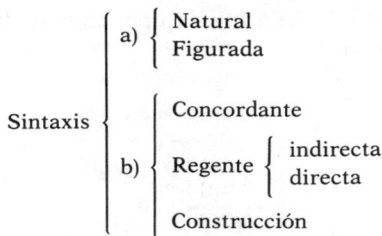

$$
\text{Sintaxis}
\begin{cases}
\text{a)} \begin{cases} \text{Natural} \\ \text{Figurada} \end{cases} \\[2ex]
\text{b)} \begin{cases} \text{Concordante} \\ \text{Regente} \begin{cases} \text{indirecta} \\ \text{directa} \end{cases} \\ \text{Construcción} \end{cases}
\end{cases}
$$

La diferencia esencial que se observa entre una y otra reside en esa subdivisión de la sintaxis regente en *indirecta* y *directa,* según aparezcan o no preposiciones entre la palabra regente y la regida (cf. con la Aposición de que hablaba Parral).

Ordenación quinta

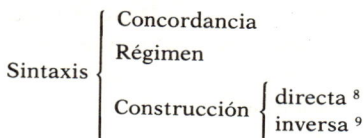

Sintaxis {
Concordancia
Régimen
Construcción {
directa [8]
inversa [9]
}
}

Es otra de las estructuraciones que cuenta con mayor número de partidarios: Núñez de Arenas, Alemany, Yeves (1862), Herráinz, Caballero, Arañó, Suárez, Galí, Úbeda, Pérez Barreiro, Rosanes, Vigas y Lemus. Obsérvese el trasvase habido en esta ordenación: si en la anterior primaban las dudas sobre la naturaleza y colocación de lo que se entendía por Sintaxis natural y figurada, en la presente clasificación los gramáticos se muestran decididos a insertar aquellas frecuentes «alteraciones» del orden lógico en la Construcción; de aquí el nombre genérico de *figuras de construcción*.

Ordenación sexta

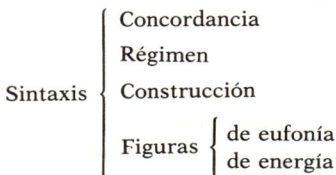

Sintaxis {
Concordancia
Régimen
Construcción
Figuras {
de eufonía
de energía
}
}

Es la ordenación seguida por Avendaño, quien vuelve a formar con las figuras una sección independiente dentro de la Sintaxis. Para este autor las figuras «de eufonía» son la aféresis, la síncopa, la apócope, etc., esto es, las tradicionalmente agrupadas bajo el título de *figuras de dicción;* las figuras «de energía» se corresponden con las que otros gramáticos denominan *de construcción:* hipérbaton, pleonas-

---

[8]　O *propia* (Alemany), o *gramatical* (Herráinz), o *natural* (Yeves —1862—, Caballero, Commelerán, Úbeda), o *regular* (Rosanes, Vigas).

[9]　Alemany, Yeves (1862), Caballero, Commelerán, Úbeda, Rosanes y Vigas la llaman construcción *figurada* y Herráinz *retórica*.

mo, etc. Parece evidente que no es la sintaxis el lugar más idóneo para estudiar las figuras «de eufonía». Así lo entendió Navarro (a quien también incluimos en este tipo de ordenación), que no trata de ellas en esta parte de la gramática, sino en la Analogía. Avendaño estudia, por otra parte, las frases, oraciones y cláusulas en un capítulo independiente de la sintaxis, encabezado con el título «De las palabras reunidas»; constituye un paso más en la merecida consideración que sólo posteriormente se dará al estudio de las unidades mayores que la palabra (vid. infra el paralelismo de esta estructuración con la establecida por Sánchez Doblas —ordenación novena—).

Ordenación séptima

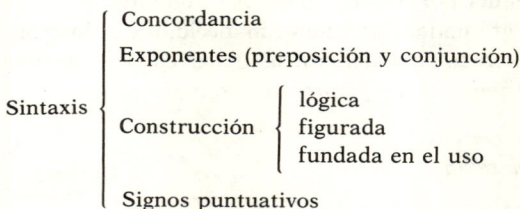

Sintaxis
- Concordancia
- Exponentes (preposición y conjunción)
- Construcción
  - lógica
  - figurada
  - fundada en el uso
- Signos puntuativos

Original clasificación la de Salletas:

a) con la preposición y la conjunción forma una parte de la sintaxis que se sitúa al mismo nivel que las tradicionales Concordancia y Construcción, y que sustituye en cierto modo al clásico Régimen; hay *exponentes* que expresan relaciones de subordinación y coordinación (las conjunciones *si, o,* etc.); *exponentes* que introducen complementos determinativos (la preposición *de),* etc.;

b) con respecto a la subdivisión del apartado Construcción, Salleras sigue (no sabemos si directa o indirectamente) a Du Marsais, quien distinguía entre construcción *natural, figurada* y *usual* [10]; según Salleras, el uso contradice a veces las reglas de las construcciones lógica y figurada y, en tal caso, mantienen prioridad las reglas dictadas por el uso: «En cuestiones de construcción, lo mismo que en todas las

---

[10] Vid. J. J. Gómez Asencio, *Gramática...,* pág. 77, n. 139.

demás gramaticales, el uso es juez supremo e inapelable el fallo de éste» (pág. 347);

c) Salleras es, que sepamos, el único gramático del período que incluye los Signos puntuativos (coma, paréntesis, punto...) entre las partes de la Sintaxis; su decisión nos parece altamente coherente, habida cuenta de que tales signos también marcan la relación entre palabras y oraciones.

Ordenación octava

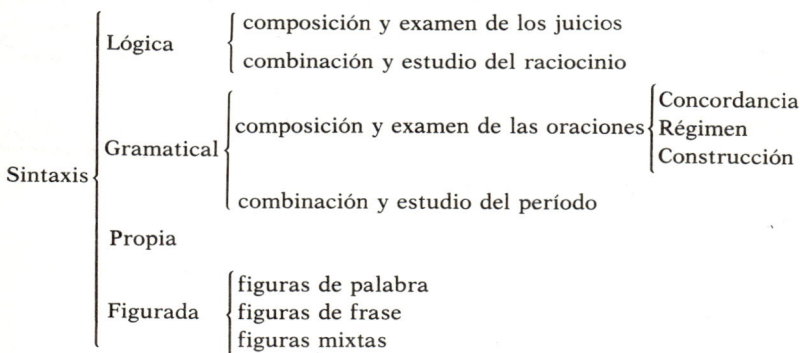

Fernández Monje, representante cabal de las ideas de la gramática filosófica, distingue entre Sintaxis Lógica —donde trata de conceptos (lógicos) tales como el juicio y el raciocinio— y Sintaxis Gramatical, cuyo objeto de estudio es la oración —donde trata de la Concordancia, el Régimen y la Construcción— y el período, nociones que se corresponden con las de «juicio» y «raciocinio» de la Sintaxis Lógica.

Al margen de esta división nuestro gramático filósofo establece otra: Sintaxis Propia y Sintaxis Figurada; a diferencia del resto de los autores, Fernández Monje estima que la sintaxis «natural» no se corresponde con la que él denomina sintaxis propia (recordemos que algunos tratadistas hablaban indistintamente de sintaxis *natural* o *propia),* sino con la figurada: «Algunos gramáticos llaman *sintaxis natural* a la que yo califico de *propia* o *lógica,* cuando suele suceder todo lo contrario

[...]» (págs. 235-236). Es decir, para Fernández Monje la sintaxis «natural» o «habitual» es la figurada, y basa su afirmación en el elevado índice de aparición con que cuentan las figuras en el lenguaje corriente, que convierte en normas las excepciones. En la sintaxis figurada nuestro autor trata de las figuras *de palabra* (prótesis, epéntesis, paragoge...), *de frase* (hipérbaton, elipsis...) y *mixtas* (onomatopeya y eufonía). Con respecto a las figuras *de palabra* cabe repetir aquí la observación ya mencionada (vid. ordenación sexta): no parece éste el lugar más apropiado para la inserción de tal tipo de figuras.

En la estructuración realizada por Fernández Monje es la primera vez que se afirma expresamente que el estudio de la oración merece constituir con todo derecho una de las partes de la Sintaxis. A partir de aquí la generalidad de los gramáticos, con mayor o menor decisión, insertará tal estudio entre las partes que legítimamente engloba la Sintaxis: sólo con el paso del tiempo el análisis de la oración será considerado primordial e irá desplazando los conceptos de sintaxis *natural, figurada, concordancia, régimen, construcción...* como únicos elementos básicos y constitutivos de la Sintaxis.

Ordenación novena

Sintaxis { Concordancia / Régimen / Construcción { directa / figurada } / Modismos }

Síntesis { Estudio de la oración / Estudio del período }

Sánchez Doblas, a pesar de ser un autor muy posterior en el tiempo a Fernández Monje, no ha sacado provecho de las enseñanzas de este último y no ha sabido incluir en la Sintaxis el estudio de las unidades mayores que la palabra. Ha sentido, sin embargo, la necesidad de dedicar un amplio capítulo al análisis de la oración y del período, y resuelve el dilema que confluye en él entre tradición e innovación consagrando un apartado especial al estudio de la oración y del período, apartado que designa con el título de *Síntesis:*

> La *Síntesis,* que estudia la oración considerada en su conjunto, reconstruye los elementos que el Análisis ha descompuesto y fraccionado; y la *Sintaxis* [...] no se contenta con estudiar los elementos reunidos, sino la manera de ordenarlos para que traduzcan con fidelidad el pensamiento (pág. 205).

En la Sintaxis, Sánchez Doblas añade el estudio de los Modismos o idiotismos como una parte más de ella, «aquellas maneras de decir que son propias y peculiares de cada idioma, las cuales no pueden trasladarse literalmente de una lengua a otra en buena sintaxis [...]» (página 244).

Ordenación décima

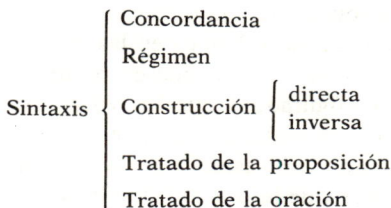

$$
\text{Sintaxis}
\begin{cases}
\text{Concordancia} \\
\text{Régimen} \\
\text{Construcción}
\begin{cases}
\text{directa} \\
\text{inversa}
\end{cases} \\
\text{Tratado de la proposición} \\
\text{Tratado de la oración}
\end{cases}
$$

En este esquema presentado por Eguílaz se observa cierta confusión en la terminología, si atendemos a las definiciones propuestas para proposición y oración. Define la proposición como la «reunión de palabras que expresa un pensamiento» (2.º cuad., pág. 57), y la oración como el «conjunto de palabras bien ordenadas con que expresamos un pensamiento» (2.º cuad., pág. 88). Resulta ciertamente dificultoso intentar hallar diferencias entre una y otra; de cualquier forma, los contenidos del Tratado de la proposición y del Tratado de la oración no coinciden en sus respectivos desarrollos teóricos: en el primer Tratado se ocupa del análisis del sujeto, del verbo y del atributo, así como de las clases de proposiciones (principales, incidentales, circunstanciales...); en el segundo Tratado estudia la oración considerada en sí misma (sustantiva, de activa, de pasiva...) y en relación con otras (simple y compuesta).

A pesar de estos puntos oscuros en la ordenación sintáctica de Eguílaz es preciso anotar en su favor el hecho de ser uno de los primeros autores de la historia de la gramática española que incluye con pleno derecho entre las partes de la Sintaxis el estudio de la oración.

Ordenación undécima

$$\text{Sintaxis} \begin{cases} \text{De la oración simple} \\ \text{De la oración compuesta} \\ \text{Regular} \\ \text{Figurada} \end{cases}$$

En la distribución que Blanco realiza de la Sintaxis seguimos siendo testigos de cómo paulatinamente se va concediendo mayor relevancia al análisis de la oración frente a la exclusiva consideración del ordenamiento de la frase que observábamos en las estructuraciones más primitivas, donde la Sintaxis era dividida en primer lugar atendiendo al *orden* («natural» o «figurado») que los vocablos presentaban en la oración. En Blanco, sin embargo, quedan todavía reminiscencias de aquella secular división: «El estudio de la Sintaxis se divide en dos partes, a saber: Sintaxis de la oración simple, y Sintaxis de la oración compuesta o período. También se divide la Sintaxis en regular y figurada» (pág. 232).

Ordenación duodécima

$$\text{Sintaxis} \begin{cases} \text{Tratado de la oración simple} \begin{cases} \text{Concordancia} \\ \text{Régimen} \end{cases} \\ \text{Tratado de la oración compuesta} \begin{cases} \text{Coordinación} \\ \text{Subordinación} \end{cases} \\ \text{Construcción} \begin{cases} \text{directa} \\ \text{inversa} \end{cases} \end{cases}$$

Núñez Meriel presenta una ordenación similar a la efectuada por Blanco, con la variante mínima de que restablece el tradicional término *construcción,* que aparece subdividido en dos clases atendiendo al orden de las palabras en la frase; como de costumbre, Núñez Meriel estudia las figuras de palabra en la Construcción inversa.

Ordenación decimotercera

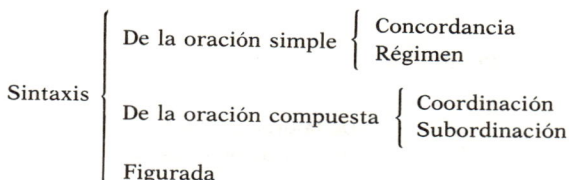

Sintaxis
- De la oración simple
  - Concordancia
  - Régimen
- De la oración compuesta
  - Coordinación
  - Subordinación
- Figurada

Cejador y Hermosilla Rodríguez son defensores de esta triple partición de la Sintaxis; en ella no se alude a la sección denominada Construcción, y este único detalle la separa de la ordenación inmediatamente anterior.

Ordenación decimocuarta

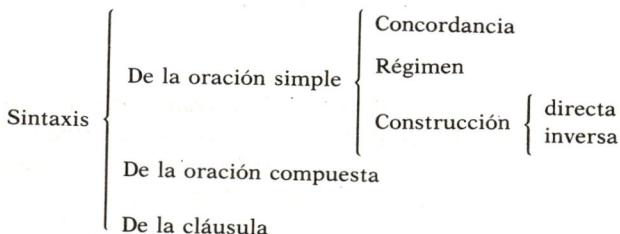

Sintaxis
- De la oración simple
  - Concordancia
  - Régimen
  - Construcción
    - directa
    - inversa
- De la oración compuesta
- De la cláusula

Al igual que Fernández Monje (vid. ordenación octava), Tamayo vuelve a considerar que la Construcción merece estudiarse en el Tratado de la oración simple: ni la elimina como parte de la Sintaxis, como hicieron Cejador y Hermosilla Rodríguez, ni le dedica un apartado

especial, como Núñez Meriel. La última parte de la Sintaxis, el estudio
de la cláusula, es la primera vez que aparece en las estructuraciones
que venimos exponiendo; por la definición que de ella da Tamayo («la
reunión de palabras que unidas ordenadamente expresan la idea, ence-
rrándola ya en un pensamiento, o en dos o más», pág. 238), parece
ser un concepto lógico que poco tiene que ver con la oración gramatical, ya que en ocasiones se corresponde con ésta, pero en otras es
un concepto algo más amplio que la oración compuesta.

Ordenación decimoquinta

Sintaxis { De la oración simple
{ De la oración compuesta

La división de la Sintaxis se ha simplificado de manera notable;
para la GRAE (1920), partidaria de esta ordenación, «el objeto de
la sintaxis es [...] el estudio de la oración compuesta» (pág. 167). Se
ha llegado definitivamente a considerar que la palabra es la unidad
que se debe estudiar en la Analogía, y que la oración es la unidad
de la que debe ocuparse la Sintaxis.

1.3. SINTAXIS «NATURAL» / SINTAXIS «FIGURADA»

La división de la sintaxis en *natural* y *figurada* responde a la necesidad en que se vieron los gramáticos de recoger en apartados distintos
aquellos hechos gramaticales que se correspondían con el orden de los
pensamientos y los que no observaban tal correspondencia. Desde el
momento en que la sintaxis se concibe desde el punto de vista de la
lógica, es preciso constituir una sección independiente con los hechos
de la lengua que no se atienen a ella: la sintaxis figurada. De manera
que la sintaxis *natural* (también llamada *regular, propia, lógica, directa, gramatical* y, más significativamente, *ordenada)* se considera sinónimo de «orden»:

[La sintaxis regular] exige rigurosamente el empleo de las reglas gramaticales sin sobra ni falta de palabras, y que guarden el debido orden que les corresponde. Es decir, que la palabra regente preceda a la regida, y que cuando hayan de expresarse dos o más cosas, una de las cuales deba o merezca ocupar puesto preferente respecto de la otra, ya por orden numérico, ya por cronológico, ya por dignidad, etc., no se altere este orden [...] (Gómez de Salazar, págs. 46-47).

La única sintaxis, pues, merecedora de tal nombre era en un principio la sintaxis natural. Su opuesta, esto es, la *figurada* (o *inversa,* o *retórica,* o *libre)* tal vez era considerada en inferioridad respecto de la sintaxis natural, habida cuenta de que no obedecía al orden lógico del pensamiento, de que era una «desviación» del mismo. Alguna vez, sin embargo, se dejan oír voces que reivindican para la sintaxis figurada la misma o mayor dignidad que para la sintaxis natural; así, Vigas escribe que la sintaxis figurada es «la más *importante,* corroborándolo el que la usamos *instintivamente,* aun en el lenguaje más sencillo, con preferencia a la regular que esclaviza» (pág. 89). Recordemos a este respecto que ya para Fernández Monje la sintaxis «natural», por ser la de más uso, era la figurada (vid. supra ordenación octava de la Sintaxis).

Las opiniones más corrientes estiman que la sintaxis figurada no es susceptible de ser sometida a reglas como la sintaxis natural (quizá de ahí que sea considerada de menor rango que ésta):

Ruiz Morote: «[La sintaxis figurada permite] invertir las palabras *arbitrariamente* según la importancia que tiene en el ánimo del que habla [...]» (pág. 53) [11].

Vigas: «Las palabras en la oración pueden estar colocadas según *reglas* determinadas, o *caprichosamente* combinadas. En el primer caso la Sintaxis se llama *regular* y en el segundo *figurada*» (pág. 89).

Contrariamente, no deja de haber autores que hablan de «reglas imprescindibles» para la sintaxis figurada:

[La sintaxis figurada] es la que para mayor elegancia y energía del lenguaje permite ciertas licencias que se llaman figuras, por las cuales se altera este orden, no caprichosa ni arbitrariamente, sino guardando ciertas reglas imprescindibles (Gómez de Salazar, pág. 47).

---

[11] El subrayado es nuestro.

Pero en ningún caso se especifica cuáles son esas reglas; únicamente se remite a los escritores clásicos y a los «buenos hablistas» para aprender el correcto uso de las figuras de sintaxis.

En el período que nos ocupa, la existencia de una sintaxis figurada (contrapuesta a una sintaxis lógica o natural) es aceptada por la generalidad de los gramáticos, ya sea abiertamente, haciendo con ella una parte de la Sintaxis en el cuerpo central de la gramática, ya sea de forma tácita, es decir, estudiando las figuras de construcción o sintácticas (hipérbaton, silepsis, pleonasmo, elipsis y enálage) en un capítulo aparte, sin constituir una de las grandes partes de la Sintaxis.

2. CONCORDANCIA

Las definiciones más elementales se limitan a señalar que la concordancia es el concierto que existe entre las palabras, sin entrar en más detalles:

> GRAE (1854): «[La concordancia establece entre las palabras] la correspondencia y conformidad debidas» (pág. 138) [12].

> Díaz-Rubio: «El conveniente concierto que tienen entre sí las palabras en la oración» (pág. 65).

Además de estos autores, sólo Herranz y Fandiño echaron mano de fórmula tan elemental. Más precisas y perfeccionadas, sin embargo, son las definiciones expuestas por la mayoría de los gramáticos, en las que ya se especifica que tal conveniencia o conformidad se produce *en los accidentes gramaticales* que son *comunes* a las palabras *variables:*

> S. Vicente: «[Concordancia] es la uniformidad de las palabras de terminación variable en sus atributos semejantes, para indicar la analogía de su enlace» (pág. 67).

> Tamayo: «[...] es la conformidad y correspondencia que tienen las palabras variables de la oración, conviniendo en los accidentes gramaticales que le [sic] son comunes» (pág. 181).

---

[12] Lo mismo en la GRAE (1870), pág. 169.

Este tipo de definición es el de mayor uso en la época. Otros autores tratan de detallar aún más la caracterización de la concordancia e introducen en sus formulaciones algunas precisiones como: a) entre qué palabras se da la concordancia, y/o b) en qué accidentes concuerdan tales palabras; es el caso de:

> Núñez de Arenas: «[...] el objeto de las reglas de *concordancia* es enseñar los casos en que artículos, adjetivos, pronombres y verbos han de tomar el género y número que los nombres a que se refieren» (pág. 93).

> Galí: «[...] la conformidad que en sus accidentes de género, número o persona, guardan entre sí las palabras variables» (pág. 103).

Citemos, por último, a Herráinz y Salleras, quienes, junto con Boned y Ovalle, entienden la concordancia como un aspecto de la *rección:*

> Herráinz: «[Concordancia es] la precisión que tienen ciertas palabras regidas de llevar terminaciones análogas a las de sus regentes» (pág. 65).

> Salleras: «La variación que sufre en su terminación la palabra regida según los accidentes de la regente» (pág. 244).

Ya hemos mencionado, al referirnos al orden lógico de las palabras en la oración, que para los gramáticos más cercanos a la tradición una determinada palabra observa concordancia formal con otra porque va «dependiendo» lógicamente (i. e., en el plano del pensamiento) de ella, y tal dependencia tiene su fiel reflejo en la conveniencia de accidentes gramaticales comunes en el plano de la expresión.

Si, como acabamos de ver, se da cierto acuerdo entre los gramáticos del período al definir la concordancia como el *concierto,* la *conveniencia,* la *conformidad,* la *uniformidad...* de accidentes gramaticales, no aparece tal homogeneidad de opiniones a la hora de decidir entre qué categorías gramaticales se establece la identidad formal ni cuáles son los accidentes (género, número o caso) que sufren las palabras concordantes, como veremos seguidamente.

2.1. DOS TIPOS DE CONCORDANCIA

Modalidad primera

1. De adjetivo con sustantivo (en género y número).
2. De verbo con sujeto (en número y persona).

Bello, Boned y Terradillos [13] son partidarios de considerar estas dos únicas posibilidades de relación en la concordancia, con leves variantes: Boned añade en 1 la concordancia de artículo con sustantivo y en 2 dice textualmente que el verbo concuerda con el nombre y el pronombre. A lo largo de este apartado iremos comprobando que los gramáticos dudan a la hora de escoger entre los términos *nombre, nominativo* y *sujeto;* las soluciones más acertadas se inclinarán por el de *sujeto,* puesto que es obvio que no todos los nombres de un determinado sintagma concuerdan con el verbo, antes bien el único nombre (o pronombre) que concierta con el verbo es aquel que funciona como sujeto. Giró se planteó la cuestión con una clarividencia que no encontramos fácilmente entre sus contemporáneos y que le permitió distinguir entre:

Modalidad segunda

1. Concordancia de las *partes de la oración:*
   a) de artículo con sustantivo y pronombre (en género y número);
   b) de adjetivo con sustantivo (en género y número).
2. Concordancia de los *miembros de la oración:*
   a) de verbo con sujeto (en número y persona);
   b) de atributo con sujeto (en género y número).

2.2. TRES TIPOS DE CONCORDANCIA

Modalidad tercera

1. De adjetivo (artículo, participio) con sustantivo (en género y número).
2. De sujeto (nombre, pronombre) con verbo (en número y persona).
3. De relativo con su antecedente (en género y número).

Es ésta una de las modalidades que más alto índice de frecuencia presenta en el período y la que goza de mayor tradición en la historiografía de la gramática occidental [14]. Con las variantes que se señala-

---

[13] Terradillos habla de *supuesto* en lugar de sujeto.
[14] Vid. G. A. Padley, *Grammatical Theory...,* págs. 51 y 218.

rán, tales especies de concordancia son reconocidas por Balmes, Núñez de Arenas (añaden la concordancia de *caso* en 1 y 3, y en 2 dicen *nominativo* por sujeto), Alemany, Gómez de Salazar, Caballero, GRAE (1854, 1870) (en 2 la Academia sustituye el término «sujeto» por *nombre),* Herráinz (introduce ciertas precisiones en 3: el relativo *que,* por ser invariable, no concuerda con su antecedente; *cual* y *quien* concuerdan sólo en número con el antecedente; y *cuyo* en género y número con el consiguiente), Úbeda, Vigas (añaden el *caso* en 1 y 3), Nonell (en 2 habla de *nominativo),* Sanmartí, Parral (agregan el *caso* en 1) y Ruiz Morote (añade el *caso* en 1 y 3, y la concordancia de persona en 3).

Un buen número de autores considera que la concordancia de relativo y antecedente (o consiguiente) no es sino una modalidad de la existente entre adjetivo y sustantivo y en ella la incluyen; pero siguen distinguiendo tres tipos de concordancia, bien porque establecen la de sustantivo con sustantivo (la llamada *aposición),* bien porque separan la de artículo con nombre de la tradicional concordancia adjetivo-nombre (modalidad quinta).

Modalidad cuarta

1. De sustantivo con sustantivo (en género y número).
2. De adjetivo con sustantivo (en género y número).
3. De verbo con sujeto (nombre, pronombre) (en número y persona).

Es propugnada por Ovalle [15], Suárez, Núñez Meriel, Tamayo (los tres últimos señalan que en 1 sólo se da la concordancia de *caso;* Suárez y Núñez Meriel añaden el *caso* en 2) y Sánchez Doblas.

Modalidad quinta

1. De artículo con nombre (en género y número).
2. De adjetivo con nombre (en género y número; pero vid. infra).
3. De verbo con nombre (en número) y pronombre (en número y persona).

---

[15] Recordemos que Ovalle incluía el verbo (excepto el verbo sustantivo) en la categoría del adjetivo; en este caso excluye expresamente el verbo de la concordancia 2.

Salleras establece estos tres tipos de concordancia, con las siguientes particularidades:

1.º separa la concordancia artículo-nombre de la tradicional adjetivo-nombre;

2.º introduce la observación de que sólo conciertan con el nombre los adjetivos de dos o tres terminaciones (y no todos los adjetivos, como se podía interpretar en las restantes modalidades);

3.º el verbo sólo concierta con el nombre en número, «por más que concierte en número y persona con el pronombre; puesto que la persona no es accidente que pueda convenir a los seres no personificados» (pág. 262).

Galí, con escasas variaciones (en 2 añade la concordancia adjetivo-pronombre; en 3 dice *sujeto* por nombre), acepta los tipos de concordancia señalados por Salleras.

2.3. CUATRO TIPOS DE CONCORDANCIA

Los gramáticos que, por una parte, admiten la innovadora separación entre las distintas concordancias de artículo-nombre y de adjetivo-nombre, y, por otra, se resisten a incluir en esta última la de relativo-antecedente, respetando la tradición, distinguen cuatro especies diferentes de concordancia:

Modalidad sexta

1. De artículo con nombre (en género y número).
2. De adjetivo con sustantivo (en género y número).
3. De verbo con sujeto (en número y persona).
4. De relativo con su antecedente (en género y número).

Es la modalidad presentada por Orío, Herranz (1875) (pero en 1849 sostenía que el relativo concordaba «a veces» con su antecedente en *caso;* también había concordancia de caso en 1 y 2), Fandiño, López y Anguta (agrega el *caso* en 1 y 2) y Pogonoski.

Modalidad séptima

1. De artículo con nombre (en género, número y caso).
2. De adjetivo con sustantivo (en género, número y caso).
3. De verbo con sujeto (en número y persona).
4. De pronombre con nombre (en género, número y caso).

Pahissa inserta la concordancia relativo-antecedente en 2 y añade una nueva posibilidad de concordancia entre el pronombre y el nombre (en frases como *padre mío),* que no había sido contemplada antes por ningún gramático.

Modalidad octava

1. De artículo con nombre (en género y número).
2. De nombre con nombre (?).
3. De adjetivo con nombre (en género y número).
4. De verbo con sujeto (en número y persona).

De igual manera, S. Vicente incluye la concordancia de relativo-antecedente en la de adjetivo-nombre, y distingue de nuevo en la aposición una de las modalidades de concordancia, sin especificar qué accidentes formales sufren los sustantivos relacionados de este modo.

Modalidad novena

1. De adjetivo (artículo) con nombre (en género, número y caso).
2. De nombre con nombre (en caso).
3. De verbo con sujeto (en número y persona).
4. De relativo con antecedente (en género y número).

Los defensores de esta modalidad insertan la concordancia de artículo-nombre en la de adjetivo-nombre, tal como se procedía en la tradición; adoptan estos cuatro tipos de concordancia Díaz-Rubio, Lemus, Pérez Barreiro y Rosanes (los dos últimos distinguen dos tipos de concordancia en 4: el relativo concuerda con su antecedente en género y número, mientras que conviene con su consecuente en género, número y caso).

Una última observación [16]: la gran mayoría de nuestros gramáticos deja entrever que el sustantivo es el condicionante de las variaciones de género y número (y persona, en el caso del verbo) que sufren las restantes partes de la oración. No ofrece dificultades llegar a tal corolario si atendemos a la forma en que estos autores redactan por lo regular los distintos tipos de concordancia existentes: el artículo, el adjetivo, el verbo... concuerdan *con* el sustantivo (o sujeto), el relativo concuerda *con* su antecedente (y consecuente). La siguiente cita de Pérez Barreiro puede servirnos para disipar cualquier género de dudas con respecto a la idea que mantenemos:

> [...] las [concordancias] comúnmente llamadas de *nombre y verbo,* deben con propiedad llamarse a la inversa de *adjetivo y sustantivo,* de *verbo y sujeto,* porque el sustantivo es la norma a que se ajustan o con que concuerdan el verbo y el adjetivo (págs. 281-282).

Estas palabras vienen a confirmarnos que la concordancia y el régimen, aunque aparezcan estudiados como fenómenos gramaticales independientes, mantienen una estrecha correspondencia. Los autores de que nos ocupamos dan por supuesto que el sustantivo es el elemento que determina los accidentes formales de las demás palabras que a él se refieren en la oración; tales variaciones no son sino el trasunto de una «dependencia» lógico-semántica de la palabra dominante en la oración: el sustantivo.

3. RÉGIMEN

En las gramáticas que aún se encuentran apegadas a los esquemas de las latinas se define el régimen prestando la mayor atención a las variaciones formales que sufren las palabras regidas; el régimen se entiende, pues, como una dependencia de casos por parte de la palabra «subordinada». Son ya escasos los autores que entre 1847 y 1920 echan mano de implicaciones formales en la caracterización del régimen:

> Pérez Barreiro: «*Régimen* es la causa de que ciertas palabras, llamadas *regidas,* vayan en forma determinada» (pág. 288).

---

[16] Que también encontramos en J. J. Gómez Asencio, *Gramática...,* págs. 70-71.

Asimismo, Balmes, Núñez de Arenas y Núñez Meriel podrían quedar incluidos en este reducido grupo de autores que consideran inseparables las nociones de régimen y variación formal. Dice Balmes:

«[Régimen] es cierta modificación que sufre una palabra según la relación de su significado al de otra» (pág. 284).

No sería aventurado añadir por nuestra parte que esta «modificación» a que se refiere el filósofo catalán es de carácter formal (vaya en su descargo la advertencia de que Balmes pretende escribir una gramática general, no exclusivamente española). Citemos, finalmente, a Pahissa:

[Regencia es] la fuerza necesaria que tienen las palabras para obligar a otras a significar con señalados accidentes (pág. 118).

Esta definición tiene en común con las anteriores su referencia inequívoca a la variación de accidentes que soporta la palabra regida; la separa de ellas, sin embargo, la perspectiva desde la cual se formula: mientras Balmes, Núñez de Arenas, etc. definen el régimen con la vista puesta en la palabra «regida», Pahissa procede a la inversa y toma como punto de referencia la palabra «regente» (seguidamente veremos que éste es un medio apenas utilizado en las restantes definiciones de régimen).

A lo largo del período podemos constatar cómo paulatinamente nuestros gramáticos se van desligando de la preocupación por la forma y comienzan a entender el régimen como *dependencia, relación, subordinación, trabazón,* etc. no formal, sino sintáctica y semántica. Las definiciones más elementales que en este sentido se formularon se limitan a señalar que tal dependencia se establece entre las palabras:

Sanmartí: «[Régimen] es la justa dependencia que tienen las palabras entre sí» (pág. 133).

Hay quien introduce la precisión de que tal relación o dependencia se produce en el marco de la oración:

Orío: «[Régimen es] la dependencia que tienen, unas de otras, las palabras en la oración» (pág. 114).

Y sólo un limitado número de autores extienden la noción de régimen a las oraciones, y dejan de ceñirse a la regencia entre palabras exclusivamente:

> Giró: «[Régimen es] el medio de que nos valemos para expresar las relaciones de dependencia, y consiste en interponer ya mediata ya inmediatamente alguna preposición o conjunción entre las palabras, miembros u oraciones cuya relación debemos expresar» (pág. 76).

Las conjunciones han llegado, pues, con pleno derecho junto con las preposiciones a integrarse entre las palabras que sirven de instrumentos o medios de régimen.

Sólo en algunos autores más modernos se percibe con mayor nitidez que el régimen se entiende ya como una complementación a la vez sintáctica y semántica, y no como una dependencia meramente formal:

> Galí: «[...] es la dependencia entre dos palabras de las que una completa la significación de la otra» (pág. 108).

Además de Galí, también Suárez, Blanco y Pogonoski conciben de la misma manera la noción de régimen, haciendo especial hincapié en dicha complementación de significado.

Todos nuestros gramáticos sin excepción convienen en distinguir entre palabras *regentes* y palabras *regidas*. Los desacuerdos surgen a la hora de dilucidar cuáles son las partes de la oración que rigen a otras, y cuáles las que son regidas por aquéllas. Las opiniones emitidas en uno y otro sentido ofrecen una variada gama que intentamos resumir a continuación:

a) *Palabras regentes:*

sustantivo, adjetivo, verbo, adverbio, preposición, conjunción, interjección (Suárez, Sanmartí);

sustantivo, adjetivo, verbo, participio, adverbio, preposición, interjección (Sánchez Doblas);

sustantivo, adjetivo, pronombre, verbo, participio, adverbio, interjección (Rosanes, Pogonoski);

artículo, nombre, pronombre, verbo, participio, preposición (Díaz-Rubio);

nombre, pronombre, adjetivo, verbo, participio, preposición (López y Anguta);

sustantivo, adjetivo, verbo, participio, adverbio (Úbeda, Vigas);

sustantivo, adjetivo, pronombre, adverbio, interjección (Blanco);

sustantivo, adjetivo, verbo, preposición, conjunción (Lemus);

sustantivo, adjetivo, pronombre, verbo (M. Fernández-A. Retortillo);
sustantivo, adjetivo, verbo (Núñez Meriel);
sustantivo, verbo, preposición (Parral);
sólo el verbo (Pérez Barreiro) [17].

Pese a tan considerable diversidad de opiniones, podemos llegar a establecer unas mínimas líneas generales que unifiquen a todos los autores citados: 1) el *sustantivo* y el *verbo,* salvo raras excepciones, son considerados como las palabras regentes por excelencia; 2) excepto en el caso de Díaz-Rubio, el *artículo* no se considera palabra capaz de regir a otras; son interesantes las razones aducidas por Pogonoski:

> [El artículo] es palabra de carácter *fragmentario,* tan fragmentario como el de la preposición y conjunción: por sí nada significa, es necesario que le acompañe el nombre o la palabra que haga veces de nombre, y esa relación que le liga a ella es muy otra que esta [de régimen] (pág. 156).

b) *Palabras regidas:*

sustantivo, adjetivo, pronombre, verbo, participio, adverbio, interjección (Pogonoski);
artículo, sustantivo, adjetivo, pronombre, verbo, adverbio (Blanco);
artículo, sustantivo, adjetivo, verbo, adverbio (M. Fernández-A. Retortillo);
sustantivo, pronombre, verbo (Suárez, Lemus) [18];
sustantivo, verbo (Pérez Barreiro);
sustantivo (o palabra sustantivada) (Úbeda, Parral, Sánchez Doblas, Núñez Meriel, Rosanes, Vigas).

Mayor acuerdo encontramos entre los gramáticos en la determinación de las palabras que pueden aparecer regidas en la oración; en el caso concreto del sustantivo tal unanimidad se acentúa, hasta el punto de que un no despreciable número de autores sostiene que el sustantivo (o cualquier palabra sustantivada) es la única parte de la oración que en el discurso puede ir determinada por las palabras regentes.

Díaz-Rubio y Suárez hablan, por otra parte, de *casos regentes* (nominativo y vocativo) y *casos regidos* (todos los demás), lo que resulta

---

[17] Añade este autor que «la preposición fue regente en las antiguas lenguas de flexión, y hoy lo es en la flexión pronominal» (pág. 289), y que la conjunción rige oraciones.
[18] Suárez y Lemus agregan que también la oración puede ser un elemento regido.

llamativo en el caso de Suárez (recordemos que la de Díaz-Rubio pretende ser una gramática general), que tan alejado de los presupuestos tradicionales se muestra en tantas otras ocasiones.

Respecto de los denominados *medios del régimen* existe casi absoluto acuerdo en considerar como tales la preposición y la conjunción, excepto en el caso de Blanco, quien estima que los medios de que se vale la lengua para expresar el régimen son la preposición, el verbo *ser,* los verbos intransitivos, la concordancia y «la íntima relación que puede haber entre dos ideas» (pág. 240). De nuevo encontramos en este autor la estrecha correspondencia que se asignó entre los fenómenos gramaticales del régimen y la concordancia.

4. CONSTRUCCIÓN

Hemos mencionado al comienzo del presente capítulo que los términos *construcción* y *sintaxis* habían sido originariamente denominaciones sinónimas y que los gramáticos occidentales los habían venido utilizando indistintamente para referirse a un mismo fenómeno gramatical; sólo Bello y Boned en el período que estudiamos identifican Construcción y Sintaxis y establecen para ambas disciplinas el objetivo común del estudio de las leyes del régimen y la concordancia. El resto de los gramáticos, por el contrario, considera que la Construcción no es sino una *parte,* un *aspecto,* un *modo,* un *principio* fundamental, una *regla* de la totalidad Sintaxis (junto a otras partes, aspectos, modos... de la Sintaxis, constituidos por el Régimen y la Concordancia), y en cualquier caso incluida en ella, nunca considerada independientemente.

Todos los gramáticos de la época convienen en definir la Construcción mediante términos de similar contenido significativo:

a)   la Construcción se ocupa del *orden* (de *colocación*) de las palabras en la oración: Balmes, Alemany, Orío, Herráinz, Caballero y Úbeda;

b)   es la *coordinación* (o *arreglo*) de las palabras en la oración: Fernández Monje y Ovalle;

c) trata de la *colocación* (y *arreglo*) (y *orden*) de las palabras en la oración (y en la frase): Pahissa, Terradillos, Gómez de Salazar, Avendaño, Salleras, Arañó, López y Anguta, Díaz-Rubio y Blanco.

Otros, con mayor acierto, entienden que la Construcción no se limita a la ordenación y colocación de las *palabras* en la frase y en la oración: también las unidades mayores que la palabra, i. e., las *frases* y *oraciones,* precisan de unas reglas de ordenación y colocación en el discurso, reglas cuya prescripción y determinación han de venir dictadas por la Construcción:

> Giró: «[La Construcción consiste] en el orden de colocación que deben guardar las oraciones, los miembros y las palabras» (pág. 80).

La misma precisión puede hallarse en Galí, Rosanes y Pogonoski. Quizá este último autor sea quien, de todos los estudiados, con mayor lucidez distinguió los varios tipos de construcciones:

> construcción de las palabras consideradas aisladamente;
> construcción de las palabras constituyendo frases;
> construcción de las palabras constituyendo oración gramatical;
> construcción de las oraciones constituyendo cláusulas.

Un reducido grupo (Herranz, Fandiño, Ruiz Morote, J. F. Sánchez-A. Carpena y Sanmartí) adopta la original definición que para la Construcción había confeccionado la Academia en la 4.ª ed. de su *Gramática* (1796):

> La *Construcción* de las partes de la oración es otra especie de dependencia que las une, no con tanta precisión como el régimen, sino con alguna mayor anchura y libertad; ya añadiendo unas, ya introduciendo otras entre las que van enlazadas por el régimen (pág. 326) [19].

En las eds. de 1854 (págs. 156-157) y 1870 (pág. 196) aparece reproducida literalmente la misma definición [20]. Los autores que así caracte-

---

[19]　Tomamos la cita de J. J. Gómez Asencio, *Gramática...,* pág. 53, n. 84.
[20]　Con la única variante de que en la ed. de 1870 la GRAE sustituye el término *dependencia* por el de *vínculo:* «La construcción de las partes de la oración es otra especie de vínculo que las une [...]» (pág. 196). No nos parece que tal sustitución de términos implique una concepción diferente de la Construcción.

rizan la Construcción parecen estar defendiendo que ésta no es sino una modalidad de régimen que consistiría en alterar el riguroso ordenamiento que deben observar tanto las palabras regentes como las regidas, añadiendo a la oración, por una parte, palabras «innecesarias» o, mejor, «accesorias» (v. gr., cualquier tipo de complementos); por otra, insertando estas mismas palabras entre la palabra regente y la regida, destruyendo así el orden lógico de la sintaxis «natural». Con esta concepción de la Construcción se está rozando el terreno de la sintaxis figurada (no en vano, según hemos tenido ocasión de comprobar al tratar de las distintas estructuraciones de la Sintaxis, un considerable número de autores traslada la tradicional oposición *natural/figurada* a la Construcción, antes en la Sintaxis); de aquí que no pocos tratadistas declaren que el objeto de la Construcción es «dar más energía a las oraciones, y aun hermosura al lenguaje» (J. F. Sánchez-A. Carpena, pág. 60).

II

LA ORACIÓN

1. DEFINICIONES

En el período que nos ocupa el término *oración* es definido ya como «expresión de un juicio» (constituido por un sujeto y un predicado), ya como «expresión de un pensamiento completo». Ambos tipos de definiciones se atienen, respectivamente, a criterios de índole lógico-sintáctica y semántica, y encuentran su origen en distintas etapas de la historiografía gramatical de Occidente:

a) *Oración = juicio = sujeto + predicado.* — Los primeros gramáticos españoles (Villalón, Sánchez de las Brozas, Correas) [1] conciben la oración como una estructura constituida por un sujeto (o nombre) y un predicado (o verbo). En Francia los representantes más autorizados de tal postura son Arnauld y Lancelot, quienes en su *Grammaire* identifican la construcción sujeto-predicado con el juicio o «proposición»:

> Luego de concebir las cosas por medio de nuestras ideas, las comparamos y, encontrando que unas se convienen entre sí y otras no, las unimos o sepa-

---

[1] Villalón: «Oraçion, es una composiçion de nombre y verbo y pronombre como de partes prinçipales [...]» (*Gramática...,* pág. 50); el Brocense: «La oración se constituye por el nombre y por el verbo [...]» (*Minerva,* pág. 110); Correas: «Orazion es la rrazon i sentido ó habla conzertada que se haze con nombre i verbo [...]» (*Arte de la lengua española castellana* (1625), cit. por J. M. Lope Blanch, *El concepto de oración en la lingüística española,* México, Universidad Nacional Autónoma de México, 1979, pág. 48).

ramos, lo que recibe el nombre de *afirmar* o *negar* y, en general, *juzgar*. El juicio se llama también proposición y a primera vista podemos darnos cuenta de que debe tener dos términos: uno del que se afirma o niega, llamado *sujeto,* y otro lo que se afirma o niega, llamado *atributo* o *proedicatum* [...] [2].

En la época que estudiamos forman un considerable número los autores que, respaldados por esta tradición, caracterizan la oración como un «juicio expresado con palabras»:

> Boned: «Cuando expresamos un juicio con palabras formamos lo que en gramática se llama proposición u oración» (pág. 9).

Podrían engrosar la anterior relación Valcárcel, Fernández Monje, Ovalle, Orío, Terradillos, Salleras, López y Anguta, Suárez, Blanco, Rosanes, M. Fernández-A. Retortillo y GRAE (1920).

Casi en la misma proporción encontramos otro abultado grupo de gramáticos que definen la unidad oracional como la «expresión de un pensamiento», formulación que resulta más vaga y ambigua que aquella que identificaba la oración con la expresión del juicio. Los autores en cuestión son Giró, Eguílaz, Caballero, Arañó, Fandiño, Ruiz Morote, Commelerán, Galí, Úbeda, Gisbert, Parral, Núñez Meriel, Pogonoski y Lemus. ¿A qué se refieren tales gramáticos cuando hablan de «pensamiento»? Para responder satisfactoriamente a esta cuestión nos puede resultar útil exponer de forma previa las definiciones que de oración elaboraron algunos tratadistas ya citados:

> S. Vicente: «*Toda oración* es un pensamiento o un juicio expresado» (página 80)

> Rosanes: «Oración gramatical es la palabra o agregado de palabras con que expresamos un juicio o pensamiento» (pág. 326).

No parece arriesgado deducir de tales formulaciones que los términos *juicio* y *pensamiento* se consideran sinónimos y que, por consi-

---

[2] «*Gramática general...*», págs. 143 y 183. A partir de la *Grammaire générale et raisonnée* la sintaxis se impregna especialmente de presupuestos lógicos, tal como afirma N. Drăganu: «D'ora in poi, fino alla fine del xviii sècolo, la sintassi è andata di pari passo con la logica» (*Storia della sintassi generale,* Bologna, Casa Editrice Pàtron, 1970, pág. 22).

guiente, Giró, Eguílaz, Caballero, etc. prefieren utilizar el término *pensamiento* en lugar de *juicio*. Las palabras de Terradillos vienen a confirmar nuestra interpretación:

> *Juicio* y *pensamiento* se toman en gramática como sinónimos [...] (página 34, n. 1) [3].

Tal hipótesis nos permitiría insertar a este grupo de autores entre aquellos que se sitúan en la línea de la gramática filosófica francesa, es decir, entre los que sostienen que no existe oración gramatical sin los elementos constitutivos sujeto-predicado. Esta corriente de opinión ha llegado hasta nuestros días; por poner sólo un ejemplo, traemos aquí las autorizadas palabras del profesor Alarcos:

> Gramaticalmente, en [*el niño come*] y en [*el niño come uvas*] no tenemos más que un *sujeto* y un *predicado,* conectados por la relación predicativa que es la que constituye toda oración [...] [4].

b) *Oración = pensamiento completo.* — Frente a las definiciones anteriores, basadas esencialmente en la estructura lógico-sintáctica de la oración, la tradición gramatical de Occidente ofrece otra alternativa para la caracterización de esta unidad sintáctica; tal alternativa se fundamenta exclusivamente en el contenido semántico de la oración, prescindiendo de otras consideraciones. Estas definiciones de carácter semántico surgen en la antigüedad griega con Dionisio de Tracia:

> La oración es una unión de palabras que tiene un sentido concreto [5].

Las descripciones semánticas de la oración, alternando con las de tipo lógico-sintáctico, se mantuvieron vigentes a lo largo de la tradición hasta llegar a los siglos xix y xx:

---

[3] Sánchez Doblas parece ser el único autor que establece diferencias entre *juicio* y *pensamiento* (vid. § 1.1.).

[4] E. Alarcos Llorach, «Verbo transitivo, verbo intransitivo y estructura del predicado», en *Estudios de gramática...,* pág. 111.

[5] Apud H. Arens, *La lingüística. Sus textos y su evolución desde la antigüedad hasta nuestros días,* vol. I, Madrid, Gredos, 2.ª ed., 1975, pág. 41.

Pahissa: «Frase [= oración] es la reunión de palabras que declaran un sentido perfecto» (pág. 120).

Gómez de Salazar: «[...] dos o más palabras, y a veces una sola con que se expresa un concepto cabal» (pág. 15).

A estas opiniones se adhieren Herranz, Díaz-Rubio, Nonell, J. F. Sánchez-A. Carpena y Aguilar, además de la GRAE (1854 y 1870).

Algún autor elabora su definición oracional mediante una doble caracterización, esto es, utilizando simultánea y complementariamente los criterios semántico y lógico-sintáctico:

Tamayo: «[...] es la enunciación completa de un pensamiento expresado mediante la unión de un predicado con un sujeto» (pág. 170).

Los antecedentes de este tipo de definiciones híbridas o compuestas son relativamente numerosos en la tradición española; citemos como botón de muestra a Salvá, quien define la oración apelando, por una parte, a su contenido semántico [6], y, por otra, refiriéndose siempre al *supuesto* y al *verbo* como elementos necesarios de la estructura oracional [7].

Las diferencias existentes entre los autores que integran los apartados a) y b) quedan de manifiesto en la desigual actitud que adoptarían ante grupos de palabras del tipo *cuyo padre es médico, de la que te hablé ayer,* etc. Para los gramáticos del apartado a) tales conjuntos de palabras constituyen una oración, habida cuenta de que constan de un sujeto y un predicado, elementos imprescindibles de la estructura oracional; contrariamente, en opinión de los gramáticos del grupo b) no se puede hablar de oraciones en tales casos, puesto que el sentido queda incompleto en las enunciaciones citadas, que presuponen un texto más amplio en que quedarían enmarcadas.

Hasta 1920 no encontramos una crítica seria a ambas posturas extremas por parte de Lenz, quien considera que tanto las definiciones basadas en criterios semánticos (sólo se da la oración cuando las palabras forman sentido completo) como lógico-sintácticos (sólo hay ora-

---

[6] V. Salvá, *Gramática...,* pág. 99.
[7] V. Salvá, *Gramática...,* págs. 49 y 109. Para los antecedentes de este tipo de definición véase J. M. Lope Blanch, *El concepto de oración...,* págs. 53-55.

ción si aparecen el sujeto y el predicado) carecen de validez lingüística, porque:

—de una parte, por ejemplo, «la enumeración de los días de la semana tiene un sentido completo; pero no es una oración» (pág. 39);
—de otra, a una expresión como *¡qué hermosa noche!,* en la que no aparece el verbo, Lenz la considera oración.

Y a continuación ofrece la definición que, a su entender, conviene al concepto oracional:

> La expresión fonética (o lingüística) de la descomposición intencional de una representación total en sus elementos lógicamente relacionados (pág. 48);

formulación que se atiene a un criterio psicológico y en la que prescinde de consideraciones de índole semántica o sintáctica.

1.1. DEFINICIONES QUE DISTINGUEN ENTRE PROPOSICIÓN/ORACIÓN

Bello es el primero de los gramáticos estudiados que estableció la distinción entre proposición (unión de un sujeto y un «atributo») y oración (unidad de sentido completo, que puede estar formada por una o más proposiciones):

> El sujeto y el atributo unidos forman la *proposición* (§ 35).

> Se llama *oración* toda proposición o conjunto de proposiciones que forman sentido completo [...] (§ 308).

El gramático americano considera las características lógico-sintácticas frente a las conceptuales, consideración que le permite establecer la distinción entre dos clases diferentes de unidades lingüísticas, esto es, la *proposición* y la *oración*. Después de Bello, y bajo su directa influencia, Avendaño introduce en su teoría gramatical la misma antinomia proposición/oración basándose en idénticos criterios:

> [Proposición es] la manifestación de un juicio por medio de palabras (página 56).

> [Oración, frase o cláusula es] una o varias proposiciones que forman un sentido perfecto (pág. 64).

En la siguiente cita de Sánchez Doblas pueden rastrearse ciertas huellas de la teoría de Bello:

> [...] suelen hacerse sinónimas las voces *oración* y *proposición;* pero entre estas dos expresiones debemos establecer la misma diferencia que se establece entre los conceptos de juicio y pensamiento, puesto que la *oración* es la expresión oral del pensamiento, así como la *proposición* es la enunciación oral del juicio (pág. 280).

Benot retoma la distinción que estamos tratando, aunque la terminología que utiliza difiere notablemente de la habitual entre sus contemporáneos; así, habla de dos tipos de «combinaciones elocutivas» —que podrían equipararse con la noción que Bello tenía de proposición, i. e., la composición de sujeto y predicado—:

—de sentido cabal e independiente: a) *tesis:* su objeto es afirmar (p. ej., *esos hombres miran al mar*); b) *anéutesis:* su objeto es distinto de la afirmación (*¿no miran esos hombres al mar?, mirad al mar,* etc.);

—sin sentido cabal ni independiente, a las que denomina oraciones *(que monte a caballo..., no bien cobres...).*

De otra parte, la «combinación de combinaciones con sentido cabal e independiente» (pág. 87) constituye lo que Benot llama la *cláusula,* noción que se corresponde con el concepto de oración que veíamos en Bello.

En la misma línea de opinión se inserta Herráinz, quien, con menor complejidad terminológica que Benot, ya había distinguido antes que éste entre oración y cláusula:

> [Oración es] la expresión oral de un juicio (pág. 54).

> [Cláusula es] la expresión de un pensamiento completo (pág. 62).

En opinión de los autores que integran este apartado, por consiguiente, el nombre de *oración* (*cláusula* en Herráinz y Benot) únicamente corresponde a un enunciado independiente, no incluido en otro, y con sentido cabal, sin que cuente el número de combinaciones sujeto + predicado que lo forman, combinaciones que son denominadas *proposiciones* (*oraciones* en Herráinz, *combinaciones elocutivas* en Benot).

Esta distinción ha sido acogida y revalidada por la inmensa mayoría de los gramáticos españoles actuales [8], salvo algunas opiniones en contra.

2. ELEMENTOS IMPRESCINDIBLES DE LA ORACIÓN

Al tratar de la estructura oracional, en el siguiente capítulo estudiaremos con más detalle cuáles son las categorías gramaticales que nuestros autores consideran imprescindibles para formar la oración. Por el momento nos limitaremos a señalar (puesto que en las definiciones de oración se hace referencia a ello) que los tratadistas del período se pueden integrar en dos grandes grupos, según la actitud adoptada ante la cuestión:

1.º Partidarios de considerar la estructura oracional constituida necesariamente por dos o más palabras: GRAE (1854), Fernández Monje, Eguílaz, Pahissa, Orío, Terradillos, Arañó, López y Anguta, Suárez, Úbeda, Nonell, Parral, Núñez Meriel, Pogonoski y Tamayo. Todos ellos definen la oración como «dos o más palabras» o «el conjunto de palabras» que expresan bien un juicio, bien un concepto cabal. A esta nómina podría añadirse la totalidad de autores que identifican la noción gramatical de *oración* con la noción lógica de *juicio,* ya que éste no es sino la combinación mínima de dos palabras: el sujeto y el predicado. Si alguno de estos elementos que son considerados indispensables no aparece expreso en la secuencia oracional (como es el caso de las oraciones unipersonales, o de las interjecciones —que, como se vio en su lugar, hay quien las considera equivalentes de oraciones—), se recurre al procedimiento de la elipsis:

> López y Anguta: «[...] la oración gramatical no puede expresarse con una sola palabra, sino supliendo otra u otras por la figura de la elipsis [...]» (pág. 65, n. 1).

---

[8] Sobre todo a partir de la publicación de la *Introducción a la gramática* de J. Roca Pons en 1960, según defiende J. M. Lope Blanch, *El concepto de oración...,* págs. 10, 21-22 y passim. G. Rojo, sin embargo, califica de «totalmente innecesaria» la distinción entre proposición y oración, en *Cláusulas y oraciones,* anejo 14 de *Verba,* Universidad de Santiago de Compostela, 1978, pág. 36; vid. especialmente el cap. 2, «Oración *versus* proposición», págs. 27-36.

2.° Autores que defienden la existencia de oración aun en el caso de que ciertas expresiones sean indivisibles en los dos miembros *sujeto* y *predicado:* Bello, Herranz, Giró, Gómez de Salazar, GRAE (1870 y 1920), Fandiño, J. F. Sánchez-A. Carpena, Aguilar, Navarro, Sanmartí, Rosanes, Benot, Vigas y Lemus. Para estos gramáticos la oración es la expresión de un juicio o de un pensamiento completo por medio de «una o más palabras». Por regla general, todos ellos admiten que si alguna palabra es absolutamente precisa para que se pueda hablar de oración, ésa es el verbo:

> Bello: «La proposición puede carecer de sujeto; de atributo [= predicado] nunca [...]» (§ 729).

> Herranz (1849): «[El verbo] es la [parte del discurso] más esencial para formar oraciones» (pág. 72).

La vacilación en algunos autores es manifiesta; p. ej., Galí, después de afirmar que la oración está formada por *«dos o más palabras* que convenientemente enlazadas expresan un pensamiento»* (pág. 7), se contradice más adelante al definirla por segunda vez como *«una o más palabras* que expresan un pensamiento» (pág. 99) [9].

3. UNIDADES MAYORES QUE LA ORACIÓN: CLÁUSULA Y PERÍODO

Al margen de los autores que hablan de *cláusula* como sinónimo de *oración* (Avendaño y Aguilar entre otros), hallamos gramáticos para quienes la cláusula no es sino un «conjunto de oraciones con sentido completo», distinguiendo, pues, nítidamente entre los conceptos de *oración* (expresión de un juicio = combinación de S + P) y *cláusula* (conjunto de juicios que forman sentido completo = oración compuesta); es el caso de Herráinz, Salleras y Núñez Meriel, que establecen la siguiente correspondencia entre determinadas nociones pertenecientes a la lógica y a la gramática:

---

[9] Subrayamos nosotros en las dos citas.

LÓGICA	GRAMÁTICA
idea	*palabra*
juicio	*oración*
raciocinio	*cláusula*

Basándose en este paralelismo lógico-gramatical Salleras puede afirmar que «todo signo representativo de una idea, se llama *palabra,* así como la expresión de un juicio toma el nombre de *proposición* u *oración* [10], y la de un raciocinio o de varios juicios relacionados, el de *cláusula* o *período*» (pág. 33) [11]. Más numerosos son los gramáticos que se sirven simultáneamente del término *cláusula* en los dos sentidos, es decir: 1.°) como sinónimo de oración, y 2.°) como conjunto de oraciones; así lo había entendido Villalón y así lo entienden Orío, Galí, Blanco, Sánchez Doblas, Cejador, Benot, Pogonoski y Lemus, quienes se mantienen en la opinión de que la cláusula puede estar constituida ya por una sola oración, ya por varias, con la única condición de que tales agrupaciones de palabras han de tener *completo sentido:*

> Pogonoski: «*Cláusula* es una oración o reunión de oraciones que dan a conocer un pensamiento *completo.* De manera que una oración puede constituir cláusula, y una agrupación de oraciones formarán también cláusula si expresan por completo un pensamiento» (pág. 151).

Según el número de miembros u oraciones que integren las cláusulas, los distintos autores hablan de cláusulas *monomembres, bimembres* y *polimembres;* Cejador prefiere hablar de cláusulas *simples* (formadas por un solo juicio) y *compuestas* (por dos o más juicios).

El término *período* es para algunos sinónimo de *cláusula* (Orío, Salleras, Sánchez Doblas, Núñez Meriel) y los utilizan indistintamente; ya vimos en la n. 11 que Fernández Monje en ningún caso emplea el término *cláusula,* sino el de *período,* como sinónimo de «oración compuesta». En cambio, un reducido grupo de gramáticos parece entender el *período* como una unidad sintáctica de mayor amplitud y extensión que la cláusula:

---

[10] Estos dos términos aparecen sin subrayar en el texto original.
[11] La misma teoría puede hallarse en Fdez. Monje (págs. 43-44), aunque este autor no utiliza el término *cláusula,* sino *período.*

Período es una reunión de oraciones y de cláusulas agrupadas en torno de un pensamiento capital (Pogonoski, pág. 151).

Terradillos y Aguilar, por otra parte, conciben el *período* como una especie o clase de cláusulas:

[Período es] una cláusula compuesta de dos partes, la una que expone lo primordial del pensamiento *(principio)* y la otra que lo completa *(conclusión)* (Terradillos, pág. 62).

[...] es la cláusula en que las oraciones principales están enlazadas por conjunciones relativas, o por las voces *cuanto, donde, cuando,* denominadas *conjuntivas* (Aguilar, pág. 98).

Ambos autores identifican, pues, *cláusula* y *período* con ciertas restricciones; tales restricciones nos obligan a no incluir a Terradillos y Aguilar con algunos citados más arriba (Orío, Salleras, etc,), quienes identificaban plenamente los conceptos de cláusula y período.

4. EL PROBLEMA DE LA TERMINOLOGÍA: SINÓNIMOS DE «ORACIÓN»

A lo largo de la tradición española el término más usual para designar a la expresión predicativa simple (o a la expresión con sentido cabal) ha sido el de *oración.* Los gramáticos que publican sus obras entre 1847 y 1920 no constituyen un caso aparte, de manera que éste es el vocablo que con más alto índice de frecuencia aparece en sus tratados de gramática, en alguno de los dos sentidos señalados antes. Sin embargo, podemos hallar en la época otras denominaciones sinónimas de *oración;* estas mismas denominaciones que algunos autores hacen coincidir con la voz *oración* son tomadas por otros con una significación más amplia o más restringida, por lo que la polisemia de los distintos vocablos complica la cuestión terminológica. Procederemos repasando brevemente y por separado los tres términos *(proposición, frase* y *cláusula)* que con mayor frecuencia han sido empleados en la época que nos ocupa: a) como sinónimos de *oración,* y b) como vocablos distintos de *oración:*

1) PROPOSICIÓN:

a) Se sirven del término *proposición* como sinónimo de *oración:* Valcárcel, Boned, Fernández Monje, Eguílaz, Ovalle, Terradillos, Salleras, Fandiño, Suárez, Galí y Gisbert.

b) Los términos *proposición* y *oración* dejan de ser intercambiables en Bello, Avendaño, Sánchez Doblas y Benot: mientras la proposición únicamente exige la combinación S + P, para constituir la oración se necesita, además, la expresión de un pensamiento completo.

Núñez Meriel identifica la proposición con el período o cláusula, es decir, con la oración compuesta; su concepto de proposición es, pues, más amplio que el de la generalidad de sus contemporáneos.

2) FRASE:

a) Fernández Monje, Pahissa y Avendaño alternan los nombres de *frase* y *oración,* sin establecer la más mínima variación de significado entre ellos [12].

b) Pero la *frase* es considerada una unidad sintáctica menor que la oración por Bello, Ovalle y Pogonoski, si bien cada uno de ellos mantiene su propia concepción de la frase:

En opinión de Bello «un sustantivo con las modificaciones que lo especifican o explican forma una *frase sustantiva* [...], un verbo con sus respectivas modificaciones forma una *frase verbal;* un adjetivo con las suyas una *frase adjetiva;* y un adverbio una *frase adverbial*» (§ 83);

Ovalle declara que con las frases «se expresa una idea o una modificación; son, pues, *sustantivas* o *adjetivas*» (pág. 80); las frases sustantivas están constituidas por el sustantivo y sus modificadores, así como el adjetivo y el verbo con sus respectivas modificaciones forman las frases adjetivas [13];

Pogonoski ofrece una definición de *frase* muy similar: «es toda reunión de palabras unidas entre sí, que expresan una idea; pero no un pensamiento completo» (pág. 151); sin embargo, a diferencia de Bello y Ovalle, sólo habla de *frases adverbiales (a hurtadillas...)* y *frases conjuntivas (ya que...).*

---

[12] Como sinónimo de oración aparece el vocablo *frase* en el *Diccionario...,* de Fernando Lázaro Carreter, s. v. *Frase,* pág. 198.

[13] Recordemos una vez más que Ovalle considera el verbo incluido en la categoría adjetiva.

Una significación parecida tiene el término *frase* para Benot y Navarro; así, hablan de *sustantivos-frase, adjetivos-frase, verbos-frase,* etc.

Una nueva acepción de *frase,* esta vez en el sentido de «locución», encontramos en Aguilar: la frase «no designa precisamente la cláusula entera, sino las expresiones particulares de que consta, en especial aquellas en que se halla algún modismo o idiotismo, esto es, alguna locución peculiar del idioma» (pág. 98).

3) CLÁUSULA:

a) Avendaño es el único autor de los estudiados que considera equivalentes las denominaciones de *cláusula* y *oración* (además de *frase),* términos que también habían sido utilizados indiferenciadamente por Nebrija.

b) Para la gran mayoría de nuestros gramáticos, por el contrario, la cláusula no es sino un «conjunto de oraciones con sentido cabal»; es decir, constituye una unidad sintáctica superior a la oración.

Una última denominación que se emplea de modo no demasiado esporádico en nuestra historiografía gramatical es la voz *sentencia;* por citar sólo dos autoridades, Nebrija alternó los términos *sentencia, oración* y *cláusula* para referirse al mismo concepto gramatical, y en la GRAE (1781) los nombres *sentencia, oración* y *proposición* se utilizan con idéntico sentido [14]. No obstante esta tradición, en la época examinada no encontramos más alusiones a la *sentencia* que las siguientes:

> Aguilar: «[Sentencia es la] cláusula que encierra un pensamiento sentencioso o profundo, o bien una reflexión u observación» (pág. 98).

> Tamayo: «La sentencia añade a la cláusula la idea de un pensamiento profundo de carácter didáctico o moral» (pág. 239),

en las cuales parece evidente que por *sentencia* se está entendiendo otra cosa muy distinta de oración gramatical.

---

[14] Para más detalles vid. J. M. Lope Blanch, *El concepto de oración...,* pág. 43.

III

ESTRUCTURA DE LA ORACIÓN

1. ELEMENTOS «ESENCIALES» DE LA ORACIÓN

Según ya hemos visto, procedente de la *Grammaire* de Port-Royal es la doctrina según la cual toda oración (o proposición) puede descomponerse en otra que contenga una inflexión del verbo *ser,* de tal manera que la fórmula universalmente válida para cualquier tipo de oración es: *sujeto + cópula* —inflexión del verbo sustantivo— *+ atributo* —adjetivo, nombre, participio, etc.— modificador del sujeto. Este análisis de la oración, que equipara las categorías lógicas con las gramaticales y traslada al examen de los hechos lingüísticos una teoría que si alguna validez tiene la mostraría sólo en el plano de la lógica, sobrevive todavía en la época que nos ocupa.

Boned considera que *toda* oración consta de tres elementos necesarios: el sujeto, el verbo («que expresa que el sujeto *está, es* o *existe»,* pág. 52) y el atributo («que manifiesta el modo particular de *ser, estar* o *existir* del sujeto», ibid.).

Para Fernández Monje «las partes indispensables de toda proposición» son:

> La cosa de la cual afirmamos o negamos algo: el *sujeto* o supuesto. Lo que se afirma o niega del sujeto: el *atributo* o predicado. La afirmación o negación de la relación entre el sujeto y el atributo: el *verbo,* cópula, conexivo o nexo (pág. 45).

Avendaño y Salleras coinciden, asimismo, en afirmar que «el *verbo* y el *atributo* pueden hallarse comprendidos en una sola palabra» (Avendaño, pág. 57), de modo que los elementos esenciales de cualquier estructura oracional son el sujeto, el verbo *ser* y el atributo.

Según Suárez, Galí y Sanmartí «tres elementos concurren necesariamente a formar oración: *sujeto, verbo* y *atributo*» (Suárez, pág. 168).

Núñez Meriel declara que «estos tres términos [sujeto, verbo y predicado o atributo] se llaman esenciales, porque faltando uno de ellos no puede haber oración» (pág. 161).

En Rosanes, por último, se advierte cierta vacilación; así, después de afirmar que «los elementos esenciales de toda oración son el *sujeto* y el *atributo*» (pág. 326) [1], puntualiza que «estos dos elementos esenciales están unidos tácita o expresamente, por algo que los pone en relación: este algo o nexo se llama *cópula*» (pág. 326).

El ataque más directo a esta concepción lógico-semántica de la estructura oracional fue realizado por Bello:

> La división que suele hacerse de la proposición en sujeto, cópula y predicado, no tiene ni fundamento filosófico, ni aplicación práctica al arte de hablar. Carece de apoyo en la historia de las lenguas [...]. El verbo que significa la existencia en abstracto [el verbo *ser*] no es una mera cópula: la existencia en abstracto es un atributo como otro cualquiera [...] (§ 35, n. II).

A su entender, «no hay en la proposición más que dos partes distintas y separadas: el sujeto, a cuya cabeza está el sustantivo, y el atributo, a que preside el verbo» (ibid.) [2]. Esta correcta interpretación de Bello apenas tuvo incidencia en las gramáticas inmediatamente posteriores, si exceptuamos los casos de Valcárcel, Terradillos y Gisbert, quienes adoptan la misma terminología del venezolano y dividen la oración en dos partes esenciales: sujeto y atributo.

Hay que esperar hasta los primeros años del siglo actual para constatar cierta tendencia a distinguir en la oración dos partes primordiales

---

[1]   La misma afirmación en pág. 139.

[2]   Ya hemos advertido (Segunda Parte, cap. V, n. 19) que Bello utiliza el término *atributo* para referirse a lo que actualmente entendemos por *predicado:* «lo que se afirma del sujeto en una proposición» (*Diccionario de la lengua española,* por la Real Academia, Madrid, Espasa-Calpe, 19.ª ed., 1970).

—como hizo Bello, aunque con distinta terminología—: el *sujeto* y el *predicado.* Algunos ejemplos:

> Cejador: «La proposición simple, expresión de un pensamiento simple, consta de dos elementos esenciales, uno expresivo de un concepto sustantivo [el sujeto], y otro expresivo de un concepto verbal [el predicado]» (pág. 207).

> Lenz: «Como en español el uso de los términos *predicado* y *atributo* no está bien fijado [...], creo que es necesario e imprescindible hacer cesar las ambigüedades y seguir, en oposición a la terminología de Bello, el uso antiguo de la lógica [...]. Por consiguiente, analizaré la frase *el buen niño está enfermo:* sujeto, *el buen niño;* predicado, *está enfermo,* que se compone del verbo *está* y del atributo predicativo *enfermo*» (págs. 29-30).

Pero hasta llegar a estas conclusiones, que son las que han prevalecido en la ciencia lingüística actual, la gramática española atravesó momentos de titubeos e indecisiones: no fue cuestión de escasos años la razonable separación de los campos lógico y gramatical; antes bien, se trató de una divergencia *progresiva.* Prueba de esta lenta y gradual disociación es el hecho de que un considerable número de los gramáticos estudiados analice la oración desde dos puntos de vista diferentes: desde la perspectiva lógica y bajo la óptica de la gramática; así, no es raro encontrar declaraciones como la de Orío:

> Las oraciones pueden considerarse de dos maneras generales, *gramatical* y *lógicamente.* Se consideran *gramaticalmente,* cuando se atiende a las palabras con preferencia a los conceptos; y *lógicamente,* cuando se atiende a los conceptos con preferencia a las palabras (pág. 124).

En la cuestión que ahora nos interesa, i. e., la estructura oracional, este hecho se refleja de la siguiente forma: por una parte, se considera que la *oración* (plano gramatical) consta de dos elementos esenciales, a saber, el *sujeto* y el *atributo* o *predicado;* por otra, la *proposición* o *juicio* (plano lógico) se compone de tres partes fundamentales: el *sujeto* o *supuesto,* el *verbo ser* o *cópula* y el *atributo* o *predicado.* Ambos análisis constituyen un claro índice de que las nociones lógicas todavía inficionaban los conceptos gramaticales.

Además de Orío, otros autores (Eguílaz, Fandiño, Ruiz Morote, López y Anguta, Aguilar, Blanco y Vigas) insertan en sus respectivos

tratados esta doble perspectiva en la consideración de la estructura
oracional:

> Los elementos esenciales de la oración son tres: *sujeto, 'verbo o cópula,
> y predicado o atributo;* teniendo en cuenta que *gramaticalmente* se pueden
> reducir a dos, *sujeto y atributo,* pues éste está muchas veces incluido en
> el *verbo,* siendo aquéllos propios de la oración considerada *lógicamente* (Vi-
> gas, pág. 114).

El esquema tripartito sujeto + verbo *ser* + atributo, que los autores plenamente imbuidos de los presupuestos lógicos aplicaban a toda
oración, es igualmente reconocido por el resto de los gramáticos censo-
res de la teoría del verbo único, pero sólo en un caso particular de
estructura oracional: la denominada oración *substantiva o copulativa
primera.* Las oraciones primeras sustantivas o copulativas [3] constan
de los elementos arriba indicados: *sujeto* [4], *verbo copulativo o sustantivo* y *atributo o predicado* [5]; en las oraciones *segundas* sustantivas
«falta» el tercer elemento, esto es, el atributo o predicado. Los autores
que se incluyen en este grupo, es decir, aquéllos que han desertado
de los planteamientos lógico-filosóficos en la consideración de las partes constitutivas de la oración, componen una apretada nómina: Giró,
GRAE (1854 y 1870), Yeves (1862), Pahissa, Ovalle, Gómez de Salazar, Herráinz, Caballero, Commelerán, Díaz-Rubio, J. F. Sánchez-A.
Carpena, Parral, M. Fernández-A. Retortillo, Pogonoski, Hermosilla
Rodríguez, Lemus y Tamayo.

A pesar de estas distintas corrientes de opinión que, es evidente,
marcan profundas diferencias entre unos y otros autores, existe un factor que puede ponerlos en conexión: la común caracterización que realizan tanto del sujeto como del predicado utilizando exclusivamente
el criterio semántico [6]:

---

[3]   Tamayo también las llama *unitivas o predicativas* (pág. 173).

[4]   Llamado «nominativo» por la GRAE (1854), Yeves (1862), Gómez de Salazar y
J. F. Sánchez-A. Carpena; y «sujeto en nominativo» por M. Fernández-A. Retortillo
y Lemus.

[5]   O «nominativo» (GRAE —1854—, Yeves —1862—, Gómez de Salazar y J. F.
Sánchez-A. Carpena), o «segundo nominativo» (M. Fernández-A. Retortillo).

[6]   Así, ante oraciones como *el amigo estudia* Valcárcel dice: «¿Cómo se buscará el
sujeto [...]? Haciendo preguntas como esta por medio del verbo. ¿Quién estudia? —el
amigo: este es el sujeto» (pág. 72).

Llámase sujeto a la palabra o las palabras con que representamos una persona o cosa de la cual ha de decirse algo (Valcárcel, pág. 72) [7].

El predicado es el elemento de la proposición que enuncia algo del sujeto (Cejador, pág. 211).

Todos los autores que estudiamos, pues, están muy lejos de definir, por ejemplo, el sujeto ateniéndose a criterios morfosintácticos, es decir, observando que es el único elemento nominal que cambia su terminación numérica de acuerdo con el verbo con el cual concierta. Pero pedirles que siguieran un método estructural antes de que surgiera el estructuralismo en la ciencia lingüística nos parece exigir demasiado. Por ello, coincidimos de lleno con Gómez Asencio cuando afirma que «criticar a estos gramáticos por no colocarse 'avant la lettre' es algo que está fuera de lugar» [8].

1.1. CLASIFICACIÓN DE LOS ELEMENTOS «ESENCIALES»

A la hora de hacer distinciones entre los diversos tipos de sujetos, verbos y atributos que pueden darse en la estructura oracional, se recurre una vez más a la lógica. La clasificación que se repite en algunos autores notablemente influidos por los preceptos lógicos (Giró, Fernández Monje, Eguílaz, Salleras, Ruiz Morote, López y Anguta, Aguilar, etc.) es la siguiente:

a) Tanto el *sujeto* como el *atributo* pueden ser: *simples,* si expresan una sola idea principal (p. ej., *la química orgánica es una ciencia*

---

[7]   La observación que a este respecto hacen M. Fernández-A. Retortillo no deja de ser importante: «Si oímos la autorizada voz de la Academia Española y de la casi totalidad de los gramáticos nos dirán que el sujeto de cada oración es la persona a la cual atribuimos la acción del verbo que en la oración figura. Pero si pensamos un poco, veremos que, en rigor, de todas las oraciones que hablamos o escribimos el sujeto somos nosotros mismos, el que habla o escribe» (pág. 104). Con estas palabras, Fernández y Retortillo esbozan la distinción modernamente establecida entre *enunciación* —el acto individual de utilización de la lengua— y *enunciado* —el resultado de este acto. (Vid. E. Benveniste, «L'appareil formel de l'énonciation», en *Langages,* 17, París, Didier-Larousse, marzo, 1970, págs. 12-18; id., *Problèmes de linguistique générale,* t. II, París, Gallimard, 1974, págs. 79-88).

[8]   J. J. Gómez Asencio, *Gramática...,* pág. 95.

poco conocida); compuestos, si expresan varias ideas principales *(la química y la gramática son ciencias y artes); incomplejos,* cuando designan una idea principal sin modificaciones *(Dios es inmortal);* y *complejos,* cuando la idea principal está modificada *(la mujer sin su marido es como la yedra sin árbol)* [9].

Algunos gramáticos, asimismo seguidores de la corriente logicista, distinguen entre *sujeto gramatical* y *sujeto lógico:*

> *Sujeto gramatical* es la palabra única que designa el ser, o seres, objeto de la afirmación del verbo, v. gr.: *La BOCA del blasfemo es un respiradero del infierno.* El sujeto gramatical de esta oración es la palabra *boca. Sujeto lógico* es la reunión del sujeto gramatical y de todas las palabras a él enlazadas para completar su significado. El sujeto lógico de la oración anterior es *la boca del blasfemo* (Orío, pág. 133).

Esta distinción se fundamenta en consideraciones de índole lógico-semántica. Más acertados, sin embargo, nos parecen los criterios de tipo morfosintáctico de que se vale Aguilar para establecer idéntica distinción:

> [Sujeto gramatical es la] palabra o palabras que conciertan o forman concordancia con el verbo [...]. [El sujeto lógico] no lo forma sólo la palabra o palabras que conciertan con el verbo, sino también todas aquellas que le acompañan como determinativos o explicativos de su idea (págs. 99-100).

b)   El *verbo* puede ser: *sustantivo (ser* o *estar)* y *adjetivo* o *atributivo* (todos los demás, compuestos de verbo *ser* y adjetivo o participio).

2.   ELEMENTOS «ACCESORIOS» DE LA ORACIÓN. CLASIFICACIÓN

A excepción de Úbeda, que considera al verbo como único elemento «necesario» para formar oración y al sujeto y complementos como partes «accidentales», para la casi totalidad de los gramáticos del período los elementos «accesorios» de la estructura oracional son los co-

---

[9]   Los ejemplos son de Fdez. Monje, pág. 200.

múnmente llamados *complementos* [10]. La homogeneidad de las definiciones elaboradas para el término *complemento* constituye la característica del conjunto de nuestros autores; todos ellos coinciden aproximadamente en considerar la función complemento como «la palabra o las palabras que sirven para completar la significación de otras» (Valcárcel, pág. 68). El criterio semántico es, pues, el denominador común de todas las formulaciones realizadas para la delimitación del concepto *complemento* [11]. La diversidad de opiniones aparece, en cambio, a la hora de clasificar y asignar nombres a los distintos complementos. Encontramos reiteradamente una primera división en complementos del sustantivo (o del sujeto, según algunos autores) y complementos del verbo (o del predicado, o del atributo):

> Blanco: «Llámanse complementos las palabras que modifican la significación del sujeto o del predicado» (pág. 234).

Sobre esta primera división se efectúan las subdivisiones siguientes:

a) Complementos del sustantivo [12]. Orío ofrece hasta tres clases de complementos nominales:

> *calificativo:* «es el que completa la significación del término a que se une, expresando alguna cualidad», p. ej., «el juego es un vicio *funestísimo*» (pág. 136);
>
> *determinativo:* «es el que determina o circunscribe la significación de la palabra a que se une», p. ej., «Fernando *tercero* el Santo tuvo *diez* hijos» (ibid.);
>
> *explicativo:* «es el que completa la significación del término a que se une, haciendo sobre él alguna explicación o aclaración», p. ej., «Cádiz, *ciudad de origen fenicio*» (pág. 137).

---

[10] Según Sanmartí, partes «accesorias» son también las que él denomina «locuciones intercaladas» (pág. 141), i. e., las interjecciones y los vocativos, que en parte se corresponden con los «elementos periféricos» de que tratan J. Alcina Franch y J. M. Blecua, *Gramática española,* Barcelona, Ariel, 1975, págs. 198 y 884-886.

[11] Un criterio morfosintáctico es seguido por Núñez Meriel: «Las palabras regidas se llaman también *complementos*» (pág. 165).

[12] Terradillos prefiere llamar *modificativos* en general a los complementos del «sujeto o atributo» (pág. 35) y reserva el término *complemento* para las modificaciones del verbo.

Valcárcel y Vigas prescinden del término (complemento) *calificati-vo* y sólo se refieren a los *determinativos* y *explicativos:*

> [Complementos del nombre] son los que completan la significación del nombre, ya disminuyendo su extensión [*determinativos*], ya explicando alguna circunstancia de él [*explicativos*] (Valcárcel, pág. 68).

Puede deducirse de los ejemplos que ambos autores ofrecen que en los determinativos incluyen los complementos que Orío llamaba «calificativos».

Avendaño y Ruiz Morote se refieren únicamente a los complementos nominales *determinativos* y *calificativos:*

> *determinativo:* «se expresa por palabras determinativas», p. ej., «*mi* caballo» (Avendaño, pág. 58);
> *calificativo:* «se expresa por adjetivos», p. ej., «es todo él un bosque *deleitoso*» (pág. 59).

Asimismo, López y Anguta divide los complementos nominales en *calificativos* y *determinativos* (o «genitivos»); estos últimos, sin embargo, no se corresponden con los también denominados *determinativos* por todos los autores antes citados, ya que para López y Anguta los determinativos sólo indican pertenencia:

> [Complemento determinativo es] una o más palabras que determinan la significación de los nombres, denotando pertenencia, p. ej., «el fusil *de Rémington* es bueno» (pág. 66).

b) COMPLEMENTOS DEL VERBO. La clasificación más generalizada de la complementación verbal distingue entre complementos *directo, indirecto* y *circunstancial:*

1. *Complemento directo* [13]: las enunciaciones más rudimentarias declaran que este tipo de complemento «denota la persona o cosa sobre la cual recae la acción de un verbo transitivo» (Orío, pág. 137), donde puede observarse la confusión entre el plano de la realidad y el plano gramatical: se habla de *personas* o *cosas* en lugar de *palabras.* Tal confusión no se da ya con demasiada frecuencia en la época que nos ocupa, de manera que la definición más generalizada es:

---

[13]   O «acusativo» (Orío, Avendaño, López y Anguta, Blanco, Sanmartí, Vigas, etc.).

Complemento directo es la palabra o conjunto de palabras en que termina directamente la acción del verbo (Sanmartí, pág. 51) [14].

En opinión de Núñez Meriel no sólo el verbo puede llevar complementación directa: también el complemento directo puede acompañar al sustantivo:

El sustantivo y el verbo transitivo pueden tener complementos directos [...]. Complemento directo del sustantivo es otro sustantivo, que concreta la significación del primero: se expresa por genitivo, o sea por la preposición *de: Las cuestiones de religión* [...] (pág. 166).

En ocasiones puede «expresarse por un adjetivo posesivo, que concertará con el sustantivo regente: [...] *civilización europea*» (ibid.). La concepción que Núñez Meriel tiene del complemento directo constituye un caso aislado en su tiempo y, que sepamos, en la historia de la gramática española.

2. *Complemento indirecto* [15]: hallamos aún definiciones en las que se confunden las nociones reales con las gramaticales:

[...] denota la persona o cosa sobre la cual recae, no la significación del verbo, sino sus resultados (Orío, pág. 137).

Con todo, constituyen mayor número las definiciones distinguidoras de ambos planos (de la realidad y de la lengua).

López y Anguta y Sanmartí conciben el complemento indirecto de manera más amplia que la mayoría de sus contemporáneos, hasta el punto de que parte de los tradicionales «complementos circunstanciales» pasan a engrosar la relación de los indirectos:

---

[14] Lenz criticó años después este tipo de definiciones semánticas: «No es ventajoso usar en las clases de gramática los términos 'complemento directo e indirecto', dando la explicación que complemento directo es aquél en que termina directamente la acción, indirecto aquél en que termina indirectamente. Si un verbo se usa con acusativo y con dativo a la vez, la acción termina directamente en el dativo. Sobre todo con acusativos abstractos (el padre dio una bofetada a su hijo) es absurdo pedir que los alumnos digan que la bofetada 'recibe directamente la acción del verbo' y el hijo la recibe 'indirectamente'» (págs. 87-88).

[15] O «dativo» (Orío, Avendaño, Vigas, Blanco, etc.).

> [Complemento indirecto es] una o más palabras que completan indirectamente la acción de todo verbo por medio de una preposición, p. ej., «el Batallón viene *de las maniobras*» (López y Anguta, pág. 66).

Para ambos autores, pues, siempre que medie una preposición entre el verbo y el término complementario será preciso hablar de complementación *indirecta;* en estos casos se utiliza, con preferencia sobre el criterio semántico, un punto de vista morfosintáctico para caracterizar el complemento indirecto (el circunstancial, a juicio de estos autores, queda reducido a los *adverbios —bien, mañana, rápidamente...—* que modifican la significación verbal; vid. infra).

Más dilatado aún es el concepto que Valcárcel, Nonell y Aguilar sustentan del complemento indirecto:

> Será indirecto cualquier [...] complemento, que no pueda pasar a ser sujeto de oración pasiva; v. gr., *El rey llegó a Sevilla;* porque esta oración no equivale a esta otra: *Sevilla fue llegada por el rey* [...]. [El complemento indirecto puede estar precedido] de cualquiera de las otras preposiciones [que no sean *a,* propia del complemento directo] (Nonell, pág. 86).

Estos tres autores incluyen, por tanto, los llamados «circunstanciales» en la denominación general de *complementos indirectos*.

Una última división es la propuesta por Giró, quien distingue entre:

> *complemento indirecto simplemente dicho:* «expresa la persona o cosa a quien el sujeto dirige la acción, como —tú das peras *al niño de Antonio*» (pág. 65);
>
> *complemento indirecto de fin:* «expresa el fin que se propone el sujeto, como —ellos trabajan *para comer*» (ibid.).

3. *Complemento circunstancial:* la fórmula más extendida en el período declara que este tipo de complemento «expresa una circunstancia de *tiempo, lugar, modo, causa* [...], y está en ablativo» (Vigas, pág. 126), definición en la que se incluyen las diversas especies de complementación circunstancial que pueden darse atendiendo al criterio semántico. Más arriba tuvimos ocasión de ver que López y Anguta y Sanmartí entendían el complemento circunstancial de una manera más restringida que la generalidad de sus contemporáneos; así, sólo consideran circunstanciales los *adverbios* que se unen directamente al verbo:

si el adverbio es expresado analíticamente deja de ser considerado complemento circunstancial. Según esta teoría, el análisis gramatical de dos oraciones, equivalentes semánticamente, como *escribe rápidamente* y *escribe con rapidez,* sería distinto:

escribe *rápidamente*   escribe *con rapidez*
C.C.   C.I.

Un precedente de lo que actualmente entendemos por *suplemento* [16] parece ser lo que Herráinz denominó «circunstancia obligada», en que el verbo «exige» la aparición en el contexto de una preposición determinada, frente a la «circunstancia arbitraria», en que tal exigencia no se da.

c) COMPLEMENTOS SIMULTÁNEOS DEL SUJETO Y DEL VERBO. Sólo en Blanco y Gisbert encontramos referencias a los complementos que modifican en el mismo sintagma tanto al sujeto como al verbo: *vengo enojado, llegó agotada,* etc. Gisbert los llama «complementos atributivos» y Blanco «complementos mixtos»:

> [...] se refieren a la vez al sujeto y al predicado, como 'el hombre nace *desnudo'* (Blanco, pág. 234).

---

[16] Vid. E. Alarcos Llorach, «Verbo transitivo...», en *Estudios de gramática...,* páginas 177 y sigs.

IV

CLASIFICACIÓN DE LAS ORACIONES (I): LA ORACIÓN SIMPLE

El verbo en forma personal viene a ser un índice de la existencia de oración, de manera que para la mayoría de nuestros gramáticos en una determinada secuencia discursiva habrá tantas oraciones como verbos haya (verbos que, a su juicio, pueden hallarse elididos en ocasiones):

> Boned: «Una frase constará de tantas proposiciones, cuantos sean los verbos tácitos o expresos que contenga usados en un modo personal» (pág. 72).

De aquí la división en oraciones *simples* (formadas por un solo verbo) y *compuestas* (por dos o más verbos relacionados entre sí), que se ha mantenido hasta nuestros días y que sólo muy recientemente ha sido revisada y, consecuentemente, replanteada en un intento loable de superar las deficiencias e incluso contradicciones que tal tipo de división ofrece [1]. A título de excepción, algún autor de los que estamos tratando entiende las nociones de oración simple y compuesta de manera más amplia, al tener en cuenta no sólo la unidad o pluralidad

---

[1] Vid. fundamentalmente A. García Berrio, «Bosquejo para una descripción de la frase compuesta en español», en *Anales de la Universidad de Murcia,* XXVIII, núms. 3-4, curso 1969-70, págs. 208-231; C. Hernández Alonso, «Revisión de la llamada 'oración compuesta'», en *RSEL,* 10-2, Madrid, 1980, págs. 277-305; y la obra ya citada de G. Rojo, *Cláusulas y oraciones.*

de verbos sino también la de los restantes términos de la oración:

> Galí: «La proposición que tiene, o más de un sujeto, o más de un verbo,
> o más de un predicado, se llama *compuesta*» (pág. 100).

La misma consideración puede hallarse en Ovalle, Aguilar, Blanco
y GRAE (1920). La generalidad de los gramáticos, no obstante, se
atiene al número de verbos (expresos y elípticos) en la oración para
denominarla simple o compuesta, y sólo en este sentido ha llegado
hasta nosotros.

1. CLASIFICACIÓN DE LA «ORACIÓN SIMPLE»

La clasificación de las oraciones simples (las constituidas por un
solo verbo en forma personal) se realiza entre 1847 y 1920 atendiendo
básicamente a la «naturaleza» del verbo nuclear, porque «siendo la
palabra por excelencia, es también el elemento principal de las oraciones» (Caballero, pág. 79). La clase del verbo (sustantivo, pasivo, impersonal, etc.) decidirá, pues, la denominación de la oración simple;
por otra parte, según el número de sus elementos «esenciales», la oración simple será *primera* (o *perfecta,* o *completa)* o *segunda* (o *imperfecta,* o *incompleta):*

> GRAE (1870): «La *oración* gramatical consta unas veces de *sujeto, verbo*
> y *complemento,* y entonces se llama *primera;* cuando sólo consta de sujeto
> y de verbo se llama *segunda*» (pág. 206).

El origen de esta división en primeras y segundas parece residir
en la consideración lógica de la gramática; esto es, la presencia o ausencia de los términos «necesarios» para que la oración gramatical se co-
rresponda paralelamente con el pensamiento determina su clasificación
en primeras y segundas [2]. A este respecto, Palmí realizó una inteligente

---

[2] La misma concepción lógica de la gramática subyace en la división de las oraciones (sin especificar si se refieren a las simples o a las compuestas) que proponen Eguílaz,
Orío, Avendaño, Ruiz Morote y López y Anguta: a) según la expresión o supresión de
las palabras que las forman: *completas, elípticas* y *pleonásticas;* b) según el orden de
colocación: *directas* e *inversas.*

observación: si la gramática académica considera igualmente esenciales en la oración los términos sujeto, verbo y complemento (vid. supra), no se entiende por qué razón «a las oraciones de sujeto elíptico *come pan, bebe vino, lee un libro,* etc., les llaman primeras; en cambio, a las de complemento directo elíptico *Juan come en el jardín* [...], les llaman segundas» (pág. 61). Con este coherente razonamiento comenzaba a ponerse en duda la validez de la tradicional división de las oraciones en primeras y segundas.

Combinados estos dos factores (la índole del verbo y el número de términos «esenciales»), la clasificación de las oraciones simples quedará, *grosso modo,* como sigue:

A) *Sustantivas* o de verbo sustantivo [3]; las *primeras* responden al siguiente esquema:

> nominat. (primero) + verbo sustantivo + nominat. (segundo)

ej.: *el hombre es mortal* (Lemus, pág. 121) [4].

Tal esquema, del que se sirven Herranz, GRAE (1854), Orío, Fandiño, J. F. Sánchez-A. Carpena, etc., sufre modificaciones en la terminología a lo largo del período, de forma que las funciones terminarán por sustituir a los casos:

> suj. en nominat. (agente) + verbo sust. + atributo (o predicado) en nominat.

(Ruiz Morote, López y Anguta, Díaz-Rubio, Suárez, Úbeda, Rosanes, Vigas, Pogonoski, Lemus, etc.);

> suj. + verbo sust. + atributo (o predicado)

(Eguílaz, Terradillos, GRAE —1870—, Commelerán, Nonell, Parral, Núñez Meriel, etc.).

---

[3] *Copulativas* según S. Vicente, Blanco, Hermosilla Rodríguez y GRAE (1920).
[4] Se intentará ilustrar los distintos tipos oracionales con ejemplos entresacados de las gramáticas consultadas; en tales casos indicamos el autor y la página de donde proceden.

En las oraciones sustantivas *segundas* no aparece el tercer término, i. e., el atributo (o predicado, o nominativo segundo): *Luis no está* (Lemus, pág. 121). No falta algún autor que niegue la existencia de este tipo de oraciones:

> Hermosilla Rodríguez: «Según la Academia, las oraciones copulativas pueden también constar de sujeto y verbo solamente; pero [...] cuando los verbos ser y estar no se construyen entre dos nominativos, éstos pierden su naturaleza copulativa y adquieren la condición de verbos intransitivos» (página 98).

Herráinz incluye entre las sustantivas las que hoy llamamos «pseudoatributivas»: *Cirilo quedó sano* (Herráinz, pág. 54); asimismo, para Tamayo son «predicativas» o «unitivas» las oraciones construidas con *ser, estar, nacer, permanecer, quedar,* etc.

Los partidarios (abierta o tácitamente) de la teoría del verbo único denominan genéricamente *de verbo adjetivo* (o *adjetivas* o *atributivas)* a los siguientes tipos de oraciones [5]:

B) *Activas* o de verbo activo; si aparecen expresos todos sus elementos «esenciales» son primeras y, en tal caso, obedecen a la siguiente fórmula esquematizada:

> nominat. (o suj.) (agente) + verbo activo + acus. (paciente) (o compl. directo)

ej.: *Pedro ama la virtud* (GRAE —1854—, pág. 165).

Serán, por el contrario, oraciones activas segundas si se omite el tercer elemento «necesario»:

> nominat. (o suj.) (agente) + verbo activo

ej.: *Pedro ama* (ibid.).

---

[5] La división en oraciones *sustantivas* y *adjetivas* aparece en Fdez. Monje, Herráinz, Arañó, Ruiz Morote, Commelerán, Suárez, Núñez Meriel y Vigas. En Ovalle puede hallarse idéntica división terminológica, pero no equivalente en su contenido: «proposición sustantiva» es para Ovalle sinónimo de «oración principal»; «proposición adjetiva» es «la proposición incidente que se adhiere a uno de los términos para modificarlo» (pág. 85).

Ésta es la división más rudimentaria que puede hallarse en el período; es utilizada por los tratadistas insertos en la corriente más tradicional: Herranz, GRAE (1854 y 1870), Orío, Commelerán, López y Anguta, J. F. Sánchez-A. Carpena, Aguilar, Parral, Sanmartí, etc. Un buen número de autores opta por clasificar las activas en *transitivas* (formadas por verbos cuya acción «recae» o puede recaer en un término) e *intransitivas* (con verbos cuya acción no «pasa» a ningún término), y ambas, transitivas e intransitivas, las subdividen en primeras y segundas:

Transitivas
- *primeras:* suj. + verbo tr. + término de la acción
  ej.: *ellas cogen flores* [6]
- *segundas:* suj. + verbo tr.
  ej.: *Pedro caza*

Intransitivas
- *primeras:* nominat. + verbo intr. + nominat.
  ej.: *José duerme tranquilo*
- *segundas:* nominat. + verbo intr.
  ej.: *Antonio murió*

Pero con mayor frecuencia se indica que las oraciones intransitivas sólo pueden ser segundas, esto es, no constan más que de sujeto (o nominativo) y verbo intransitivo: *yo vivo en Madrid* (Eguílaz, 2.º cuad., pág. 89). De tal opinión son, además de Eguílaz y entre otros, Ruiz Morote, Úbeda, Vigas y Pogonoski.

Hacia los últimos años del período se observa cierta tendencia a simplificar y reducir la clasificación anterior y otras similares, que obe-

---

[6] La clasificación y los ejemplos son de Fandiño, pág. 28. Igual en Gómez de Salazar, si bien con distinta terminología: oraciones *activas* por transitivas, *inactivas* por intransitivas; *completas* e *incompletas* por primeras y segundas, respectivamente.

decían más a criterios lógicos que a hechos gramaticales, y se prescinde de subdividir en primeras y segundas las oraciones transitivas e intransitivas. Quienes así proceden (Bello, Terradillos, Herráinz, Caballero, Suárez, Blanco, Hermosilla Rodríguez, GRAE —1920— y Tamayo) ya no atienden exclusivamente a la significación «transitiva» o «intransitiva» de un determinado verbo para dar nombre a la totalidad oracional, ni se atienen ya a la *posibilidad* de que la «acción» del verbo «recaiga» en un término concreto (el objeto directo), sino que tienen en cuenta primariamente las *(reales,* y no *posibles)* relaciones sintagmáticas del verbo con el complemento directo, de manera que un mismo verbo podrá ser transitivo o intransitivo según aparezca o no dicho complemento:

> oración transitiva:
>   *yo amo con frenesí a Juana* (Hermosilla Rodríguez, pág. 99)
> oración intransitiva:
>   *yo amo con frenesí* (ibid.).

Al guiarse estos autores por criterios funcionales exclusivamente, ya no será posible la elaboración de una nómina con los verbos transitivos e intransitivos pertenecientes a un determinado idioma, tal como era factible en la teoría más primitiva, la cual consideraba que los verbos son de suyo transitivos *(hacer, comer,* etc.) o intransitivos *(caer, nacer,* etc.). Estas dos contrarias interpretaciones han persistido en tiempos posteriores: el uso —verbos que aparecen en los dos tipos de construcciones— da pie para mantener las dos [7].

Terradillos, Núñez Meriel y Palmí introducen una novedad en la subdivisión de las oraciones transitivas: partiendo del dato de que sólo los verbos transitivos admiten la transformación en pasiva, clasifican las oraciones transitivas en activas y pasivas; Palmí sostiene que «las oraciones pasivas *no son más que un hipérbaton especial de las activas correspondientes*» (pág. 30), teoría que viene a coincidir con la de Terradillos, quien afirma de las transitivas que «pueden tomar otra forma inversa llamada *pasiva*» (pág. 44). Estos gramáticos, sin embargo, constituyen una excepción al habitual tratamiento independiente de los

---

[7]   Véase la postura defendida por E. Alarcos Llorach, «Verbo transitivo...», en *Estudios de gramática...*, págs. 109-123.

conceptos de transitividad (ligado siempre a la noción de «voz activa»)
y pasividad.

Llamemos la atención, por último, sobre la concepción amplificada
que Herráinz sustenta de la transitividad, al dividir las oraciones transitivas en tres tipos:

transitivas de acusativo:

> nominat. agente + verbo + acus.

ej.: *Andrés sembró garbanzos en la Vega* (pág. 59);

transitivas de dativo:

> suj. + verbo + dat.

ej.: *Petra marchó a Madrid* (ibid.);

transitivas de circunstancia obligada:

> nominat. agente + verbo + circunstancia

ej.: *el hijo depende del padre* (ibid.).

C)   *Pasivas* o de verbo pasivo, subdivididas asimismo en primeras
y segundas, según se expresen o no los términos «esenciales»:

primeras:

> nominat. (o suj.) paciente (o recipiente) + verbo pasivo
> + abl. (o compl.) agente

ej.: *el Instituto de las Escuelas Pías fue fundado por San José de Cala-
sanz* (Úbeda, pág. 94);

segundas:

> nominat. (o suj.) paciente (o recipiente) + verbo pasivo

ej.: *Napoleón fue vencido en Waterloo* (Tamayo, pág. 176).

Otra construcción posible (y reconocida por la casi totalidad de nuestros gramáticos) que admite la pasiva es la constituida mediante el pronombre *se* unido a la forma verbal de 3.ª persona en la voz activa:

> primera: *se pelea por los soldados* (Lemus, pág. 123);
> segunda: *se pelea.*

Determinados autores (GRAE —1854 y 1870—, Fandiño, Suárez, Nonell, J. F. Sánchez-A. Carpena, Vigas, etc.) prefieren declarar que la oración primera de pasiva «se compone de un sujeto, del verbo *ser* concertado con el sujeto, cualquier participio pasivo, y un complemento regido de las preposiciones *de* o *por*» (GRAE —1870—, pág. 217); es decir, no hablan de *verbo pasivo* sino de *verbo «ser» + participio pasivo.* Pero con ello no están insinuando que no exista en español una forma distintiva y específica para la voz pasiva ni están dejando entrever hipótesis tales como la que modernamente postula Alarcos Llorach, para quien «las llamadas estructuras pasivas se identifican —en cuanto a sus elementos y relaciones gramaticales— con los predicados caracterizados por la atribución» [8]. Sólo un claro e inequívoco antecedente de esta teoría lo hallamos en Palmí, quien reduce las oraciones pasivas a las sustantivas —o *concordantes,* como también las llama. Palmí llega a la misma deducción que Alarcos, pero por vías distintas: se basa aquél en la evidencia de que el participio de la denominada «voz pasiva» tiene género gramatical, en concordancia con su sujeto: *rosas han sido arrancadas por Diego* (pág. 46); sobre la base de este criterio morfosintáctico plantea Palmí la cuestión:

> [...] ya que estos verbos tienen accidente de *género* [...], se nos presenta el siguiente juicio disyuntivo: «o los verbos pueden tener género, o los llamados *verbos pasivos* no son *verbos*» (pág. 46).

---

[8]   E. Alarcos Llorach, «Pasividad y atribución...», en *Estudios de gramática...,* página 127.

Y concluye inevitablemente manifestando que «las pasivas [...] no son cosa diferente a las *oraciones de sustantiva*» (pág. 48).

D) *Neutras* o de verbo neutro. Relativamente frecuentes son los tratadistas que señalan, junto a los verbos activos y pasivos, la existencia de una clase de verbos heredada de la gramática latina: los verbos neutros, caracterizados de ordinario como aquellas formas verbales que «expresa[n] el estado del sujeto, sin que éste indique acción ni sufrimiento; v. g.: Dios *reposa;* —el que *nace, muere*» (López y Anguta, pág. 21). De ahí que la generalidad de los gramáticos que defienden su existencia en español (Orío, Gómez de Salazar, GRAE —1870—, López y Anguta, Díaz-Rubio, Sanmartí, etc.) señale que las oraciones neutras constan únicamente de dos términos:

> suj. + verbo neutro

ej.: *tu hija vive* (Gómez de Salazar, pág. 52).

No falta, por el contrario, quien postule que a veces admiten un término de la acción: *el que larga vida vive...* (Nonell, pág. 88), o un tercer término (generalmente circunstancial): *yo entré en tu casa* (Díaz-Rubio, pág. 75), en cuyo caso admitirían la subdivisión en primeras y segundas.

Pronto se vio la inconsistencia de mantener este tipo de verbos constituyendo una clase de oraciones independientes de las intransitivas, y terminaron por incluirse entre éstos e, incluso, llegaron a identificarse con ellos; así, Fandiño, Nonell, Vigas y GRAE (1920) hablan ya indistintamente de «verbos intransitivos o neutros». Asimismo, Aguilar afirma: «Hasta tanto que la docta Corporación deje de llamar neutros a los intransitivos, usaremos indistintamente de uno u otro nombre» (pág. 112); aunque, en realidad, disiente de tal identificación:

> Si contáramos en castellano con verbos pasivos así como tenemos activos, era natural la clase de los neutros para los que no envolvieran idea de acción ni de pasión, toda vez que *neutro* significa *ni uno ni otro* [...]; mas como carecemos de los segundos [de los pasivos], no parece propio llamar neutros a los intransitivos (pág. 112).

E) *Reflexivas* y *recíprocas*. En las clasificaciones más primitivas que se hacen de la oración simple aparecen tratadas las reflexivas y recíprocas [9] como una clase aparte y en el mismo plano en que se encuentran las activas, pasivas, neutras, etc., a pesar de que Bello ya en 1847 las había incluido entre las transitivas. El acierto del gramático venezolano sólo muy posteriormente será reconocido por algunos autores, como Suárez, Rosanes, Palmí, Lemus y Tamayo, quienes se adherirán decididamente a la integración de las reflexivas y recíprocas en las transitivas. No obstante, pueden observarse previamente unos años de transición en que se sigue haciendo figurar a las reflexivas y recíprocas como un caso aparte de las transitivas, pero advirtiendo simultánea y contradictoriamente que «pueden considerarse como primeras de activa» (Vigas, pág. 117) [10] o que «los verbos de estas oraciones son siempre transitivos» (Blanco, pág. 245).

Señalemos, por último, que los términos *reflexivo* y *recíproco* no encierran univocidad en su interpretación ni siempre se han utilizado con el mismo valor que actualmente les concedemos; así, en las «reflexivas» la GRAE (1920) emplaza las oraciones recíprocas (ya que éstas no son sino «una especie de las reflexivas», pág. 280), y diferentes autores insertan entre las oraciones «de verbo recíproco» construcciones tales como *tú te abstienes de votar* (GRAE —1854—, pág. 166), *el hombre cobarde se suicida* (Gómez de Salazar, pág. 52), *yo me arrepiento* (GRAE —1870—, pág. 208), etc.

F) *Impersonales* o de verbo impersonal [11]. En la casi totalidad de las obras consultadas se reconoce la existencia de un tipo de oración que se caracteriza por «no llevar expreso el sujeto agente» (Úbeda, pág. 95); en menor número de gramáticas, por el contrario, o bien se habla de *verbos impersonales* pero no se alude a las *oraciones impersonales* (GRAE —1854—, Herráinz, Fandiño, Commelerán, Nonell, J. F. Sánchez-A. Carpena, Lemus), o bien se admite la existencia de oraciones impersonales pero no constituyendo grupo aparte, sino incluidas entre las «primeras de activa» o transitivas (Rosanes, Palmí).

---

[9] Denominadas genéricamente *pronominales* por Caballero, Arañó, López y Anguta, Díaz-Rubio y Sánchez Doblas.

[10] Lo mismo en Fandiño (pág. 28) y Pogonoski (págs. 172-173).

[11] También llamadas *irregulares* (Bello), *unipersonales* (S. Vicente, Eguílaz, Terradillos, Ruiz Morote) y *terciopersonales* (Suárez).

A pesar de que algún autor utiliza indiferenciadamente las denominaciones *impersonal* y *unipersonal* (Parral, p. ej.), otros (Blanco, Hermosilla Rodríguez, GRAE —1920—, etc.) se están refiriendo a distintas subclases oracionales con cada uno de dichos términos:

a)   las *impersonales* (o *propias,* según Sánchez Doblas y Rosanes) «expresan simplemente fenómenos atmosféricos o meteorológicos» (Rosanes, pág. 333), como *llueve, truena...;*

b)   las *unipersonales* (o *impropias,* según los mismos) «se manifiestan con verbos de lengua usados en la tercera persona del plural, sin sujeto expreso, pero sobreentendiéndose uno indeterminado plural [*dicen maravillas*] [...]. Éstas admiten la pasiva refleja equivalente [*se dicen maravillas*]» (Rosanes, pág. 334).

G)   *De infinitivo.* Un estimable número de autores (Herranz, GRAE —1854—, Eguílaz, Herráinz, Fandiño, Ruiz Morote, Arañó, López y Anguta, Aguilar, etc.) reconoce la existencia de las «oraciones simples de infinitivo», que se acogen en su estructura a los esquemas:

primeras:

nominat. (o suj.) (agente) + verbo determinante + verbo determinado [12] + acus. (paciente) (o compl. directo) [13]

ej.: *todos desean tener amigos* (GRAE —1854—, pág. 167);

segundas:

nominat. (o suj.) (agente) + verbo determinante + verbo determinado

ej.: *el trabajador necesita descansar* (ibid.).

Algunos autores (Orío, J. F. Sánchez-A. Carpena y Lemus) introducen una matización acertada en el esquema antes expuesto de las oraciones primeras de infinitivo, donde no tendrían cabida construcciones del tipo *Juan quiere ser médico* o *Antonio no pudo ser recono-*

____

[12]   O «primer término del complemento directo» según la GRAE (1870).
[13]   O «segundo término del complemento directo» (GRAE —1870).

cido por el médico, que estarían legítimamente englobadas entre ellas. Los tres autores citados amplían el esquema de la siguiente forma:

suj. + verbo determinante + verbo determinado +	segundo nominat. (o predicado) acus. (o compl. directo) abl. agente.

ejs.: *procura ser feliz* (Lemus, pág. 126)
tú pensabas corregir sus defectos (ibid.)
el niño no quiere ser reprendido por el maestro (ibid.).

Otros, finalmente, prefieren (como Palmí) insertar las oraciones de infinitivo entre las transitivas, es decir, sin formar una clase de las oraciones simples, o bien optan por considerar que las oraciones integradas por un infinitivo no deben contarse entre las simples sino entre las compuestas (esta última opción es más frecuente en las últimas gramáticas publicadas en el período; vid. infra cap. V).

H) *De gerundio.* Sólo son admitidas entre las oraciones simples por la GRAE (1854 y 1870), Arañó y Aguilar; de ordinario se incluyen entre las compuestas.

I) *De participio.* La GRAE (1870), Arañó y Aguilar las clasifican entre las simples; pero lo más frecuente es que sean tratadas en el capítulo de las oraciones compuestas.

J) *De verbo «haber».* Gómez de Salazar y Díaz-Rubio estiman que las oraciones constituidas por el verbo *haber* merecen formar una clase de oraciones simples independientes, habida cuenta de que dicho verbo «tiene un régimen especial, con el cual forma oraciones distintas a las de los demás verbos de su clase» (Gómez de Salazar, pág. 52). Las oraciones de verbo *haber* admiten, a su vez, la división que sigue:

activa	completa: *Juan ha comido* (o *ha de comer*) *una pera* (Gómez de Salazar, pág. 53) incompleta: *Juan ha comido* (o *ha de comer*) (ibid.);
inactiva	completa: *Diego ha venido* (o *ha de venir*) *de París* (ibid.) incompleta: *Diego ha venido* (o *ha de venir*) (ibid.);

neutra: *Antonio ha muerto* (o *ha de morir*) (ibid.);

recíproca: *Francisco se ha suicidado* (o *se ha de suicidar*) (ibid.);

recíproco-inactiva: *Jorge se ha alegrado* (o *se ha de alegrar*) *de verte* (ibid.).

K) *De obligación* o de verbo con *de.* Las oraciones de obligación construidas con la preposición *de* (no se alude a otros tipos de construcciones obligativas, como *tener que,* etc.) son consideradas como una clase especial de oraciones simples [14] por López y Anguta y Parral. Otros gramáticos (Terradillos, Rosanes, Sánchez Doblas, etc.) hacen referencia a la posible subdivisión de cualquier tipo de oración simple en *llanas* y *de obligación,* pero sin formar con estas últimas una clase específica e independiente.

L) *Elípticas.* Blanco y GRAE (1920) sugieren crear un nuevo tipo de oración simple con aquellas que «carecen de verbo expreso» (Blanco, pág. 247), como *¿quién?, buenos días,* etc. Estaba todavía muy lejos de vislumbrarse la distinción actual entre oración y enunciado [15], distinción que permite concebir la oración desde una doble perspectiva:

a)   como entidad perteneciente a la jerarquía de las unidades gramaticales: fonema, morfema, palabra..., oración... (y en este caso necesariamente compuesta de sujeto y predicado, a fin de caracterizar la oración mediante rasgos que no aparezcan en el fonema, morfema, etc.);

b)   o bien como categoría del discurso (y desde este punto de vista constituirían oración perfecta expresiones como *gracias, adiós...,* puesto que en esta segunda opción se prescinde absolutamente de otros criterios que no se refieran a la autonomía semántica).

Ambas perspectivas (válidas cada una de ellas *por separado)* son utilizadas *simultáneamente* y *sin delimitaciones* por la generalidad de los gramáticos del período. Exigirles, sin embargo, la separación neta de uno y otro criterio y la elección subsiguiente de uno de ellos supondría demandarles, una vez más, que se situaran con sus teorías *avant la lettre.*

---

[14]   Para Vigas, sin embargo, las «de obligación» se incluyen entre las oraciones compuestas.

[15]   Vid. G. Rojo, *Cláusulas...,* especialmente el cap. 1, «Oración *versus* enunciado», págs. 11-26.

Junto a esta extensa nómina de oraciones simples, inventariadas atendiendo a la transitividad, intransitividad, voz, etc. del verbo en forma personal, hallamos una nueva ordenación que toma como base, esta vez, «el modo de expresión del verbo» (Blanco, pág. 246) o «la forma del pensamiento» (Tamayo, pág. 178); desde tal óptica las oraciones admiten la división que sigue:

a) *Expositivas:* «cuando el verbo está en indicativo» (Alemany, págs. 36-37); además de Alemany, las recogen en sus gramáticas Gisbert y Sánchez Doblas.

b) *Imperativas:* «cuando el verbo está en imperativo» (Alemany, pág. 37); una definición similar ofrecen GRAE (1870), Gisbert y Aguilar. Tamayo, por su parte, observa que las oraciones que indican mandato admiten, además del imperativo, la construcción con otros modos verbales:

> [Las oraciones imperativas] expresan el mandato en sus diversas formas, y lo indican por el imperativo o por el condicional, subjuntivo, infinitivo o una frase perifrástica; ej.: [...] *conviene que honréis a vuestros padres* (pág. 180).

A pesar de esta oportuna observación Tamayo las sigue llamando *imperativas*. Blanco y GRAE (1920), sin embargo, resuelven tal impropiedad denominándolas *exhortativas:* aquellas oraciones que «indican exhortación o mandato» (Blanco, pág. 246), como *nadie se mueva.*

c) *Aseverativas:* «afirman o niegan un hecho», según Blanco (página 246) y GRAE (1920) [16]. Mayor número de autores (GRAE —1870—, Sánchez Doblas, Pogonoski, Tamayo, etc.) prefieren desdoblar este tipo de oraciones en *afirmativas* [17] y *negativas.*

d) *Admirativas* [18]: «expresan admiración, sorpresa u otro cualquier afecto del ánimo. Ejemplos: *¡Qué frío hace!* [...]» (Blanco, pág. 246). Sánchez Doblas y Tamayo, entre otros, aluden asimismo a esta modalidad oracional.

---

[16] La definición exacta de GRAE (1920) es: «aquellas en que afirmamos o negamos la *realidad* de un hecho o la *posibilidad* del mismo» (pág. 298).

[17] *Positivas* en la terminología de Ovalle.

[18] *Exclamativas* según Pogonoski; GRAE (1920) utiliza indiferentemente *admirativas* o *exclamativas.*

e) *Desiderativas* [19]: «expresan un deseo» (Blanco, pág. 246), como *no lo quiera Dios*. Una definición semejante hallamos en la GRAE (1920) [20].

f) *Interrogativas:* «se expresan con preguntas» (Blanco, pág. 246), como *¿ha salido tu hijo?* Sánchez Doblas, Pogonoski y GRAE (1920) son otros autores que reconocen explícitamente la existencia de las oraciones interrogativas. Tamayo, al definirlas, realiza una interesante apreciación:

> [Oraciones interrogativas] son aquellas en las cuales formulamos una pregunta acerca de algo que se refiere a toda la oración [*¿llegarás a ser feliz?*] o a alguno de sus elementos [*¿dónde están mis escuderos?*] (pág. 180).

Esta distinción había sido previamente reconocida por Gisbert al diferenciar entre *interrogación nominal* —vid. el segundo ejemplo de Tamayo— e *interrogación verbal* —correspondiente al primer ejemplo—, conceptos equivalentes a las denominaciones actuales de *preguntas parciales* y *preguntas totales,* respectivamente.

---

[19] U *optativas* (Gisbert y Tamayo).

[20] «[Con las oraciones desiderativas] expresamos el deseo de que se verifique o no un hecho» (pág. 307).

V

CLASIFICACIÓN DE LAS ORACIONES (y II): LA ORACIÓN COMPUESTA

1. DEFINICIÓN Y CLASIFICACIÓN

Dejando al margen los contados autores que entienden la oración compuesta como aquella «que tiene, o más de un sujeto, o más de un verbo, o más de un predicado» (Galí, pág. 100) (vid. cap. anterior), la «oración compuesta» es definida en la época generalmente como «la que necesita más de un verbo en modo personal para expresar todo el pensamiento» (Eguílaz, 2.º cuad., pág. 90), contrariamente a la «oración simple», que, según acabamos de ver, se caracteriza por la presencia de un solo verbo en forma personal. En principio, la definición de oración compuesta resulta, cuando menos, inexacta, si tenemos en cuenta que el mismo Eguílaz incluye entre ellas las oraciones de gerundio, cuyo verbo no figura en modo personal, y otros autores (que habían definido la oración compuesta en términos similares) insertan las de infinitivo y participio, que son asimismo formas verbales no personales.

En las clasificaciones más elementales pueden hallarse los siguientes tipos de oraciones compuestas, las cuales «toman el nombre unas del accidente del verbo que entra en una de ellas [*de infinitivo* y *de gerundio*], otras de la conjunción [*finales, condicionales,* etc.] o del relativo [*relativas*]» (Nonell, pág. 94); nos limitaremos a enumerarlas, indicando los gramáticos que las tratan en sus obras:

de relativo: Eguílaz, Pahissa, Terradillos, Ruiz Morote, Commelerán, López y Anguta, Díaz-Rubio, Suárez, Nonell, Úbeda, Parral y Lemus;

condicionales: Eguílaz, Ruiz Morote, Commelerán, López y Anguta, Suárez, Nonell, Parral y Lemus;

causales: Eguílaz, Ruiz Morote, Commelerán, López y Anguta, Suárez, Parral y Lemus;

finales: Eguílaz, Ruiz Morote, Commelerán, López y Anguta, Suárez, Nonell, Parral y Lemus;

de gerundio: S. Vicente, Eguílaz, Pahissa, Terradillos, Ruiz Morote, Commelerán, López y Anguta, Díaz-Rubio [1], Suárez, Nonell, Úbeda, Parral y Lemus [2];

de participio: Ruiz Morote, López y Anguta y Lemus;

de verbo determinado [3], con dos modalidades en su construcción: a) *conjuntivas* o introducidas por la conjunción *que* (Alemany, S. Vicente, Eguílaz, Pahissa, Terradillos, Ruiz Morote, López y Anguta, Suárez, Parral y Lemus), y b) *de infinitivo* o con el verbo determinado en infinitivo (Alemany, S. Vicente [4], Pahissa, Commelerán, Suárez, Úbeda, Nonell y Parral).

Commelerán y Úbeda consideran equivalentes las oraciones de infinitivo y la secuencia *que* + subjuntivo (e indicativo, añade Úbeda):

[...] por eso *quiero que vengas, procuré que me escucharas,* etc. son verdaderas oraciones de infinitivo (Commelerán, pág. 21).

[El verbo determinado] no siempre presenta la forma de infinitivo, sino que a veces se resuelve este modo por alguno de los tiempos del indicativo o del subjuntivo, en cuyo caso van enlazados los dos verbos mediante la conjunción *que* (Úbeda, pág. 96).

Ambos autores reducen, pues, los dos tipos de construcciones *(conjuntivas* y *de infinitivo),* que aparecen diferenciadas en la generalidad

---

[1] Díaz-Rubio distingue entre oraciones *de gerundio simple* ('cenando murió mi hermano', pág. 76) y *de gerundio compuesto* ('habiendo traído Pedro una espada, sirvió para el duelo', ibid.).

[2] La misma distinción en Pahissa, Suárez, Úbeda y Lemus, aunque con diferente terminología: *gerundio de presente* ('oyendo los discípulos la explicación, aprenderán la gramática', Lemus, pág. 126) y *gerundio de pretérito* ('habiendo recibido las cartas, las leí', id., pág. 127); Pahissa agrega las oraciones *de gerundio de futuro* ('habiendo de cantar los músicos...', pág. 129).

[3] *Determinativas* según Alemany.

[4] S. Vicente distingue entre verbos en infinitivo unidos «por aposición» (*quiero callar,* pág. 81) y «por preposición» (*voy a marchar,* ibid.).

de sus contemporáneos, a la única modalidad por ellos denominada «oraciones compuestas de infinitivo».

La GRAE (1854 y 1870) no se muestra demasiado explícita en el tratamiento de las oraciones simples y compuestas: la separación entre unas y otras no aparece claramente dibujada, limitándose a señalar, como corolario de una heterogénea nómina clasificatoria de las oraciones, que

> [...] la oración que por sí hace sentido se llama *simple;* la que termina en otra se llama *compuesta* (GRAE —1870—, pág. 216).

Este es, en definitiva, el inventario de los tipos de oraciones compuestas más primitivo que puede hallarse en las gramáticas examinadas; se observará que responde a una clasificación no sólo inexacta, según anotábamos más arriba, sino también incompleta, ya que se echa en falta la referencia obligada a otras clases de oraciones que, desde la óptica de la gramática tradicional, se encuadran legítimamente en el marco de las compuestas, tales como las *copulativas, disyuntivas,* etc.; sólo alguna breve alusión a este tipo de oraciones hemos podido recoger en, por ejemplo:

> GRAE (1854): «[...] de los nombres de las conjunciones que suelen dar principio a las oraciones, se llaman unas *copulativas,* otras *disyuntivas,* otras *adversativas* [...]» (pág. 169) [5].

> Lemus: «[...] se llaman *condicionales, adversativas, causales, finales, disyuntivas,* etc., las oraciones accesorias que se unen a la principal por alguna de las conjunciones que llevan esos nombres» (pág. 127).

Antes de pasar al estudio de otras clasificaciones más perfectas convendría detenerse en el análisis de una nueva fórmula definitoria nada infrecuente en la época y que nos servirá de pretexto para encarar el problema de la clasificación de la oración compuesta desde otra óptica:

> [Oración compuesta es] la que consta de dos o más oraciones principales o subordinadas (Giró, pág. 71).

---

[5] La redacción de este párrafo ha sufrido variaciones en la ed. de 1870: «De los nombres, de los adverbios [sic] y de las preposiciones que suelen dar principio a las oraciones, se llaman unas *comparativas,* otras *condicionales,* otras *causales, copulativas, disyuntivas, ilativas, adversativas,* etc.» (pág. 215).

Los conceptos de «oración principal» y «oración subordinada» aparecen por regla general en el análisis lógico que un considerable número de autores propone paralelamente al análisis gramatical de la oración compuesta. Recordemos a este propósito (vid. cap. III) el mismo doble análisis que se aplicaba simultáneamente a la estructura oracional: *gramaticalmente,* la oración consta de dos partes (sujeto y predicado); *lógicamente,* presenta una estructura tripartita (sujeto, verbo *ser* y atributo). Los autores que así procedían entonces son, en su mayoría, los mismos que ahora proponen el análisis desdoblado para la oración compuesta: Fernández Monje, Eguílaz, Orío, Avendaño, Fandiño, Ruiz Morote, López y Anguta, Aguilar, Sánchez Doblas, Vigas y Lemus. Conviene advertir, sin embargo, que un grupo más reducido de gramáticos no ofrece más que el análisis lógico de la oración compuesta: Boned, Giró, Arañó y Sanmartí. La influencia de la lógica también en el capítulo de la oración compuesta viene a confirmar que la consideración logicista de los hechos gramaticales continúa siendo aún un factor relevante en la época, tal como hemos venido manteniendo hasta ahora [6].

Según Giró, analizar lógicamente una «frase» (= oración compuesta) es «descomponerla en oraciones y clasificarlas en principales, subordinadas e incidentales» (pág. 71). No todos los autores se muestran conformes al dilucidar qué entienden por oración *principal, subordinada* e *incidental;* ni siquiera la terminología empleada es homogénea, sino que varía de unos a otros. Se impone, pues, un estudio detallado de las distintas clasificaciones que de la oración compuesta se elaboraron entre 1847 y 1920 desde una perspectiva logicista:

1.1. ORACIÓN «PRINCIPAL» [7]

De ordinario se define como aquella que «tiene sentido perfecto por sí sola» (Eguílaz, 2.° cuad., pág 62) [8], formulación que a veces se ve incrementada con adiciones de índole extrasemántica:

---

[6] A este respecto, S. Stati afirma que en el s. XIX europeo «la interpretación de los hechos ya no es logicista, pero la influencia del período precedente es todavía evidente» (*La sintaxis,* México, Nueva Imagen, 1979, pág. 39).

[7] O *Subordinante,* según Sanmartí.

[8] Lo mismo en Caballero, pág. 81, y Arañó, pág. 28.

Galí: «[La oración principal] por sí sola tiene sentido perfecto y va acompañada de una o más accesorias» (pág. 124).

Lemus: «Cuando por sí solas expresan un pensamiento completo, y el verbo está en los modos indicativo o imperativo» (pág. 120).

La consideración de la autonomía semántica como criterio caracterizador de la «oración principal» ha sido puesta modernamente en tela de juicio; de S. Stati y G. Rojo, por este orden, son las palabras que citamos:

[...] la misma frase puede ser considerada por quien la percibe tanto como completa, o como incompleta, según las circunstancias en que sea pronunciada [...]. Existen también oraciones principales semánticamente incompletas [...] [9].

[...] la formulación tradicional según la cual *oración principal* es la que tiene «independencia» [...] es inutilizable puesto que [...] muchas *principales* [...] no podrían aparecer aisladas y buena parte de las *subordinadas* podrían aparecer aisladas [...] [10].

La impropiedad de la caracterización de la oración principal por criterios semánticos, no obstante, ya había sido señalada en 1914 por Vigas:

[La proposición principal] suele definirse: *La que tiene sentido perfecto,* la cual [sic] no es muy *exacta,* porque en algunos casos no tiene *por sí sola* sentido perfecto (pág. 128).

Sin embargo, la definición que Vigas propone no nos parece satisfactoria, al no superar las imprecisiones de la tradicional formulación que él pretende corregir:

[Oración principal es] la que sobre ella recae *principalmente* el acto de la afirmación (pág. 127).

Concluimos, por tanto, reiterando la no validez de los dos rasgos con que se ha pretendido identificar la oración principal:

---

[9] S. Stati, *La sintaxis,* págs. 130-131.
[10] G. Rojo, *Cláusulas...,* pág. 31.

a)   autonomía semántica: en la secuencia *la radio dice que vendrán lluvias,* la considerada tradicionalmente oración principal *(la radio dice)* queda incompleta en su significado si la enunciamos separadamente de la introducida por *que;*

b)   aportación del sentido dominante en la oración compuesta: en expresiones como *te anuncio que te han suspendido las oposiciones* no parece aceptable que la oración principal *(te anuncio)* «domine» semánticamente a la «accesoria».

Algún autor, por último, divide las oraciones principales en *absolutas* y *relativas:*

> [Proposición principal absoluta es] la que sola y sin auxilio de otra alguna, expresa un sentido perfecto (Eguílaz, 2.º cuad., pág. 62).

> [Proposición principal relativa es] la que teniendo un sentido completo, se une a la absoluta para desenvolver el pensamiento (ibid.);

> ej.: *su discípulo de Vd. siempre estudia las lecciones;*
>   principal absoluta
>
> *su mayor consuelo es complacer a Vd.*
>   principal relativa

La misma distinción se encuentra en Giró, Fandiño, Ruiz Morote, López y Anguta y Vigas.

1.2.   ORACIÓN «SUBORDINADA»

El concepto de «oración subordinada» no es entendido de manera uniforme por nuestros gramáticos. Arañó y Sanmartí consideran subordinada *toda* oración dependiente de una principal:

> Arañó: «[Oraciones subordinadas o accesorias son] las que no tienen sentido perfecto, y sirven para explicar y determinar a los miembros de la oración» (págs. 28-29).

> Sanmartí: «[Oración subordinada o dependiente es] la que se refiere a otra oración o a uno de sus términos» (pág. 144).

Ambos autores tienen, pues, un amplio concepto de la oración subordinada, de manera que en ella tienen cabida construcciones tan dispares como:

la educación, Y EN ESTO CONSISTE SU EXCELENCIA, *forma la*
subordinada
conducta moral del hombre (Arañó, pág. 29);

quiero, PERO NO PUEDO (Sanmartí, pág. 144);
subordinada

el rico QUE NO DA LIMOSNA *es un árbol sin fruto* (ibid.).
subordinada

Una concepción más restringida de la oración subordinada es, sin embargo, la predominante en la época, puesto que la mayoría de los autores establecen distinciones entre *oración subordinada* y *oración incidente,* nociones que aparecían sin deslindar en Arañó y Sanmartí. Pero ni siquiera en este caso puede hablarse de unanimidad absoluta en cuanto a la caracterización de la oración subordinada; así, determinados tratadistas se limitan a señalar que la subordinada se une a la principal para completar su sentido:

> López y Anguta: «Determina ó explica el sentido de otra oración entera: *el labrador cultiva los campos de su propiedad,* A FIN DE ASEGURAR SU SUBSISTENCIA [...]» (pág. 73) [11].

Otros admiten la subordinación sólo en el caso de estar introducidas por conjunciones:

> Ruiz Morote: «[Oración subordinada es] la que, supeditada a la principal, completa o amplía, comprueba o determina alguna de sus circunstancias, relacionándose con ella por conjunción» (pág. 76).

Vigas, por su parte, entiende las oraciones subordinadas [12] como aquellas que «depende[n] *directamente* del *verbo* de la oración principal» (pág. 128), subdividiéndolas en *completivas* (cuyo oficio es el de objeto directo) y *modificativas* (con función de complementos indirecto y circunstancial).

---

[11] López y Anguta distingue entre *oración subordinada esencial:* «aquella cuyo concurso es indispensable para la completa expresión del pensamiento; v. g.: las granadas harán blanco, *si la puntería es perfecta*» (pág. 74), y *subordinada no esencial:* «aquella que no es necesaria para la completa expresión del pensamiento, pero que lo amplifica o concreta; v. g.: la Historia, *según opinan los hombres ilustrados,* es la depositaria de toda verdad» (ibid.). Subrayamos nosotros.

[12] *Subordinadas accesorias* en su terminología.

1.3. ORACIÓN «INCIDENTE» [13]

Por lo común se describe como aquella que «va unida a una parte
esencial de otra, determinando a la parte sobre que incide» (López
y Anguta, pág. 73), o «la que va unida a una sola palabra de su oración principal con el fin de explicar o completar su significado: *he
visto el premio* QUE TE CONCEDIÓ EL PROFESOR» (Orío, pág. 131); con
mayor exactitud caracterizó Vigas esta clase de oraciones:

> [...] *amplía* o *determina* el sentido de una palabra de la [oración] princi-
> pal que *no* es el *verbo* (pág. 129),

donde sin lugar a dudas se está refiriendo a las oraciones introducidas
por un pronombre relativo, con las que, por regla general, se identifican las incidentes o incidentales.
   Una nueva modalidad definitoria de oración incidente nos ofrecen
Giró y Aguilar:

> [...] la que forma un miembro o una parte de miembro de otra oración
> (Giró, pág. 71).

En esta descripción se comprenden no sólo las oraciones relativas
sino también las que hoy denominamos «integradas», es decir, aquellas que funcionan como sujeto, complemento directo (o atributo), indirecto y circunstancial.
   Se muestra muy extendida en la época, cualquiera que sea la definición adoptada, la división de las oraciones incidentales (= relativas)
en *determinativas* y *explicativas*:

> [Oración incidente determinativa es] la que se junta de una manera inse-
> parable al sujeto o al atributo de otra: *el discípulo* A QUIEN V. ENSEÑA *es
> aplicado* (Eguílaz, 2.º cuad., págs. 62-63).

> [Oración incidente explicativa es] la que se junta de una manera separable
> al sujeto o al atributo de otra (ibid.).

---

[13] *Incidental* según Giró, López y Anguta y Aguilar, entre otros.

Tal distinción perdura aún en los manuales de gramática (si bien con la terminología *especificativas/explicativas*), en el capítulo correspondiente a las oraciones de relativo.

Paulatinamente va desapareciendo de las gramáticas del período el capítulo dedicado al análisis lógico de la oración compuesta, hasta el punto de que a finales del xix ya puede considerarse excepcional el autor que ofrece el doble criterio lógico y gramatical (o el análisis lógico en solitario). Algunos términos logicistas, sin embargo, sobreviven en la nomenclatura empleada por los gramáticos más cercanos a nosotros, verbigracia, el término *subordinación,* aunque ya con una acepción más clarificada y homogénea. Es en estos últimos años del xix cuando comienza a vislumbrarse la posibilidad de la existencia de unidades sintácticas superiores a la «oración compuesta» (= oración principal + oración subordinada); este hecho trascendental en la historia de nuestra gramática se refleja en el reconocimiento y aceptación casi general de las oraciones *coordinadas* (= oración principal + oración principal), que se agrupan, junto con las *subordinadas,* bajo la denominación genérica de *oraciones compuestas* (si bien algún autor, para evitar el equívoco, prefiere utilizar un nuevo término: *período* —Gisbert—, *cláusula* —Galí, Blanco, Benot, Pogonoski—, o, indistintamente, *proposición, período* o *cláusula* —Núñez Meriel—). Las oraciones compuestas, por tanto, a partir de ahora se dividirán en coordinadas y subordinadas.

1.4. ORACIONES «COMPUESTAS POR COORDINACIÓN»

Hasta 1891 no encontramos en las gramáticas consultadas referencia alguna al término *coordinación:*

> Cuando forman parte de una misma cláusula, las oraciones principales son coordinadas (Galí, pág. 124).

La independencia semántica de cada una de las oraciones coordinadas, frente a las subordinadas, parece ser el elemento caracterizador de las mismas:

> Blanco: «Son oraciones coordinadas las que por sí forman sentido completo y tienen independencia entre sí» (págs. 248-249).

Cejador: «En la parataxis [= coordinación] cada una de las *proposiciones* yuxtapuestas forma sentido completo, es una *oración;* en la hipotaxis [= subordinación] no es oración, sino el conjunto total de las proposiciones reunidas» (pág. 398).

Es moneda corriente distinguir dos grupos en las oraciones compuestas por coordinación:

a) oraciones coordinadas enlazadas mediante un signo conjuntivo, el cual sirve para dar nombre a esta clase de oraciones compuestas:

—copulativas
—disyuntivas
—adversativas
—ilativas [14];

b) oraciones coordinadas «por mera sucesión, sin signo externo de enlace» (Tamayo, pág. 233), o «por medio de la íntima conexión de ideas» (Hermosilla Rodríguez, pág. 106); Galí puntualiza:

Las oraciones coordinadas, a excepción de las disyuntivas, pueden combinarse en la cláusula sin conjunción que las enlace, en cuyo caso se llaman *yuxtapuestas* (pág. 125).

Se considera, pues, la yuxtaposición como una clase especial de coordinación, y esto como norma general en la época. Tal teoría se mantiene incólume hasta la publicación del *Curso superior de sintaxis española* de Gili Gaya, donde se presentan como hechos sintácticos muy diferentes la yuxtaposición y la coordinación:

El análisis lingüístico ha descubierto la útil diferencia entre oraciones yuxtapuestas, coordinadas y subordinadas, según contengan o no signos expresivos de la relación existente entre los componentes, y según la clase de relación que tales signos expresen [15].

La polémica acerca de si las yuxtapuestas deben considerarse oraciones «compuestas» tan propiamente como las coordinadas y las su-

---

[14] Blanco, Gisbert, Cejador, Hermosilla Rodríguez y GRAE (1920) añaden las *causales*.

[15] S. Gili Gaya, *Curso superior de sintaxis española,* Barcelona, (Vox) Biblograf, 11.ª ed., 1973, pág. 262.

bordinadas no está zanjada definitivamente; por el contrario, distintos criterios sirven a los lingüistas actuales para tomar posiciones a favor de una u otra teoría. Rojo, por ejemplo, elimina la posibilidad de hablar de «oraciones compuestas por yuxtaposición»:

> No es posible [...] utilizar la yuxtaposición en la misma dimensión de coordinación y subordinación. Las dos últimas son relaciones sintácticas diferentes que se pueden dar entre elementos de distintas categorías. Cualquiera de las dos relaciones puede aparecer con marca gramatical del tipo de relación (unión sindética) o sin marca gramatical del tipo de relación (unión asindética o yuxtaposición). Tendremos, en consecuencia, coordinación sindética [*llegué y vi y vencí*] y coordinación asindética [*llegué, vi, vencí*]; subordinación sindética [*le ruego que me envíe a vuelta de correo...*] y subordinación asindética [*le ruego me envíe a vuelta de correo...*] [16].

Otros autores, en cambio, fundamentando sus razones en argumentos diacrónicos y evolutivos, consideran que la decisión de excluir de la tipología oracional la yuxtaposición puede ser «excesivamente radical» y «precipitada» [17].

1.5. ORACIONES «COMPUESTAS POR SUBORDINACIÓN»

Como modelo de las definiciones más modernas que se elaboraron en el período para las oraciones subordinadas nos servirá la que figura en la GRAE (1920):

> [...] desempeñan en la oración compuesta el mismo oficio que los complementos del nombre o del verbo en la oración simple (pág. 334).

Formulaciones similares habían esbozado Blanco, Cejador, Benot, Hermosilla Rodríguez y Tamayo. Todos ellos convienen en subdividir y denominar las oraciones subordinadas de acuerdo con la función desempeñada en el conjunto de la oración compuesta:

a) *subordinadas sustantivas,* cuyo oficio se corresponde con el desempeñado por un sustantivo en la oración simple; pueden ser *de suje-*

---

[16] G. Rojo, *Cláusulas...*, pág. 62. Los ejemplos son del propio Rojo.

[17] Cf. la reseña crítica a *Cláusulas y oraciones* realizada por A. Narbona Jiménez, en *Studia Philologica Salmanticensia,* núm. 3, 1979, págs. 305-311, en especial pág. 307.

to («nominativo-oración», según Benot), *de complemento directo* («acusativo-oración») y *de complemento indirecto* («dativo-oración»);

b) *subordinadas adjetivas* o de relativo —aunque Cejador incluye en este tipo de oraciones las de gerundio—, con dos modalidades: *explicativas* y *determinativas* o *especificativas* (en la terminología de Benot *incidentales* y *determinantes,* respectivamente);

c) *subordinadas adverbiales:* mayores dificultades se presentan a la hora de clasificar las adverbiales; la división más usual, sin embargo, admite en una misma clase oraciones subordinadas tan dispares como las *temporales, modales, de lugar, causales, finales, comparativas, condicionales* y *concesivas* [18].

Tampoco esta clasificación de las oraciones compuestas, a pesar de su mayor perfección y de basarse estrictamente en criterios gramaticales, se ha visto exenta de objeciones posteriores. Las críticas se formulan en el sentido de que las llamadas «oraciones subordinadas sustantivas», «adjetivas» y «adverbiales» (sólo las denominadas *propias,* es decir, aquellas que funcionan como complementos circunstanciales del verbo nuclear) no son tales oraciones «subordinadas», puesto que, de otra forma, habría que considerar asimismo «subordinadas» las funciones oracionales primarias de sujeto y complemento directo (o atributo), indirecto y circunstancial; propiamente *subordinadas,* pues, no serían más que aquellas que «lo está[n] al núcleo de la frase nominal de la cual es constituyente» [19], v. gr., las relativas. La denominación que se está imponiendo actualmente para las oraciones (*cláusulas* en la terminología de Rojo) que realizan una función primaria con respecto a otra oración es la de *integradas* o *incrustadas.*

Señalemos, por último, que, al margen de las coordinadas y subordinadas, algún autor advirtió la existencia de oraciones que no pertenecen propiamente ni a la coordinación ni a la subordinación; Pogonoski las denomina *oraciones intercaladas:*

> Son oraciones tan independientes que por eso han sido llamadas *de paréntesis;* ejemplos: [...] *La constancia,* TENLO MUY EN CUENTA, *es la que da el triunfo* (pág. 178).

---

[18] Benot incluye las llamadas *de ablativo absoluto* entre las subordinadas adverbiales.

[19] G. Rojo, *Cláusulas...,* pág. 120.

CONCLUSIONES

En el período comprendido entre los años 1847 y 1920 la gramática en España comienza a perfilarse como una ciencia con su método y objeto de estudio propios, independiente y autónoma respecto de otras disciplinas que, como es el caso de la lógica, desde siempre habían contaminado sus presupuestos teóricos y sus aplicaciones prácticas. La separación de los conceptos lógicos y gramaticales, sin embargo, no se realizó de forma brusca, antes bien fue un proceso lento y paulatino que no podemos considerar culminado hasta muy adentrado ya el presente siglo. El papel todavía decisivo que en la época desempeñaban las nociones lógicas en la ciencia gramatical se advierte en determinadas cuestiones pertenecientes tanto a la Morfología (o Analogía) como a la Sintaxis:

a)   la denominada «teoría del verbo único» (no existe más verbo que el sustantivo *ser;* los restantes verbos, llamados «adjetivos», no son sino una composición del verbo único *ser* más un adjetivo o participio: *amo = soy amante*) es casi unánimemente aceptada por los tratadistas de que nos ocupamos;

b)   el adverbio es una forma abreviada de (equivalente semánticamente a) la secuencia preposición + sustantivo: *decididamente = con decisión;*

c)   a la teoría de la elipsis se recurre con no poca frecuencia, con el fin de dar explicación a determinadas «anomalías» sintácticas (v. gr., si la conjunción, considerada nexo oracional exclusivamente, aparece en ocasiones enlazando palabras, se piensa que existe elisión de algún elemento verbal; el mismo fenómeno de la elipsis permite dividir las oraciones en *primeras* o *completas* y *segundas* o *incompletas,* según se expresen o no en la secuencia oracional sus elementos «esenciales»);

d) a conceptos lógicos se hacen corresponder nociones gramaticales: *idea-palabra, juicio-oración, raciocinio-cláusula* (o *período*);

e) no es raro, finalmente, hallar en un mismo gramático el tratamiento de determinada cuestión desde la doble perspectiva lógica y gramatical; así, la estructura oracional, en el plano lógico, está constituida por sujeto + cópula + predicado (resultado de la aplicación de la teoría del verbo único), mientras en el plano gramatical sus elementos integrantes se reducen al sujeto y al predicado; asimismo, la «oración compuesta» admite una doble caracterización, según cuál sea el criterio empleado: el análisis lógico permite definirla como el agregado de *oración principal* (aquella que aporta el sentido «dominante» en la oración compuesta) más *oración subordinada,* en tanto que las formulaciones de índole gramatical la definen como la agrupación de dos o más oraciones simples.

La consideración logicista de los hechos del lenguaje, cuyos orígenes se remontan hasta Aristóteles, había sufrido una intensa revitalización en Francia a partir de la *Grammaire* de Port-Royal y sus epígonos racionalistas (Condillac, Destutt de Tracy, Beauzée, etc.); esta corriente filosófica y gramatical llegó tardíamente a España, si bien contó con un profundo arraigo, hasta el extremo de que todavía en los años que son objeto de nuestro estudio —fundamentalmente en su primera etapa— se publica alguna gramática general o razonada en la misma línea que las francesas y en las que se pretende aún dar con leyes y descripciones universales, esto es, aplicables a cualquier gramática de cualquier lengua.

Pero no sólo de la lógica debía desligarse nuestra incipiente ciencia gramatical para merecer tal nombre: también era exigible el desapego a los esquemas propios de la lengua latina, de cuya gramática todavía en el período se toman en préstamo tanto denominaciones y nomenclaturas como conceptos y doctrinas que, obviamente, dejan de tener plena validez al ser trasvasados a la gramática española; así, no es infrecuente en los tratados gramaticales publicados entre 1847 y 1920 —si bien es un hecho menos habitual cuanto más cercano en el tiempo a nosotros— encontrar ciertas reminiscencias latinas, de las que pueden ser buena muestra las siguientes:

a) la utilización de los términos *declinable* e *indeclinable* (por *variable* e *invariable*) en la división formal de las varias clases de palabras;

b) la inserción de esquemas de declinación (del sustantivo, adjetivo, pronombre e, incluso, artículo), con indicación de los distintos «casos» (nominativo, vocativo...) en que pueden hallarse;

c) consecuentemente con lo indicado en el punto anterior, las preposiciones castellanas, al igual que las latinas, pueden ser *de acusativo (a, ante...), de genitivo (de...), de dativo (a, para...), de ablativo (en, por, sobre...)* e, incluso, *de nominativo (entre...);*

d) la existencia de *verbos neutros* (aquellos que «no expresan acción alguna»: *yacer, morir...);*

e) en el capítulo del régimen algún tratadista establece la distinción entre *casos regentes* (nominativo y vocativo) y *casos regidos* (todos los demás).

La tradición secular de la gramática latina —que es tanto como decir la tradición de la gramática griega— continúa, pues, condicionando y pesando en la gramática española, de tal forma que no faltan en el período manuales de gramática castellana elaborados «con arreglo al plan y método más generalmente seguidos en la enseñanza del latín y para facilitar a los alumnos [...] el estudio de este idioma» [1]. En relación con este hecho hemos podido constatar en repetidas ocasiones que la rutina en materia gramatical y el temor a desligarse de los moldes tradicionales malograron a menudo el desarrollo de teorías que, desde la perspectiva de la lingüística actual, nos parecen más acertadas que las tradicionalmente admitidas; valgan como ejemplo los siguientes casos:

a) algún autor desconfía de la validez de las habituales clasificaciones de las palabras en categorías sustantivas, adjetivas, etc., y ello porque los vocablos «tienen aptitud para desempeñar oficios diferentes» (Pogonoski, pág. 32); con esta atinada observación se estaba abogando tácitamente por el procedimiento funcional como único criterio válido a la hora de clasificar las palabras; pero el gramático en cuestión no se arriesgó a llevar a la práctica sus inspiradas reflexiones;

b) basándose asimismo en argumentos funcionales, ciertos tratadistas reconocen el carácter adjetivo del artículo y consideran que es

---

[1] El entrecomillado corresponde al subtítulo de la *Gramática de la lengua castellana* (1881) de Commelerán.

en la categoría adjetiva donde deben insertarse *el, la, lo...;* sin embargo, a imitación de la gramática griega, se sigue formando con el artículo una categoría autónoma;

c) puesto que la conjunción une oraciones y, por consiguiente, se encuentra «fuera» de ellas, algún autor pone en duda la conveniencia de considerar *parte* de la oración la categoría conjuntiva y propone catalogarla entre las partes del período; pero acaba por incluirla entre las ya consabidas «partes de la oración».

Sin embargo, no siempre la gramática grecolatina pesó decisivamente en los autores que venimos estudiando; circunstancialmente, los ocasionales despegues de la tradición dan lugar a afortunados hallazgos —más o menos desarrollados— que nuestras modernas teorías gramaticales confirman y ratifican:

a) en el capítulo del pronombre, v. gr., ya se intuye que la noción de «persona» no es —frente a *yo, tú*— característica de *él* (la solución propuesta por Bello de excluir la forma tónica *él* del paradigma de los pronombres personales se considera hoy excesivamente radical); y que *nosotros* no es el plural correspondiente de *yo,* puesto que no significa «varias primeras personas», sino «primera persona + otra(s) persona(s) no primera(s)»;

b) ciertas doctrinas de la época ponen en tela de juicio la existencia de la voz o diátesis en castellano: por una parte, se niega que la voz sea un accidente del verbo; por otra, hipótesis más atrevidas identifican plenamente las estructuras pasivas con las construcciones atributivas;

c) la distinción establecida por Bello entre *proposición* (o unión de sujeto y predicado) y *oración* (unidad de sentido completo) cuenta con un relativo consenso en la época elegida, así como la existencia de unidades superiores a la oración (denominadas heterogéneamente: *cláusula, período,* etc.);

d) ya en 1909 se esboza, aunque de manera rudimentaria, la oposición *enunciado/enunciación,* al percibirse que «en rigor, de todas las oraciones que hablamos o escribimos el sujeto somos nosotros mismos, el que habla o escribe» (M. Fernández-A. Retortillo, pág. 104).

En consecuencia, no consideramos desechable la totalidad de las propuestas de la denominada «gramática tradicional»; concretamente, entre 1847 y 1920 se encuentran ya en germen teorías que sólo posteriormente adquirirán solidez con la ayuda del progreso paralelo de la ciencia y la lingüística. En este sentido, cabría destacar algunos de los más notables avances que, con respecto a la tradición, se van consiguiendo a lo largo de esos años y que luego serán moneda corriente en la gramática moderna: en cuanto a la Morfología, se elimina del inventario de las «clases de palabras» la categoría *nombre* (correspondiente a la latina *nomen*), abarcadora de las dos subclases suntantivo y adjetivo, a las que terminará por concedérseles el rango de categorías independientes; si para las teorías más tradicionales la esencia del pronombre reside en ser clase vicaria de la categoría sustantiva (el pronombre «sirve para sustituir al nombre»), es considerable el porcentaje de tratadistas que, entre 1847 y 1920, señalan como peculiaridad del pronombre su carácter deíctico, esto es, su capacidad para mostrar las relaciones existentes entre las personas o las cosas y el acto de la palabra; en los primeros años del s. xx se rectifica la desacertada práctica de insertar las formas verbales en -*ría* (y sus compuestas) en el subjuntivo y se crea un nuevo modo a imitación de la gramática francesa: el *potencial* o *condicional,* al que se trasvasan tales formas; cada vez constituyen menor número los autores que, obedeciendo los dictados de la tradición grecolatina, conciben el participio como una categoría con independencia propia: la casi totalidad de los gramáticos examinados trata ya del participio en el capítulo del verbo, como forma no personal del mismo; en las postrimerías del xix comienza a sentirse la necesidad de clasificar las conjunciones en *coordinantes (y, ni, pero...)* y *subordinantes (porque, puesto que...),* distinción inmediatamente reconocida y adoptada por la generalidad de los gramáticos que publican sus obras en los primeros años del xx. Paralelamente a esta última cuestión, y ya en los dominios de la Sintaxis, en el último decenio del xix encontramos documentadas las primeras referencias a la *coordinación* de oraciones; a partir de este momento, las «oraciones compuestas» lo serán no sólo por subordinación sino también por coordinación.

De todo lo dicho se desprende —e insistimos en la afirmación anterior— que no todos los postulados de la gramática tradicional merecen ser rechazados. Tampoco las gramáticas precedentes —al menos en el período que nos corresponde analizar— constituyen, en contra de lo que comúnmente se piensa, un bloque monolítico y homogéneo de doctrinas transmitidas sin variación y sin crítica de un autor a otro; creemos que las veinte propuestas distintas de división de la gramática, los catorce sistemas diferentes de clasificación de las palabras, las diecisiete modalidades de distribución de los pronombres, las quince distintas ordenaciones de la Sintaxis, etc. hallados en el período constituyen una sobrada prueba de que la pretendida homogeneidad de nuestras gramáticas tradicionales no es más que un juicio falto de consistencia y fácilmente refutable, aunque muy extendido.

No se nos oculta, sin embargo, que en el conjunto de las gramáticas consultadas —salvo honrosas excepciones, como la de Bello— se echa en falta un método coherente y sistemático que posibilite la caracterización uniforme de los conceptos gramaticales. Esta ausencia de cohesión interna resulta especialmente observable en el capítulo de las definiciones elaboradas para cada categoría de palabras: los criterios formal, semántico y sintáctico (en sus dos modalidades, funcional y colocacional) aparecen entremezclados y utilizados en distintas proporciones, según convenga en cada caso. En líneas generales, puede afirmarse que el criterio semántico es el de mayor recurrencia en la época (el sustantivo «sirve para nombrar los seres», el verbo «expresa una acción», etc.); en el caso de las palabras sincategoremáticas o vacías de contenido (artículo, preposición y conjunción) se echa mano fundamentalmente del criterio sintáctico para caracterizarlas. Ambas perspectivas suelen aparecer coadyuvadas por criterios de índole formal («palabra variable» o «invariable»). El empleo indiscriminado de varios criterios por parte de un mismo autor, así como el hecho de que en una misma gramática una determinada clase de palabras se encuentre definida por más de un criterio (con lo que resulta una categoría híbrida, establecida sobre bases heterogéneas), nos hacen dudar de la calidad y validez de los sistemas clasificatorios de los gramáticos que así proceden.

Por lo que llevamos expuesto hasta ahora, puede deducirse que el denominador común de las gramáticas integrantes de nuestra nómina es el recurso a la tradición más o menos inmediata: de una parte, constituyen un elevado porcentaje los autores que se inscriben en la línea de la tradición grecolatina (que en nuestro Renacimiento se habían encargado de continuar Nebrija, Villalón, Correas, etc.); de otra, los gramáticos racionalistas franceses son todavía en el período fuentes directas de un no despreciable número de tratadistas españoles. Supondría una ardua tarea precisar con nitidez los gramáticos que se adscriben a una u otra corriente, habida cuenta de las complejas redes de influencias que se entretejen en la época; no obstante, *grosso modo,* podemos advertir en Balmes, Núñez de Arenas, Valcárcel, Flórez, Fernández Monje, Avendaño, Salleras y Díaz-Rubio una acusada inclinación a ajustarse a los principios establecidos por los gramáticos filósofos de Francia; los restantes autores examinados siguen sirviéndose (más o menos fielmente, con más o menos intentos de originalidad) de los dictados de la tradición, que cuenta en el período con un privilegiado valedor: la *Gramática* de la Real Academia Española [2]. Del relevante papel que, entre 1847 y 1920, desempeña en las cuestiones gramaticales la docta Corporación son un valioso testimonio las palabras de Aguilar: «Declarada esta Gramática [se refiere a la académica] texto obligatorio y único por el artículo 88 de la Ley de 9 de Septiembre de 1857, ha dominado en la enseñanza oficial como señora, dejando apenas a los otros tratados sobre la materia algún escondido rincón donde poder elevar de vez en cuando sentidas protestas» (pág. 407). Este «monopolio» académico tal vez explicaría los escrúpulos de algunos gramáticos (vid. supra), que desisten de introducir novedades gramaticales en sus respectivos tratados.

Mención aparte merece Bello, quien, conjugando sabiamente lo más aprovechable de la tradición (tanto grecolatina como racionalista) con sus reflexiones personales, construyó un sólido sistema gramatical difícilmente superable, de donde dimanan —con mayores o menores deudas— las teorías de otros destacados gramáticos del período, tales como Benot, Cejador y Lenz.

---

[2] Por lo que respecta a la época escogida, se publicaron nuevas eds. de la GRAE en 1854 (5.ª ed.), 1858, 1862, 1864, 1865, 1866, 1867, 1870, 1874, 1878, 1880, 1883, 1885, 1888, 1890, 1895, 1900, 1901, 1904, 1906, 1908, 1909, 1911, 1913, 1916, 1917, 1920. De todas ellas hemos atendido fundamentalmente a las publicadas en 1854, 1870 y 1920, por considerar que son las que ofrecen en sus textos mayor número de alteraciones y adiciones respecto de años anteriores.

GLOSARIO *

Adjetivo 'sirve para nombrar las cualidades de las cosas' (Herranz —1849—, 8); *'califica o determina* al sustantivo' (Fandiño, 10); 'parte declinable de la oración, que no puede subsistir en ella por sí sola, sino acompañada de un sustantivo' (Nonell, 20); 'las cualidades o modificaciones del sustantivo representando las cosas o las acciones en cierta manera o condición, sea inherente o accidental' (Ovalle, 7).

Adverbio 'palabras que expresan ideas circunstanciales' (Fdez. Monje, 102); 'se junta al verbo y al adjetivo para modificarles' (Giró, 59-60); 'se une al verbo para determinar o modificar su acción' (Díaz-Rubio, 57); 'añaden al atributo alguna circunstancia de *modo, tiempo, lugar* [...]' (Avendaño, 5); 'se junta al verbo atributivo para aumentar la comprensión o disminuir la extensión del atributo que va incluido en dicho verbo' (Salleras, 102); 'una palabra, una frase o una oración que aclara, precisa y determina el significado del verbo' (Navarro, 108).

Análisis vid. **Síntesis**.

Analogía parte de la gramática que 'trata de cada una de las partes de la oración, examinando sus propiedades y accidentes' (GRAE —1870—, 7).

Anéutesis 'combinaciones elocutivas' que 'expresan, con sentido cabal e independiente, los fenómenos internos distintos de la afirmación' (Benot, 392).

Artículo 'sirve para concretar más o menos la idea del nombre a quien se refiere, precisando siempre su género y número' (Commelerán, 13); 'se antepone al sustantivo para anunciar su género y número, y también para indicar los objetos' (Sanmartí, 45); 'precede al nombre o a cualquiera otra parte de la oración que haga sus veces para determinarle' (Caballero, 8); 'ni modifica ni determina [...]: se limita a insinuar que la palabra sustantiva a que precede se toma con cierta determinación

---

* Antes que exhaustivo, el presente glosario pretende ser ejemplificativo, tanto de los términos gramaticales como de las definiciones elaboradas para los mismos entre 1847 y 1920. Los números remiten a la página de la obra cuyo autor se cita.

o vaguedad' (Salleras, 97); 'sirve sólo para indicar que el substantivo al cual acompaña es conocido del que habla y del que oye' (Lenz, 272).

Calificación 'parte de la oración que sirve para calificar las cosas' (Gómez de Salazar, 21).

Cláusula 'una o varias proposiciones que forman un sentido perfecto' (Avendaño, 64); 'expresión de un pensamiento completo' (Herráinz, 62); 'toda combinación de combinaciones con sentido cabal e independiente' (Benot, 87).

Complemento 'la palabra o las palabras que sirven para completar la significación de otras' (Valcárcel, 68); **Circunstancial** 'expresa una circunstancia de *tiempo, lugar, modo* [...], y está en ablativo' (Vigas, 126); **Directo** 'denota la persona o cosa sobre la cual recae la acción de un verbo transitivo' (Orío, 137); 'complemento directo del sustantivo es otro sustantivo, que concreta la significación del primero: se expresa por genitivo' (Núñez Meriel, 166); **Indirecto** 'denota la persona o cosa sobre la cual recae, no la significación del verbo, sino sus resultados' (Orío, 137); 'una o más palabras que completan indirectamente la acción de todo verbo por medio de una preposición' (López y Anguta, 66); 'cualquier [...] complemento, que no pueda pasar a ser sujeto de oración pasiva' (Nonell, 86).

Concordancia 'concierto o conveniencia de unas partes de la oración con otras' (Herranz —1875—, 66); 'conformidad que en sus accidentes de género, número o persona, guardan entre sí las palabras variables' (Galí, 103); 'variación que sufre en su terminación la palabra regida según los accidentes de la regente' (Salleras, 244).

Conjunción 'denota la relación que hay entre dos juicios u oraciones' (Terradillos, 32); 'palabra que sirve para unir a las demás' (Pahissa, 112); 'sirve para enlazar palabras y oraciones' (Yeves —1917—, 13); sirve de 'nexo o enlace entre las oraciones y cláusulas, indicando además la naturaleza de este enlace' (Rosanes, 247); 'uniendo palabras, oraciones y cláusulas, expresa la relación existente entre las mismas' (Muñiz, 50); sirve para 'enlazar o desunir palabras y palabras, frases y frases, oraciones y oraciones' (Navarro, 119).

Construcción 'la concordancia y el régimen forman la *construcción* o *sintaxis*' (Bello, § 6); 'orden con que deben colocarse las palabras en la oración para expresar bien los pensamientos' (Úbeda, 90); 'orden de colocación que deben guardar las oraciones, los miembros y las palabras' (Giró, 80); 'un segundo régimen que traba las partes de la oración con más amplitud y menos precisión que el régimen primero' (Herranz —1875—, 71).

Diccionario parte de la gramática que 'nos manifiesta los significados propios de cada palabra' (Herráinz, 80).

Etimología 'parte de la Gramática que nos enseña la formación y el origen de los vocablos' (Herráinz, 35); trata 'del conocimiento aislado de las palabras' (Terradillos, 3).

Exclamación 'palabra de forma invariable, que expresa los sentimientos exaltados del alma' (S. Vicente, 26).

Fónica parte de la gramática que estudia y clasifica los sonidos (Pérez Barreiro).

Fonogenia parte de la gramática que trata de la 'producción y origen' de los sonidos (Tamayo, 12 y 13).

Frase 'reunión de palabras que declaran un sentido perfecto' (Pahissa, 120); 'reunión de palabras unidas entre sí, que expresan una idea, pero no un pensamiento completo' (Pogonoski, 151).

Glotología parte de la gramática y 'ciencia o tratado de la palabra' (Pérez Barreiro, 89).

Grafía parte de la gramática que 'se ocupa de reproducir mediante la escritura los elementos orales' (Pogonoski, 6).

Gráfica parte de la gramática que 'trata de los signos escritos' (Pérez Barreiro, 21).

Gramática 'arte de hablar y escribir bien una lengua cualquiera' (Orío, 6); 'arte de hablar correctamente, esto es, conforme al buen uso, que es el de la gente educada' (Bello, § 1); 'arte de conocer, unir, pronunciar, y escribir las palabras' (Alemany, 3); **General** 'trata de las leyes del lenguaje en general' (Giró 5); **Particular** enseña 'las reglas peculiares de algún idioma' (Giró, 5).

Interjección 'palabras o frases cortas que expresan rápidamente los efectos [sic] vivos y repentinos del ánimo' (Arañó, 25); 'una exclamación, un grito natural con que expresamos los afectos y sentimientos de alegría, tristeza, dolor, sorpresa, indignación, etc., que embargan nuestro ánimo' (Suárez, 138); 'palabra arrojada entre las demás del discurso, para expresar afectos o sentimientos' (Parral, 129).

Interpositivos o interposiciones (= preposiciones) 'conexivos invariables que enlazan palabras' (Fdez. Monje, 172-173).

Lexicografía parte de la gramática que trata 'del *uso* y *acepciones* de las palabras, cuyo estudio debe hacerse en el Diccionario' (Vigas, 86).

Lexigrafía parte de la gramática que estudia la 'significación de las palabras; homonimias y sinonimias; arcaísmos y neologismos' (Fdez. Monje, 52); 'trata de las palabras, de sus accidentes y propiedades, y de las frases y partículas' (Ovalle, 6); parte de la lingüística que se ocupa de las 'acepciones individuales de los vocablos, según el valor recto, extensivo y translaticio' (Flórez, 4).

Lexilogía 'parte de la gramática: su objeto es «la clasificación de los signos articulados»' (Fdez. Monje, 54).

Lexiología parte de la gramática que 'tiene por objeto el completo estudio de las palabras consideradas aisladamente' (Lemus, 7); 'trata de las dicciones o palabras en cuanto a su forma sola, enseñando sus accidentes y propiedades' (Suárez, 2).

Lexipeya parte de la etimología: 'valoración de los elementos silábicos y síntesis o formación de las voces' (Flórez, 218).

Morfología parte de la gramática que 'estudia las palabras aisladamente, ya en su origen, ya en sus formas y categorías' (Tamayo, 43); 'parte de la Lexiología que estudia las palabras bajo el aspecto de las ideas que representan' (Sánchez Doblas, 56).

Nombre 'palabra que significa seres' (Pérez Barreiro, 118); 'sirve para nombrar las cosas y sus cualidades' (Herranz —1849—, 7).

Oración 'expresión del juicio lógico' (GRAE —1920—, 170); 'expresión de un concepto cabal con una o más palabras' (Aguilar, 99); 'proposición o conjunto de proposiciones que forman sentido completo' (Bello, § 308); combinaciones de palabras sin sentido cabal ni independiente (Benot); **Compuesta** 'consta de dos o más verbos' (Herranz —1875—, 93); 'consta de más de un sujeto o de más de un predicado' (Blanco, 243); **Incidente** 'va unida a una sola palabra de su oración principal con el fin de explicar o completar su significado' (Orío, 131); '*amplía o determina* el sentido de una palabra de la principal que *no* es el *verbo*' (Vigas, 129); **Principal** 'tiene sentido perfecto por sí sola' (Eguílaz, 2.° cuad., 62); **Simple** 'consta de un solo verbo' (Herranz —1875—, 93); 'consta de un solo sujeto y de un solo predicado' (Blanco, 242); **Subordinada** 'se refiere a otra oración o a uno de sus términos' (Sanmartí, 144); 'depende *directamente* del *verbo* de la oración principal' (Vigas, 128).

Ortología parte de la gramática que 'enseña el modo de pronunciar los sonidos de un idioma, sus combinaciones, que producen las sílabas y las palabras, y las licencias que nos autorizan para alterar la pronunciación regular' (Herráinz, 5).

Participio 'participa de nombre y de verbo. Del nombre (adjetivo) toma las propiedades y accidentes, y del verbo, la significación' (Orío, 98); 'adjetivo verbal que expresa el resultado de la acción concluida, ya como cualidad, ya como simple acción pasada' (Lenz, 395); 'en forma de calificación enuncia cualidades activas y pasivas con expresión de tiempo' (Díaz-Rubio, 56).

Período 'expresión de un pensamiento completo por medio de una o varias oraciones que forman perfecto sentido' (Sánchez Doblas, 312); 'reunión de oraciones y de cláusulas agrupadas en torno de un pensamiento capital' (Pogonoski, 151).

Personificativo 'nombre que expresa un ser convirtiéndole en persona gramatical' (Fdez. Monje, 65).

Preposición 'indica la relación de las ideas' (Balmes, 282); 'denota la relación o dependencia que tienen entre sí dos palabras' (Hermosilla Rodríguez, 83-84); 'sirve para unir los complementos del verbo y del nombre' (Arañó, 22); 'sirven para indicar en qué caso de la declinación se encuentra la palabra a que preceden' (M. Fernández-A. Retortillo, 87); 'palabra invariable que se antepone a otras, ya para determinar su régimen, ya para componerlas' (Sánchez Doblas, 195).

Pronombre 'se pone en lugar del nombre, representándole' (Pahissa, 17); 'se pone en vez del nombre para evitar su repetición' (Úbeda, 29); 'se pone en lugar del nombre para hacer sus funciones en la oración' (López y Anguta, 14); 'no es un sustituto del nombre' y 'expresa personas o ideas relacionadas con la persona' (Tamayo, 85); 'señala los seres personificados, o que intervienen directamente en el coloquio' (Muñiz, 19).

Proposición 'expresión de un pensamiento por medio de palabras' (Gisbert, 3); 'el sujeto y el atributo unidos' (Bello, § 35); 'oración compuesta, que también se ha llamado *proposición, período* y *cláusula,* es la formada por dos o más verbos usados como tales, o sea por dos o más oraciones' (Núñez Meriel, 202).

Régimen 'la causa de que ciertas palabras, llamadas regidas, vayan en forma determinada' (Pérez Barreiro, 288); 'la dependencia que tienen, unas de otras, las palabras en la oración' (Orío, 114); 'la dependencia que guardan entre sí las palabras y oraciones, para completar su significación' (Suárez, 152).

Sentencia 'cláusula que encierra un pensamiento sentencioso o profundo [...]' (Aguilar, 98).

Sintaxis 'enseña el enlace que deben guardar entre sí las palabras' (Pahissa, 116); 'trata de la reunión de las palabras; pero en cuanto forman *cláusulas,* o sea frases que tienen sentido completo' (Cejador, 205); 'enseña a construir las palabras para expresar debidamente los pensamientos' (Ruiz Morote, 52); 'enseña el enlace, dependencia y orden que tienen las palabras entre sí para formar la oración gramatical' (D. de Miguel, 3); 'la acertada construcción de las oraciones gramaticales' (GRAE —1870—, 167); 'enseña las relaciones que guardan entre sí las palabras para formar las oraciones, y el modo de enlazar las oraciones entre sí' (Lemus, 7); **Figurada** 'se aparta de las reglas que prescribe la Sintaxis regular bajo de [sic] ciertas licencias autorizadas por el uso de los mejores autores' (Herranz —1875—, 77); **Natural** 'enseña los modos más regulares de colocar las palabras, fundados en el orden de las cosas' (Herranz —1875—, 65).

Síntesis parte de la gramática que 'estudia la oración considerada en su conjunto' y 'reconstruye los elementos que el *Análisis* ha descompuesto y fraccionado' (Sánchez Doblas, 205).

Sustantivo 'es el nombre de cualquier ser' (Herráinz, 20); expresa 'seres u objetos no personificados, o que no toman parte directa en la conversación' (Salleras, 46); 'palabra que sirve de sujeto activo o pasivo de una proposición' (Lenz, 123).

Tematología parte de la gramática que 'trata del origen y formación de las palabras' y de sus 'elementos constitutivos' (Tamayo, 46).

Terminología parte de la gramática que 'presenta la serie de los elementos gramaticales', examinándolos 'bajo tres aspectos, en su *clasificación,* en su *forma* y en su *etimología'* (S. Vicente, 14).

Tesis 'combinaciones elocutivas' que 'tienen por único objeto el afirmar' (Benot, 392).

Verbo 'expresa la acción, la pasión, el estado de las personas, de los animales o de las cosas' (Hermosilla Rodríguez, 14); 'palabra significativa de movimiento' (Pérez Barreiro, 174); 'expresa una idea bajo la modificación variable del tiempo' (Balmes, 280); 'expresa la existencia o las modificaciones de la existencia de los seres' (Úbeda, 35); sirve para 'afirmar lo que se *juzga* o *piensa* de las personas o las cosas' (Avendaño, 6); 'clase de palabras que significan el atributo de la proposición, indicando juntamente la persona y número del sujeto, el tiempo y Modo del atributo' (Bello, § 476).

Verboides (= infinitivo, gerundio y participio) 'formas verbales que no encierran en sí la expresión de la persona del sujeto y que, si se agregan a un nominativo sujeto, no forman con él una proposición separable, aunque contengan todos los elementos de un juicio completo' (Lenz, 381).

BIBLIOGRAFÍA

I

GRAMÁTICAS CONSULTADAS (1847-1920)

A) *Ordenación alfabética*

Aguilar y Claramunt, Simón: *Tratado de análisis gramatical y lógico seguido de unos elementos de composición castellana,* Valencia, Impr. de José Ortega, 4.ª ed. mejorada y aumentada, 1893.

Alemany, Lorenzo de: *Lecciones de gramática castellana, puestas en diálogo para uso de las clases inferiores de instrucción primaria* (2.ª parte de las *Lecciones de aritmética y gramática castellana),* Valladolid, Impr. y libr. de D. Julián Pastor, 2.ª ed., 1853.

Arañó, Miguel: *Elementos de gramática castellana,* Barcelona, Tipogr. de José Inglada, 19.ª ed., 1899 (1.ª ed., 1877).

Avendaño, Joaquín de: *Lecciones graduales de gramática castellana, destinadas a la enseñanza de los niños,* Madrid, Impr. de Alejandro Gómez Fuentenebro, 1871.

Balmes, Jaime: *Gramática general o filosofía del lenguaje,* incluida en *Filosofía elemental,* Barcelona, Eds. Zeus, 1968 (1.ª ed., 1847).

Bello, Andrés y Cuervo, Rufino José: *Gramática de la lengua castellana,* Buenos Aires, Sopena, 8.ª ed., 1970 (1.ª ed., 1847).

Benot, Eduardo: *Arte de hablar. Gramática filosófica de la lengua castellana,* Madrid, Libr. de los Sucesores de Hernando, 2.ª ed., 1921 (1.ª ed., 1910).

Blanco y Sánchez, Rufino: *Tratado elemental de lengua castellana o española,* Madrid, Tipogr. de la «Rev. de Archivos, Bibliotecas y Museos», 8.ª ed. corregida y aumentada, 1926 (1.ª ed., 1896).

Boned, Leandro: *Curso de gramática. Acomodado a la capacidad y desarrollo intelectual de los niños,* Zaragoza, Impr. y libr. de Cristóbal Justé y Olona, 1853.

Caballero, José: *Epítome de la gramática elemental de la lengua castellana,* Madrid, Libr. de Hernando, 1876.

Cejador y Frauca, Julio: *La lengua de Cervantes. Gramática y diccionario de la lengua castellana en el «Ingenioso Hidalgo Don Quijote de la Mancha»,* Madrid, Establecimiento tipogr. de Jaime Ratés, 1905-1906, 2 ts. (*Gramática,* t. I).

Commelerán [y Gómez], Francisco A.: *Gramática de la lengua castellana compuesta con arreglo al plan y método más generalmente seguidos en la enseñanza del latín, y para facilitar a los alumnos de segunda enseñanza el estudio de este idioma,* Madrid, Impr. de D. A. Pérez Dubrull, 1881.

Díaz-Rubio y Carmena, Manuel María: *Tratado elemental de gramática española razonada,* Madrid, Establecimiento tipogr. «Sucesores de Rivadeneyra», 1885.

Eguílaz, Eugenio de: *Gramática teórico-práctica de la lengua castellana para uso de la niñez, dividida en tres cuadernos.*
— 1.er cuaderno, Madrid, Impr. de Gregorio Hernando, 10.ª ed., 1870.
— 2.º cuaderno, Madrid, Impr. de Don Victoriano Hernando, 6.ª ed., 1857.
— 3.er cuaderno, Madrid, Impr. de Gregorio Hernando, 8.ª ed., 1869.

Fandiño [y Pérez], Juan Antonio: *Nociones de gramática castellana escritas para los alumnos del Colegio Hispano-Francés,* Oviedo, Impr. y litogr. de V. Brid., 1880.

Fernández y Fernández-Navamuel, Manuel y Retortillo y Tornos, Alfonso: *Tratado elemental de gramática castellana, literatura preceptiva, literatura española e historia literaria,* Madrid, Libr. de los Sucesores de Hernando, 1909.

Fernández Monje, Isidoro: *Curso elemental de la lengua española, redactado con la posible sujeción a los principios de la gramática general,* Madrid, Libr. de D. León Pablo Villaverde, 1854.

Flórez y González, José María: *Principios de gramática filosófica o razonada, y reglas para proceder con acierto en el análisis y composición de nuestro idioma, conforme a lo que previene el gobierno de S. M.,* Madrid, Impr. de Manuel Minuesa, 1859.

Galí Claret, Bartolomé: *Nueva gramática castellana con numerosos ejercicios prácticos de composición y un tratado de las cualidades esenciales de la elocución (estilo) y de las particulares de la descripción, de la narración y de la carta,* Barcelona, Impr. y libr. de Ntra. Sra. de Montserrat, 1891.

Giró y Roma, José: *Compendio de gramática castellana;* Valencia, Impr. de J. Ferrer de Orga, 1853.

Gisbert y Höel, Luciano: *Teoría y análisis de la oración gramatical,* Madrid, Hernando y Compañía, 1902.

Gómez de Salazar, Fernando: *Compendio de la gramática de la lengua española,* Madrid, Impr. de J. M. Lapuente, 1870.

Hermosilla Rodríguez, Antonio: *Arte de analizar gramaticalmente el castellano,* Madrid, Impr. de Juan Pueyo, 2.ª ed. corregida y aumentada notablemente con nociones de gramática, según las últimas teorías de la Real Academia, 1919.

Herráinz [y de Heras], Gregorio: *Compendio de gramática castellana, razonada y al alcance de los niños,* Madrid, Impr. de El Correo Militar, 1870.

Herranz y Quirós, Diego Narciso: *Compendio mayor de gramática castellana, para uso de los niños que concurren a las escuelas. Dispuesto en diálogo, para la mejor instrucción de la juventud,* Madrid, Libr. de Viana, nueva ed. corregida y aumentada por su autor, 1849 (1.ª ed., 1834).

— *Compendio mayor de gramática castellana para uso de los niños, dispuesto en forma de diálogo,* Impr. de A. Gómez Fuentenebro, novísima ed., corregida y aumentada, 1875 (1.ª ed., 1834).

Lemus y Rubio, Pedro: *Elementos de gramática española,* Murcia, Impr. Provincial, ¿1919?

Lenz, Rodolfo: *La oración y sus partes. Estudios de gramática general y castellana,* Santiago de Chile, Ed. Nascimento, 1944 (1.ª ed., 1920).

López y Anguta, Simón: *Compendio de gramática española,* Haro, Impr., libr. y encuadernación de B. González, 3.ª ed., 1882.

Miguel, D. de: *Introducción a la gramática para el uso de la infancia de ambos sexos. 1.ª parte. Estudio de las palabras habladas y escritas, consideradas como signos representativos de nuestras ideas sueltas y aisladas,* Barcelona, Impr. de Francisco Granell, 1885.

Muñiz y Vigo, Acisclo: *Opúsculo de gramática castellana,* Llanes, Impr. de Manuel Toledo, 1899.

Navarro y Ledesma, Francisco: *Nociones de gramática práctica de la lengua castellana con cien ejercicios de composición* (Prólogo de Don Eduardo Benot), Madrid, Impr. Alemana, 2.ª ed., notablemente corregida, 1903.

Nonell, Jaime: *Gramática de la lengua castellana,* Barcelona, Impr. de Francisco Rosal, 1890.

Núñez de Arenas, Isaac: *Gramática general,* t. II del *Curso completo de filosofía,* Madrid, Impr. José María Alonso, 1847.

Núñez Meriel, Guillermo: *Gramática elemental de la lengua castellana,* Burgos, Impr. y libr. de los Hijos de Santiago Rodríguez, 2.ª ed., 1905.

Orío [y Rubio], Millán: *Compendio de la gramática de la lengua española, escrito para los niños,* Logroño, Impr. y litogr. de F. Menchaca, 1869.

Ovalle, Esteban: *Nueva gramática castellana,* 2.ª ed. corregida y aumentada, complementada con un diccionario de infinitivos de todos los verbos regulares, irregulares, anómalos y defectivos, metódicamente clasificados, Barcelona, Tipogr. Hispano-Americana, 1883 (1.ª ed., 1865).

Pahissa y Ribas, Lorenzo: *Compendio de gramática española arreglado para uso de los niños,* Barcelona, Libr. de Luis Niubó, 1874 (1.ª ed., 1863).

Palmí Pérez, José Ramón: *Análisis gramatical crítico,* Valencia [Impr. de V. Ferrandis], 1916.

Parral [Blesa], Emilio: *Compendio de gramática castellana para la segunda enseñanza con un apéndice sobre los dialectos españoles,* Valladolid, Impr. y libr. Nacional y Extranjera de Andrés Martín, 1902.

Pérez Barreiro, Rafael: *Gramática castellana razonada según los actuales conoci-
mientos lingüísticos,* La Coruña, Impr. de Viuda de Ferrer e Hijo, 1897.

Pogonoski, Alfonso: *Gramática castellana,* vol. I del *Tratado gramatical,* Madrid,
Impr. del Patronato de Huérfanos de Intendencia e Intervención Militares, 2.ª
ed., 1917.

Real Academia Española: *Gramática de la lengua castellana,* Madrid, Impr. Nacional, nueva ed. [5.ª], 1854 (1.ª ed., 1771).

— *Gramática de la lengua castellana,* Madrid, Impr. y estereotipia de M. Rivadeneyra, nueva ed. [12.ª], corregida y aumentada, 1870 (1.ª ed., 1771).

— *Gramática de la lengua castellana,* Madrid, Perlado, Páez y Compañía (Sucesores de Hernando), nueva ed. [31.ª], reformada, 1920 (1.ª ed., 1771).

Rosanes de Larrea, Ángel: *Elementos de gramática castellana,* Barcelona, Impr. de
Pedro Ortega, 3.ª ed., 1914 (1.ª ed., 1906).

Ruiz Morote, Francisco: *Gramática castellana teórico-práctica,* premiada en las Ex-
posiciones aragonesa, Viena y Madrid, Ciudad Real, Establecimiento tipogr. del
Hospicio, 6.ª ed. corregida y metodizada, 1880.

Salleras, Matías: *Gramática razonada de la lengua española,* Segovia, Impr. de Pedro Ondero, 1876.

Sánchez Doblas, José: *Lecciones de gramática castellana para uso de los alumnos
de segunda enseñanza,* Palma de Mallorca, Bartolomé Rotger, 4.ª ed. corregida
y aumentada, 1910 (1.ª ed., 1902).

Sánchez Morate, Juan Francisco y Carpena y Trigueros, Antonio: *Nuevo compendio de la gramática de la lengua española para uso de los niños,* Madrid, Libr.
de Hernando y Compañía, 8.ª ed. corregida y notablemente aumentada, 1899
(1.ª ed., 1890).

Sanmartí, Primitivo: *Epítome de la gramática castellana,* Barcelona, Libr. y tipogr.
Católica, 1903.

Suárez Escudero, Eduardo: *Compendio teórico práctico de gramática castellana,* Sevilla, Impr. de M. del Castillo y H.º, 1886.

Tamayo y Zamora, Braulio: *Nociones de gramática castellana (Libro de iniciación
para la segunda enseñanza),* Granada, Tipogr. Comercial, 2.ª ed. reformada, 1925.

Terradillos, Ángel María: *Epítome de gramática castellana, con la parte de ortografía,* Madrid, Impr. y libr. de los Hijos de Vázquez, 4.ª ed., 1869.

Úbeda y Gallardo, Luis: *Gramática castellana elemental para uso de los niños de
instrucción primaria,* Madrid, Establecimiento tipogr. «Sucesores de Rivadeneyra», 3.ª ed. corregida y adicionada, 1895.

Valcárcel y Cordero, Antonio: *Compendio de gramática española, basado en principios lógicos, y arreglada su ortografía a la de la Academia,* Málaga, Impr. de
D. Juan Giral, 1849.

Vicente García, Santiago: *Gramática de la lengua española,* Madrid, Eusebio García
Vázquez, 1854.

Vigas Rigau, Francisco A.: *Nociones de gramática castellana en forma cíclica, dedicadas a los aspirantes al magisterio de la primera enseñanza para institutos y oposiciones,* Barcelona, Impr. de Domingo Clarasó, 1914.

Yeves, Carlos: *Gramática castellana. Grado primero. Conocimiento general de las palabras y de sus accidentes,* Madrid, Libr. de los Sucesores de Hernando, 1917.

— *Procedimientos y ejercicios para la enseñanza de la gramática en las escuelas,* Tarragona, Impr. y libr. de José A. Nel-lo, 1862.

B) *Ordenación cronológica*

1847: Bello
Balmes
Núñez de Arenas
1849: Herranz («nueva edición»)
Valcárcel
1853: Alemany (2.ª ed.)
Boned
Giró
1854: Fernández Monje
GRAE (5.ª ed.)
S. Vicente
1855: D. de Miguel
1857: Eguílaz (2.º cuad., 6.ª ed.)
1859: Flórez
1862: Yeves *(Procedimientos y ejercicios...)*
1863: Pahissa
1865: Ovalle
1869: Eguílaz (3.ᵉʳ cuaderno, 8.ª ed.)
Orío
Terradillos (4.ª ed.)
1870: Eguílaz (1.ᵉʳ cuaderno, 10.ª ed.)
Gómez de Salazar
GRAE (12.ª ed.)
Herráinz
1871: Avendaño
1875: Herranz («novísima edición»)

1876: Caballero
Salleras
1877: Arañó
1880: Fandiño
Ruiz Morote (6.ª ed.)
1881: Commelerán
1882: López y Anguta (3.ª ed.)
1885: Díaz-Rubio
1886: Suárez
1890: Nonell
J. F. Sánchez-A. Carpena
1891: Galí
1893: Aguilar (4.ª ed.)
1895: Úbeda (3.ª ed.)
1896: Blanco
1897: Pérez Barreiro
1899: Muñiz
1902: Gisbert
Parral
Sánchez Doblas
1903: Navarro (2.ª ed.)
Sanmartí
1905: Núñez Meriel (2.ª ed.)
1905-1906: Cejador
1906: Rosanes
1909: M. Fernández-A. Retortillo
1910: Benot
1914: Vigas
1916: Palmí

1917: Pogonoski (2.ª ed.)
         Yeves *(Gramática castellana)*
1919: Hermosilla Rodríguez (2.ª
         ed.)

¿1919?: Lemus
1920: GRAE (31.ª ed.)
      Lenz
1925: Tamayo (2.ª ed.)

II

BIBLIOGRAFÍA CITADA

Alarcos Llorach, Emilio: «El artículo en español», en *Estudios de gramática funcional del español,* Madrid, Gredos, 2.ª ed., 1978 (1.ª ed., 1970), págs. 166-177.
— «'Cantaría': modo, tiempo y aspecto», en *Estudios de gramática funcional del español,* págs. 95-108.
— «La diátesis en español», en *Estudios de gramática funcional del español,* págs. 90-94.
— «Pasividad y atribución en español», en *Estudios de gramática funcional del español,* págs. 124-132.
— «Los pronombres personales», en *Estudios de gramática funcional del español,* págs. 143-155.
— «Verbo transitivo, verbo intransitivo y estructura del predicado», en *Estudios de gramática funcional del español,* págs. 109-123.
Alcina Franch, Juan y Blecua, José Manuel: *Gramática española,* Barcelona, Ariel, 1975.
Alonso, Amado: *De la pronunciación medieval a la moderna en español,* t. I, Madrid, Gredos, 2.ª ed., 1967; t. II, 1969.
— «Estilística y gramática del artículo en español», en *Estudios lingüísticos. Temas españoles,* Madrid, Gredos, 3.ª ed., 1974 (1.ª ed., 1951), páginas 125-160.
— «*Gramáticos españoles y franceses de los siglos* xvi, xvii y xviii», en *Nueva Revista de Filología Hispánica,* V, Méjico, 1951, págs. 1-37.
— «Introducción a los estudios gramaticales de Andrés Bello», Prólogo a la ed. de la *Gramática de la lengua castellana* de A. Bello y R. J. Cuervo, Caracas, Eds. del Ministerio de Educación, 1972, págs. IX-LXXXVI.
Anónimo: *Gramática de la lengua vulgar de España* (Lovaina, 1559). Ed. facsimilar y estudio de Rafael de Balbín y Antonio Roldán, Madrid, C. S. I. C., 1966.
Anónimo: *Útil y breve institución para aprender los principios y fundamentos de la lengua española* (Lovaina, 1555). Ed. facsimilar con Estudio e Índice de Antonio Roldán, Madrid, C. S. I. C., 1977.

Arbolí, Juan José: *Gramática General,* incluida en el *Compendio de las lecciones de Filosofía que se enseñan en el Colegio de Humanidades de San Felipe Nery de Cádiz,* t. I, Cádiz, Impr., libr. y litogr. de la Sociedad de la Revista Médica, 1844.

Arens, Hans: *La lingüística. Sus textos y su evolución desde la antigüedad hasta nuestros días,* 2 vols., Madrid, Gredos, 2.ª ed., 1975 (1.ª ed., Friburgo-Munich, 1955).

Arnauld, Antoine y Lancelot, Claude: *Grammaire générale et raisonnée* (París, 1660); Trad. esp. de Ramón Morillo-Velarde Pérez, *«Gramática general y razonada» de Port-Royal. Seguida de la segunda parte de la «Lógica»,* Madrid, SGEL, 1980.

Bahner, Werner: *La lingüística española del Siglo de Oro,* Madrid, Ciencia Nueva, 1966 (1.ª ed., en alemán, 1957).

Bally, Charles: *El lenguaje y la vida,* Buenos Aires, Losada, 6.ª ed., 1972 (1.ª ed., en francés, 1925).

Benveniste, Émile: «L'appareil formel de l'énonciation», en *Langages,* 17, París, Didier-Larousse, marzo de 1970, págs. 12-18.

— *Problemas de lingüística general,* Madrid, Siglo XXI, 2.ª ed., 1972 (1.ª ed., París, 1966).

Bröndal, Viggo: *Les parties du discours: Partes orationis. Études sur les catégories linguistiques* (trad. fr. par P. Naert), Copenhague, Einar Munksgaard, 1948 (1.ª ed., 1928).

Bursill-Hall, G. L: «The Middle Ages», en Th. A. Sebeok (ed.), *Current Trends in Linguistics,* vol. 13, The Hague, Mouton, 1975, págs. 179-230.

Buyssens, Eric: «L'origine du langage articulé», en *Revue de l'Institut de Sociologie,* 1949, págs. 377-406.

Clavería, Carlos: «La *Gramática Española* de Rasmus Rask», en *RFE,* 1946, XXX, págs. 1-22.

Correas, Gonzalo: *Arte de la lengua española castellana* (1625), anejo LVI de la *RFE.* Ed. y prólogo de Emilio Alarcos García, Madrid, C. S. I. C., 1954.

Coseriu, Eugenio: «Determinación y entorno. Dos problemas de una lingüística del hablar», en *Teoría del lenguaje y lingüística general. Cinco estudios,* Madrid, Gredos, 2.ª ed., 1969 (1.ª ed., 1967), págs. 282-323.

— «Lógica del lenguaje y lógica de la gramática», en *Gramática, semántica, universales,* Madrid, Gredos, 1978, págs. 15-49.

— «Logicismo y antilogicismo en la gramática», en *Teoría del lenguaje y lingüística general. Cinco estudios,* págs. 235-260.

— «Sistema, norma y habla», en *Teoría del lenguaje y lingüística general. Cinco estudios,* págs. 11-113.

— «Sobre las categorías verbales ('partes de la oración')», en *Gramática, semántica, universales,* págs. 50-79.

Chevalier, Jean Claude: *Histoire de la Syntaxe. Naissance de la notion de complé-ment dans la grammaire française (1530-1750)*, Ginebra, Droz, 1968.

Donzé, Roland: *La gramática general y razonada de Port-Royal (Contribución a la historia de las ideas gramaticales en Francia)*, Buenos Aires, Eudeba, 1970 (1.ª ed., en francés, 1967).

Drăganu, N.: *Storia della sintassi generale*, Bologna, Casa Editrici Pàtron, 1970.

García, Constantino: *Contribución a la historia de los conceptos gramaticales (La aportación del Brocense)*, anejo LXXI de la *RFE*, Madrid, C. S. I. C., 1960.

García Berrio, Antonio: «Bosquejo para una descripción de la frase compuesta en español», en *Anales de la Universidad de Murcia*, XXVIII, números 3-4, curso 1969-1970, págs. 208-231.

Gili Gaya, Samuel: *Curso superior de sintaxis española*, Barcelona, (Vox) Biblograf, 11.ª ed., 1973 (1.ª ed., 1943).

Gómez Asencio, José Jesús: *Gramática y categorías verbales en la tradición españo-la (1771-1847)*, Acta Salmanticensia. Studia Philologica Salmanticensia, Anejos, Estudios 5, Salamanca, 1981.

Gómez Hermosilla, José: *Principios de Gramática general*, Madrid, Impr. Nacional, 3.ª ed., 1841 (1.ª ed., 1835).

Hernández Alonso, César: «Revisión de la llamada 'oración compuesta'», en *RSEL*, 10/2, Madrid, 1980, págs. 277-305.

Hjelmslev, Louis: *Principios de gramática general*, Madrid, Gredos, 1976 (1.ª ed., 1928).

Isaza Calderón, Baltasar: *La doctrina gramatical de Bello*, Anejo XV del *BRAE*, Madrid, 2.ª ed., 1967.

Jespersen, Otto: *La filosofía de la gramática*, Barcelona, Anagrama, 1975 (1.ª ed., Londres, 1924).

Jiménez Patón, Bartolomé: *Epítome de la Ortografía latina y castellana. Institucio-nes de la Gramática española* (Baeza, 1614). Estudio y ed. de Antonio Quilis y Juan Manuel Rozas, Madrid, C. S. I. C., 1965.

Jovellanos, Gaspar Melchor de: «Rudimentos de Gramática castellana», en *Obras de Don Gaspar Melchor de Jovellanos*, t. II, Madrid, Establecimiento tipogr. de D. F. de Mellado, editor, nueva ed., 1845, págs. 300-332.

Keil, H.: *Grammatici Latini*, 8 vols., Hildesheim, Georg Olms, 1961 (1.ª ed., Leip-zig, 1857).

Kukenheim, Louis: *Contributions à l'histoire de la grammaire italienne, espagnole et française à l'époque de la Renaissance*, Utrecht, H&S Publishers, 1974 (1ª. ed., 1932).

Lázaro Carreter, Fernando: *Diccionario de términos filológicos*, Madrid, Gredos, 3.ª ed., 1971 (1.ª ed., 1953).

— *Las ideas lingüísticas en España durante el siglo XVIII*, anejo XLVIII de la *RFE*, Madrid, C. S. I. C., 1949.

— «El problema del artículo en español: 'Una lanza por Bello'», en *Homenaje a la memoria de Don Antonio Rodríguez-Moñino (1910-1970),* Madrid, Castalia, 1975, págs. 347-371.

Lázaro Mora, Fernando A.: *La presencia de Andrés Bello en la Filología española,* en Acta Salmanticensia. Studia Philologica Salmanticensia, Anejos, Estudios 3, Salamanca, 1981.

Lope Blanch, Juan M.: *El concepto de oración en la lingüística española,* México, Universidad Nacional Autónoma de México, 1979.

Lyons, John: *Introducción en la lingüística teórica,* Barcelona, Teide, 4.ª ed., 1977 (1.ª ed., 1968).

Lloréns, Vicente: *Liberales y románticos. Una emigración española en Inglaterra (1823-1834),* Madrid, Castalia, 3.ª ed., 1979.

Llorente Maldonado, Antonio: «Morfología y Sintaxis. El problema de la división de la gramática» (1955), en *Teoría de la lengua e historia de la lingüística,* Madrid, Alcalá, 1967, págs. 215-370.

Marañón, Gregorio: *Españoles fuera de España,* Madrid, Espasa-Calpe, 5.ª ed., [1961].

Mata y Araujo, Luis de: *Nuevo epítome de Gramática castellana,* Madrid, Impr. de Norberto Llorenci, 1848.

Michael, Ian: *English grammatical categories and the tradition to 1800,* Cambridge, Cambridge University Press, 1970.

Molina Redondo, José Andrés de: «El pronombre como categoría funcional», en *Estudios ofrecidos a Emilio Alarcos Llorach,* vol. III, Servicio de Publicaciones de la Universidad de Oviedo, 1978, págs. 237-253.

Mourelle-Lema, Manuel: *La teoría lingüística en la España del siglo XIX,* Madrid, Prensa Española, 1968.

Narbona Jiménez, Antonio: Reseña crítica de *Cláusulas y oraciones* de G. Rojo, en *Studia Philologica Salmanticensia,* núm. 3, 1979, págs. 305-311.

Nebrija, Antonio de: *Gramática de la lengua castellana* (Salamanca, 1492), Estudio y ed. de Antonio Quilis, Madrid, Editora Nacional, 1980.

Otero, Carlos-Peregrín: *Introducción a la lingüística transformacional,* México, Siglo XXI, 2.ª ed., 1973 (1.ª ed., 1970).

Padley, G. A.: *Grammatical Theory in Western Europe. 1500-1700. The latin Tradition,* Cambridge, Cambridge University Press, 1976.

Piccardo, L. J.: «El concepto de 'Partes de la oración'», en *Rev. de la Facultad de Humanidades y Ciencias,* t. IX, Montevideo, 1952, págs. 183-197.

Prieto, Luis J.: «Una nota de gramática: 'nosotros', ¿plural de 'yo'?», en *Estudios ofrecidos a Emilio Alarcos Llorach,* vol. I, Servicio de Publicaciones de la Universidad de Oviedo, 1977, págs. 209-216.

Real Academia Española: *Diccionario de la lengua española,* Madrid, Espasa-Calpe, 19.ª ed., 1970.

Renan, Ernst: *De l'origine du langage,* París, Michel Lévy, 2.ª ed., 1858.

Robins, R. H.: *Breve historia de la lingüística,* Madrid, Paraninfo, 1974 (1.ª ed., Londres, 1967).

Roca Franquesa, José María: «Las corrientes gramaticales en la primera mitad del siglo XIX. Vicente Salvá y su influencia en Andrés Bello», en *Archivum,* mayo-agosto, 1953, págs. 181-213.

Roca Pons, José: *Introducción a la gramática,* Barcelona, Teide, 4.ª ed., 1976 (1.ª ed., 1960).

Rojo, Guillermo: *Cláusulas y oraciones,* anejo 14 de *Verba,* Universidad de Santiago de Compostela, 1978.

Rona, José Pedro: «Las 'partes del discurso' como nivel jerárquico del lenguaje», en *Litterae Hispanae et Lusitanae,* Universidad de Hamburgo, 1968, págs. 433-453.

Salvá, Vicente: *Gramática de la Lengua castellana según ahora se habla,* Valencia, Libr. de los SS. Mallen y sobrinos, 5.ª ed., 1840 (1.ª ed., París, 1830).

Sánchez de las Brozas, Francisco: *Minerva, o De la propiedad de la lengua latina* (Salamanca, 1587), Introducción y trad. de Fernando Rivera Cárdenas, Madrid, Cátedra, 1976.

Sarmiento González, Ramón: «Inventario de documentos gramaticales de los siglos XVIII y XIX», en el *BRAE,* t. LVII, cuad. CCX, Madrid, enero-abril 1977, págs. 129-142.

Serrus, Charles: *Le parallélisme logico-grammatical,* París, Libr. Félix Alcan, 1933.

Stati, Sorin: *La sintaxis,* México, Nueva Imagen, 1979 (1.ª ed., Bolonia, 1976).

Trujillo, Ramón: «Estudio preliminar» a la *Gramática de la lengua castellana destinada al uso de los americanos* de Andrés Bello, Cabildo Insular de Tenerife, Instituto Universitario de Lingüística «Andrés Bello», 1981, págs. 11-117.

Vendryes, Joseph: *El lenguaje (Introducción lingüística a la historia),* México, UTE-HA, 1967 (1.ª ed., en francés, 1921).

Villalón, Cristóbal de: *Gramática castellana. Arte breve y compendiosa para saber hablar y escribir en la lengua castellana congrua y decentemente* (Amberes, 1558), Ed. facsimilar y estudio de Constantino García, Madrid, C. S. I. C., 1971.

Viñaza, Conde de la: *Biblioteca histórica de la filología castellana,* 3 vols., Madrid, Impr. de Manuel Tello, 1893 (existe ed. facsimilar publicada en Madrid, Eds. Atlas, 1978).

Vossler, Karl: *Filosofía del lenguaje,* Buenos Aires, Losada, 5.ª ed., 1968 (1.ª ed., en alemán, 1923).

Mientras se imprimía nuestro libro, ha visto la luz una nueva obra de J. J. Gómez Asencio, *Subclases de palabras en la tradición española (1771-1847),* Acta

Salmanticensia. Studia Philologica Salmanticensia, Anejos, Estudios 13, Salamanca, 1985, que, lamentablemente, no hemos podido aprovechar para nuestra investigación. Asimismo, se ha tenido el acierto de reimprimir dos obras que, hasta el momento, eran de difícil —si no imposible— adquisición: Real Academia Española, *Gramática de la Lengua Castellana (1771),* Edición facsímil, introducción y apéndice documental de Ramón Sarmiento, Madrid, Editora Nacional, 1984; y F. Lázaro Carreter, *Las ideas lingüísticas en España durante el siglo XVIII* (Prólogo de Manuel Breva Claramonte), Barcelona, Editorial Crítica, 1985.

ÍNDICE GENERAL